2017四川省社会科学规划重点课题“灾难心理学及灾后应急干预本土化学科建设研究”成果
西南交通大学“双一流建设”项目暨“双一流”建设重点项目（交通软科学类）成果

当代交通心理学词汇

主　编　宁维卫
副主编　董　洁　冉俐雯　高　燕　高　飞
编　委　李　斌　李晓凤　赵山霞　周鸿雨
罗　瑶　付　朕　李斯琦　何亚男
刘灵馨　罗维惟　吴　丹　费　宁
刘媛媛
配　图　刘忠锐

西南交通大学出版社
·成　都·

内容简介

本书是一部专门研究交通心理学及其发展趋势的工具书。随着交通的迅猛发展，交通心理学日益得到学界和社会的重视。交通心理学的研究领域也在不断拓展，涉及交通环境下“人的因素”的方方面面。高质量的交通不仅要安全第一，也要考虑交通的便捷性与舒适性等因素。本书力求反映当代交通心理学的发展全貌与新进展，在条目的选用上，力求科学、准确与精炼。本书可供心理学专业工作者、社会工作者、交通规划与管理者、大专学校师生和广大心理学爱好者学习使用。

图书在版编目（CIP）数据

当代交通心理学词汇 / 宁维卫主编. —成都：西南交通大学出版社，2021.4

ISBN 978-7-5643-7821-9

Ⅰ. ①当… Ⅱ. ①宁… Ⅲ. ①交通 – 应用心理学 – 词汇 Ⅳ. ①U-05

中国版本图书馆 CIP 数据核字（2020）第 213677 号

Dangdai Jiaotong Xinlixue Cihui

当代交通心理学词汇

主　　编　宁维卫
责任编辑　梁志敏
封面设计　原谋书装

出版发行　西南交通大学出版社
（四川省成都市二环路北一段 111 号
西南交通大学创新大厦 21 楼）
发行部电话　028-87600564　87600533
邮政编码　610031
网址　http://www.xnjdcbs.com
印刷　成都市金雅迪彩色印刷有限公司

成品尺寸　146 mm × 208 mm
印张　14.625
字数　377 千
版次　2021 年 4 月第 1 版
印次　2021 年 4 月第 1 次
书号　ISBN 978-7-5643-7821-9
定价　86.00 元

宁维卫简介

西南交通大学心理学教授，博导，四川省哲学社会科学重点研究基地（四川心理健康教育研究中心）主任，四川省心理学类专业教学指导委员会主任委员，教育部全国高校心理健康教育与咨询示范中心负责人，教育部全国高等学校心理健康教育专家委员会副秘书长，教育部心理学科类高校教学指导委员会委员，国务院妇儿工委办公室“儿童工作国家智库专家”，四川省学术和技术带头人，四川省教学名师，四川省心理健康教育研究会会长，四川省人民政府妇女儿童工作委员会办公室聘“四川省儿童工作资源中心专家”，四川省哲学社会科学普及基地（心理研究与咨询普及基地）负责人，成都市科普基地（西南交通大学心理研究与咨询中心）负责人。

前言

我 1991 年研究生毕业到西南交通大学从教，从此与交通结缘。1993 年，有幸受邀参与林崇德教授主持的教育部人文社会科学“八五”规划的重点研究课题，国家新闻出版总署“九五”全国辞书编写出版规划的重点项目《心理学大辞典》，开始对交通心理学领域有所接触和系统思考。历经 10 年，2003 年由我国著名心理学家林崇德、杨治良、黄希庭教授主编的《心理学大辞典》正式出版，这是我国心理学研究发展中值得铭记的大事。时至今日，《心理学大辞典》仍具有深厚的学术价值和广泛的影响力。我作为《心理学大辞典》“交通环境心理学”分卷副主编，在恩师黄希庭教授鼓励下，协助杨宗义教授负责交通心理学条目的收集、整理与编撰。相比其他传统心理学分支，交通心理学是一个的全新领域，亟待开拓。

随着社会的不断进步与新技术的迅猛发展，交通已和人们的生活紧密联系起来了，交通行为及其感受也深刻影响到人们的安全感与幸福感。现代交通的内涵已远远突破传统出行的狭隘认识，“交通”已成为现代人的重要生活方式，影响了社会生活的方方面面。因此，加强交通心理学的研究既有深刻的理论意义又有紧迫的现实意义。

交通心理学的建立由实际问题而触发。20 世纪初叶，学者们提出了涉及道路交通心理的种种问题，如在电车、马车等交通工具操纵方面的人机工效问题，驾驶中对人的生理、心理的要求，以及如何适应驾驶这种复杂操作等。虽然当时尚未建立交通心理学的学科体系，但是这一最初的发展阶段对于交通心理学的确立十分必要，奠定了交通心理学作为心理学应用学科的基础。

至 20 世纪 60 年代，世界各国道路交通大发展，为研究和解决当时交通管理中面临的各种矛盾和问题而产生了交通心理学，并将其划归应用心理学范畴。学者们更加关注社会环境因素对交通心理与行为的影响，如旅行动机与满意感、旅行方式选择的心理因素、旅行态度与行为的关系、运输社会影响的评估、安全运输等。这些问题涉及交通运输中人的心理与行为，以及运输政策与计划、运输管理、运输工具与附属设施等方面。侧重社会因素的研究所关注的都是较现实的社会问题，对这些问题的思考与研究有益于改善现代交通运输的质量。这种研究倾向一方面反映了当代心理哲学的一种倾向——对人全面发展的深切关注，另一方面也是出于扩大心理学范围及影响力的强烈愿望。

在现代社会，交通牵涉到社会经济的方方面面，也直接影响到人们对生活的获得感。越来越多的人开始关注交通质量的提升，这需要更加关注交通中的“人的因素”。近年来，交通心理学在我国得到重视与发展，成为心理学重要的应用分支。交通心理学的研究领域也在不断拓展，涉及交通环境下“人的因素”的方方面面。高质量的交通不仅要安全第一，也要考虑交通的便捷性与舒适性等因素。

基于上述的认识，课题团队在本书的整体构建上，力求反映当代交通心理学的发展全貌与新进展，突出学科特性；在条目的选用上，聚焦道路交通心理领域，力求科学、准确与精炼。编写过程中，尽量吸取国内外交通心理学研究的新成果。本书是团队合作的结晶，凝聚着成员的辛勤劳作。团队成员对每一条目进行了反复修改，反复审校。由于水平有限，资料不足，本书的不足和疏漏之处在所难免，恳请广大读者和有关专家给予批评指正。

特别致谢我的助手李斌对我的协助，他的敬业、认真与高效给我留下深刻印象。特别感谢本书编辑梁志敏女士的辛勤劳动。感谢西南交通大学出版社、西南交通大学科研院和文科处对本书出版给予的大力支持！

宁维卫

2021 年 3 月

目录

A

B

C

D

E

F

G

H

J

K

L

M

N

P

Q

R

S

T

W

X

Y

Z

A

安全带

safety belt

安全带是指安装在载具上的用来保障乘客安全的设备，一般由织带、限力器、拉紧器等组成。汽车安全带可以分为两个大类，即第Ⅰ类安全带和第Ⅱ类安全带。第Ⅰ类安全带用来限制座椅上的乘员下部躯体向前移动；第Ⅱ类安全带既能限制乘员下部躯体向前移动，又能限制乘员的上部躯体前倾。1900 年，安全带出现在出租马车上。1908 年，理查德·拉特科（Rsehad Rodtke）申报了带有限力器的安全带专利。1959 年，瑞典人尼尔斯·埃瓦尔·波林（Nils Ivar Bohlin）发明了三点式静力安全带。继此之后，发展出了满足欧洲经济委员会（ECE）法规要求的自动安全带。目前的安全带可以使乘员牢靠地与汽车固定在一起，并承受最高 30g 的减速度。有研究表明，正确使用安全带可以有效降低交通事故中的乘员伤亡比率，在碰撞事故中，佩戴安全带可以降低 15%～30%的伤亡率。

安全驾驶行为（亲社会驾驶行为）

prosocial driving behavior

安全驾驶行为又称为亲社会驾驶行为，是指驾驶员在驾驶过程中以保障乘客、其他驾驶员和行人的安全为基础，并促使驾驶环境和谐，有助于交通正常进行的一系列行为。安全驾驶行为通常是一种个体内部相对稳定和持久的行为模式，不涉及驾驶情绪状态和动机。目前已经探究出相应的量表用于测量，例如 The Prosocial and Aggressive Driving Inventory（亲社会和攻击性驾驶量表，PADI），是一种自我报告式的测量量表，用于测量安全驾驶行为和不安全驾驶行为。研究表明，危险驾驶行为是交通事故和交通事故致死的主要原因。随后的几十年间，许多研究者开发了不同的工具对驾驶行为进行测量，从不同角度概括了不安全的驾驶行为，但却忽略了驾驶员与驾驶环境中的其他人有效合作的驾驶行为，即安全驾驶行为。研究者发现，安全驾驶行为与个性特征相联系，合作、礼貌、克制和遵守规则与之积极相关，拥有这些人格特质的人更倾向于与他人进行良好的合作互动行为。但当前研究人员尚未对安全驾驶行为进行系统研究，因此大五人格与安全驾驶行为之间的关系尚未揭示，但是在对不安全驾驶行为的研究中显示，大五人格中的尽责性和亲和性较高的驾驶员，不安全驾驶的可能性较小。未来应进一步揭示人格、不安全驾驶行为与安全驾驶行为的关系，为提高行车安全提供理论基础。

安全骑行环境

environment of safety bicycling

安全骑行环境指对骑行安全产生影响的环境因素，包括自行车（含电动）等骑行车辆因素和道路环境因素。骑行车辆因素包括性能、质量等。道路环境因素包括天气，照明，道路的宽窄、坡度、路面光滑程度、道路曲率半径、交通流量等。据统计，2014 年，我国自行车保有量为 3.7 亿辆，电动自行车保有量为 1.81 亿辆，而 2018 年末，我国电动自行车保有量超过 2.9 亿量。随着自行车和电动自行车保有量的增加，由于骑行导致的交通事故也不断增加，因此，构建安全的骑行环境对减少交通事故发生率、减少事故造成的伤害具有重要意义。波特兰被誉为对自行车最为友好的城市，该城市除了有长达 650 km 的自行车道，还有专门的自行车道路标志，最为重要的是自行车专用车道和机动车道会被水泥墩隔开，减少了机动车与自行车相撞的风险。

安全骑行心理能力

mental ability of safety bicycling

安全骑行心理能力指个体安全骑行所需要的心理因素。包括：① 观察能力，骑行者观察周围动态交通环境的能力；② 判断能力，骑行者能根据道路状况，判断安全路线的能力；③ 决策能力，在判断的基础上进行有关骑行方向、操作选择的能力；④ 应激能力，出现危险情况时，能及时采取措施，避免交通事故发生的能力。自行车作为一种常见的交通工具，虽然使用简单、方便，但其安全性能往往较低，一旦发生交通事故，自行车骑行者往往更容易受伤。人、车、道路环境构成了一个动态的道路交通系统，人作为这个系统的主体，对系统的运转起决定性作用。安全骑行心理能力是个体骑行安全的重要保障，增强个体骑行安全意识，制定完善的交通法规，以及训练个体骑行技能有利于改善交通状况，减少骑行导致的交通事故。

安全气囊

safety air bag

安全气囊是汽车被动安全装置的一种，它由传感器、气袋、电子控制元件等组成。当汽车发生碰撞时，安全气囊可以迅速充气，在乘客和车身之间产生一个具有缓冲作用的气垫，来减少乘车人受到的伤害。安全气囊按照安装数量可以分为单气囊、双气囊、四气囊和多气囊。单气囊和双气囊是指汽车内安装安全气囊数量为 1 个或 2 个，此时气囊一般安装在驾驶和副驾驶位置；四气囊车辆除了驾驶和副驾驶位置安装安全气囊外，其侧面车门也安装有两个气囊；多气囊车辆往往在多个方向都安装有安全气囊，给予乘员全方位的保护。安全气囊按照保护位置又可以分为头部气囊、侧边气囊和膝部气囊等，其中头部气囊用来减少乘员头部撞击伤害；侧边气囊用于减缓车辆侧面发生碰撞时对乘员造成的伤害；膝部气囊用于保护腿部，在车辆发生碰撞时能有效减少乘员腿部损伤。安全气囊由美国人约翰·特里克（John W. Hetrick）于 1952 年发明，用于减轻急刹车或正面撞车可能带来的严重伤害。在 20 世纪 90 年代，安全气囊开始被大规模投入使用。安全气囊作为一种常见的保护装置，与座椅安全带配合使用，可以为乘员提供有效的防撞保护。在汽车相撞时，汽车安全气囊可使头部受伤率减少 25%，面部受伤率减少 80%左右。在使用安全气囊时，必须保证安全气囊与安全带一起使用，如果不系好安全带，即使有气囊，在碰撞时也可能造成严重伤害甚至死亡。其次，不要在气囊的前方、上方或近处放置物品，因为在紧急时刻这些物品有可能妨碍气囊充气或被抛射出去，造成更大的危险。当安全气囊使用过后须回厂换一个新的气囊。《道路车辆安全气囊部件》（GB/T 19979.2—2005）对安全气囊的性能作了明确要求。

安全色

safety color

安全色是用来表示安全信息的颜色，在交通领域中被广泛应用。例如，我国的交通标志一般采用红、黄、蓝、绿四种颜色（见图 1）。红色光波在空气中传播距离较远，易被人识别，所以将红色作为安全色中的禁止、危险等信号；黄色具有高度的可见性，是所有色相中最亮的颜色，所以黄色常常表示警告；蓝色沉稳，往往用于表示指令；绿色对人的视觉清晰但刺激较小，给人以舒适、柔和感，一般用于提示标志。安全色往往具有醒目，易识别等特点，《安全色》(GB 2893—2008) 规定了传递安全信息的颜色、安全色的测试和使用方法。这些标准适用于公共场所、生产经营单位和交通运输、建筑、仓储等行业，以及消防等领域所使用的信号和标志的表面色；不适用于灯光信号和航海、内河航运，以及为其他目的而使用的颜色。该标准规定的安全色为红、蓝、黄、绿四种颜色；对比色为黑、白两种颜色，其作用为使安全色更加醒目。红色表示各种禁止标志，交通禁令标志，消防设备标志，机械停止按钮、刹车及停车装置的操纵手柄，机械设备转动部件的裸露部位，仪表刻度盘上极限位置的刻度，各种危险信号旗等。黄色表示各种警告标志，道路交通标志和标线中警告标志，警告信号旗等。蓝色表示各种指令标志，道路交通标志和标线中指示标志等。绿色表示各种提示标志，机器启动按钮，安全信号旗，急救站、疏散通道、避险处、应急避难场所等。此外，安全色与对比色组成的相间条纹也有不同含义，例如红色与白色相间条纹应用于交通运输等方面所使用的防护栏杆及隔离墩；黄色与黑色相间条纹应用于各种机械在工作或移动时容易碰撞的部位(见图 2)，如移动式起重机的外伸腿、起重臂端部、起重吊钩等。

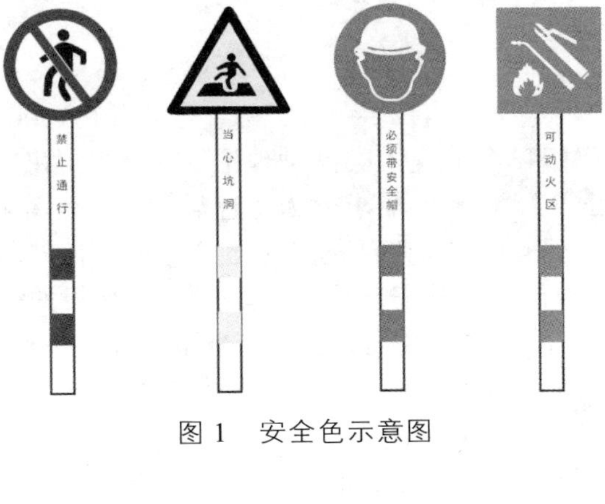

图 1　安全色示意图

图 2　以设备中心为轴线对称的相同条纹示意图

安全停车行为

safe parking behavior

安全停车行为是指驾驶员在主观停靠车辆的过程中，所作出的有利于安全停车的行为。安全停车需遵循以下原则：① 不在交通法规不允许的地方停车；② 停车场停车应遵守停车场规定；③ 停车前观察周边环境，避免与行人和其他车辆发生碰撞；④ 不要停在潜藏危险的地方，例如雨天不在低洼处停车，露天停车远离阳台等；⑤ 不占用他人车位，规范停车；⑥ 停车时观察周围环境，关好车窗、车门，带走贵重物品，防止盗窃、抢劫，注意自身安全；⑦ 下车前先看后视镜，确认无车辆和行人后方可开门下车。

安全需求

safety demand

美国心理学家亚伯拉罕·哈罗德·马斯洛（Abraham Harold Maslow）于 1943 年在《人类激励理论》一书中提出“需求层次理论”（见图 3），将人的需求分为生理需求、安全需求、爱和归属感的需求、尊重需求和自我实现需求，这五种需求从低到高逐级上升，当低一级的需求得到满足后，更高级的需求才会出现。在这五种需求中，生理需求、安全需求属于最基础的需求，只有这两种需求得到满足，人们才会去追求更高级的需求。安全需求位于需求层次中的第二层，包括人身安全、生活稳定，以及免遭疾病、威胁和痛苦的需求，它是个体健康、幸福生活的基础，也是个体生存的重要条件。在交通领域满足人们的安全需求，首先要保障人们的交通安全，包括减少交通事故发生率，降低交通事故发生后的伤亡率等。

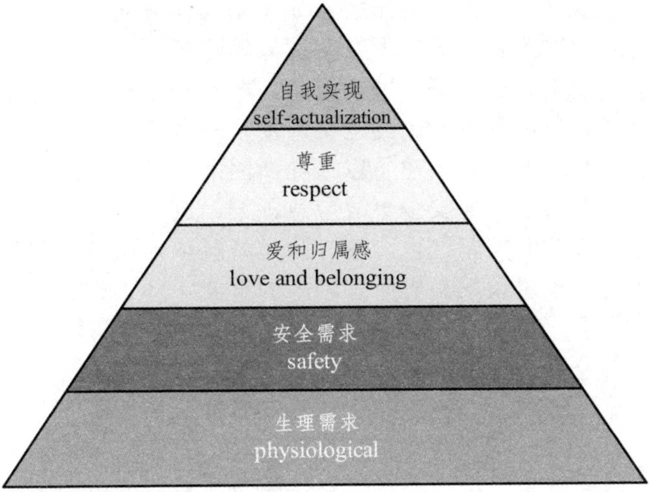

图 3　需求层次理论图示

安全预案

counterplan for safety

安全预案即安全应急预案，是对将来可能发生的危及安全的事件的预防及现场处理措施，包括应急行动指南或检查表、应急响应预案、互助应急预案和应急管理预案。应急行动指南或检查表是针对已识别的危险制定的应急行动，规定应急行动的基本程序；应急响应预案预估现场的设施、场所可能发生的事故情况，明确有关人员在紧急状况下的职责；互助应急预案是相邻企业为在事故应急处理中共享资源、相互帮助制定的应急预案；应急管理预案是综合性的事故应急预案，详细描述事故发生前、中、后过程中，所有人员的职责，这类预案要明确制定每一项职责的具体实施程序。安全应急预案有助于对可能发生的突发危机事件进行提前预判，对可能发生的严重后果作出判断，并且提出应对措施。因此，在道路交通领域，应该针对危险因素制定安全应急预案，如车站大客流应急预案、车站突发暴力事件应急预案、列车突发故障应急预案、车站突发火灾应急预案等。近年来，安全应急预案的制定有了一定进展，国内有学者分析了观音山隧道交通安全事故数据，探索了导致安全事故的原因，并构建了以贝叶斯网络为训练方法的安全预测模型，提出了交通安全事故应急预案，进一步对该隧道的风险进行了有效的控制，也能够为同类型隧道提供应急预案处理借鉴。安全应急预案是应急管理中的重要一环，相关部门出台了相关条规。例如，交通运输部办公厅于 2018 年 3 月发布了《道路运输突发事件应急预案》，依据事件性质、严重程度、可控性和影响范围等因素，将道路运输突发事件分为四级：Ⅰ级（特别重大）、Ⅱ级（重大）、Ⅲ级（较大）和Ⅳ级（一般）。并规定了道路运输应急组织体系和道路运输应急响应均由国家、省、市和县四级组成。对于应急保障，则规定了队伍保障、通信保障、资金保障、应急演练和应急培训等方面。

暗适应

dark adaptation

暗适应效应是指人们从光亮处进入黑暗环境中，人眼对光的敏感度逐渐增加，约 30 min 后达到最大限度。从明亮的环境转向黑暗环境时，我们会突然看不清周围的事物，需要经历一段时间才能逐渐恢复视力。在恢复视力的这段时间内，眼睛内合成对弱光敏感的视紫红质。视紫红质合成越多，我们在暗处的视力越好。有研究发现，驾驶员在夜间行车时，对向行驶车辆的灯光照射会使驾驶员对光的敏感度下降，即会使驾驶员适应更亮的光照，但是对向车辆驶离后，驾驶员视野亮度下降，就会产生暗适应效应，此时驾驶员无法看清路面状况，更容易发生交通事故。此外，根据暗适应效应的解释，在白天进入黑暗的隧道时，需要 30 min 左右的时间，人们在黑暗环境中的视力才能提到最大值，这可能导致一系列的事故。《公路隧道照明设计细则》(JTG/T D70/2-01—2014) 对隧道和公路的照明指标、调光模式、节能标准、隧道照明设置条件、洞内外亮度指标等作了详细规定。该细则定义“过渡段”为：在隧道照明中，介于入口段与中间段之间的照明区为过渡段，其任务是解决入口段高亮度到中间段低亮度的剧烈变化给驾驶员造成的不适应现象，使之能有充分的适应时间。

B

白洞效应

white hole effect

当驾驶者从黑暗的隧道内驶向明亮的隧道外时，由于剧烈的亮度变化导致驾驶者产生强烈的眩目现象，即白洞效应。有学者做了一系列的研究来避免白洞效应导致交通事故，例如德莱（A.L.Grindlay）等人在 2015 年根据隧道的设计时速、洞门朝向和洞门的环境条件，对目前洞门常采用的四种攀附植物的减光效果、可行性和经济性进行了研究，最终建议采用常青藤植物作为洞门减光植物。我国学者肖尧、杜志刚也根据驾驶员瞳孔亮度过渡改善前后的变化趋势和变化规律，提出了基于防眩原理的渐变图层设计方案，该方案使驾驶员瞳孔亮度比改善前的瞳孔亮度过渡更加缓和合理，眩光面积减少 20%～30%，且眩光高度抬高 20%～40%，视觉负荷系数降低了 30%～40%，提升了隧道视觉舒适性，降低了驾驶员的错误操作概率。《公路隧道照明设计细则》（JTG/T D70/2-01—2014）定义“出口段”为：隧道内靠近隧道行车口的照明段，是使驾驶员视觉适应洞内低亮度向洞外高亮度过渡设置的照明段。

百分之八十五位地点车速

eighty-five percentile speed

道路上最高车速限制的制定多以 85%位车速作为依据。在累积车速分布曲线中，累积频率为 85%时的相应车速是交通管理部门制定道路行驶最高车速的重要依据。

具体指测量道路上经过实测点的所有车辆的速度时，有85%的汽车车速较高，所以交通管理部门多将这一车速定为高速公路的最高限速。如图 4 所示为累计频率达到 85%时，车辆所对应的相对车速（即 86 km/h），就是这条道路的最高限速。由于道路自身条件和交通情况的不同，不同道路的最高限速视实测情况而定。

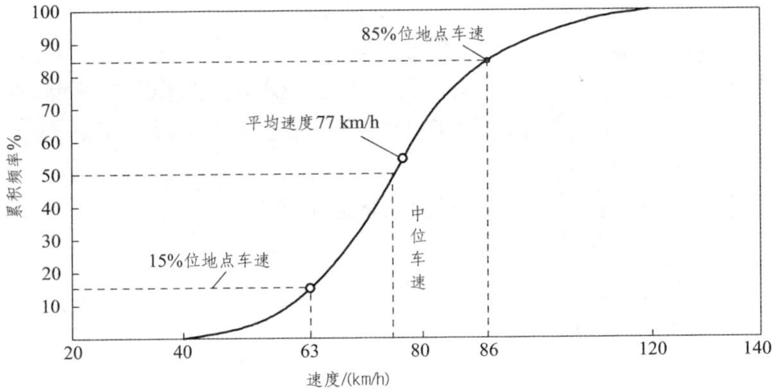

图 4　某高速公路车速频率分布累积曲线

百分之十五位地点车速

fifteen percentile speed

道路上最低限制车速的制定多以 15%位车速作为依据。在累计车速分布曲线中，累计频率为 15%时的相应车速，是交通管理部门制定道路行驶最低车速的重要依据。

具体指测量道路上经过实测点的所有车辆的速度时，有15%的汽车车速较低，所以交通管理部门多将这一车速定为高速公路的最低限速。如图 4 所示，累计频率达到 15%时，车辆所对应的相对车速（即 63 km/h）就是这条道路的最低限速。由于道路自身条件和交通情况的不同，不同道路的最低限速视实测情况而定。

在分析高速道路车速特征时，需选取能够分别反映大多数驾驶员和少数驾驶员车速选择行为的地点车速统计指标，并将其作为车速限制方法研究的依据之一。所以一般选取 15%位车速作为道路最低车速限制。国内在研究高速道路的车速限制时，多考虑设计速度和运行车速，包括基于不同线形路段的车速限制研究、不同交通流量条件下的车速限制问题、限制车速采用的行车安全视距及限速标志设置原则等方面的研究。研究成果虽为国内车速限制研究提供了一定理论积累，但却存在考虑因素单一的弊端，同时并未考虑车速限制与道路运行效率、安全性等方面的综合关系。未来需要一套综合考虑高速道路效率、安全、经济与舒适功能实现的车速限制方法。

报复性驾驶

retaliatory driving

当自身利益由于他人的行为而导致损害时，个体会产生损害他人利益的倾向。在驾驶过程中，超车、夜间行车不关闭远光灯等行为可能会损害其他驾驶者的利益。当驾驶者遇到这些情况的时候，可能会产生愤怒情绪，并在行车过程中产生报复心理。在这种心理的支配下，驾驶员的精力会集中在报复行为上，这会在一定程度上导致行车的不安全。相关研究表明，报复性驾驶与攻击性、驾驶愤怒、驾驶紧张密切相关。报复性驾驶可以通过攻击行为，如口头辱骂、超车、追尾等方式发泄驾驶员的愤怒情绪，但是过强的报复行为往往会导致严重的交通事故，尤其是在拥堵路段，报复性驾驶甚至会使轻微的攻击行为升级为暴力犯罪行为。

爆胎

flat tire

爆胎是指轮胎在极短的时间内（一般少于 0.1 s），胎体突然破裂而失去轮胎中所充气体的情况。从交通事故调查和处理角度，爆胎可分为主动性爆胎和被动性爆胎。主动性爆胎是指由于轮胎爆胎造成车辆失控，进而导致交通事故发生；被动性爆胎指轮胎在事故过程之中（或之后）受较强外力撞击导致的爆胎。轮胎结构上的固有弱点、轮胎制造缺陷、使用维护不当、外力破坏、气候因素等都可能造成爆胎。为预防爆胎应正确选用轮胎的速度等级和负荷能力；保持正确的轮胎气压；防止轮胎超载；防止超速行驶；不宜使用过度磨损的轮胎和翻新胎；保持底盘良好的技术状况；及时做好轮胎的维护工作。此外，目前也有轮胎气压监测系统和爆胎自动减速系统可以用于预防爆胎或减轻爆胎带来危害。爆胎时，不可以急刹车，而应缓慢减速，因为车在高速行驶的时候忽然爆胎会使车辆侧偏，急刹车会使这种侧偏更加严重，从而导致翻车。发生爆胎后，在缓慢减速的同时，应双手紧握方向盘，向爆胎的反方向转动，以保证车辆的直线行驶。在长距离驾驶或汽车维修点较少的行程中，最好带上备胎以应对意外的发生。

北斗卫星导航系统

BeiDou Navigation Satellite System，BDS

北斗卫星导航系统是继美国全球定位系统（GPS）、俄罗斯格洛纳斯卫星导航系统（GLONASS）、欧洲伽利略卫星导航系统（Galileo satellite navigation system）之后第四个成熟的卫星导航系统。首先，北斗卫星导航系统由中国自主研发，能够覆盖中国本土的区域，在此基础上，也能服务于全球用户，特别是亚太地区的用户。其次，它促进了我国与其他国家就卫星导航展开交流和合作，具有开放性。再者，北斗卫星导航系统还具有兼容性，在符合国际电联规则的情况下，我国愿意通过频率协调兼容其他系统。卫星导航系统是获得空间信息的重要设施，中国一直在努力探索和发展拥有自主知识产权的卫星导航系统。2000 年，首先建成北斗导航试验系统，经过多年发展，北斗卫星导航系统已成功应用于各个领域，包括定位、通信、交通、减灾、气象服务、水利、勘探等。例如，在 2008 年北京奥运会、汶川大地震中该系统都发挥了重要作用，产生了显著的经济效益和社会效益。但由于北斗卫星导航系统起步晚于 GPS 和 GLONASS，其发展也面临一定的风险和挑战。首先是国际竞争，包括无线电频率资源、市场竞争等；其次是服务观念，未来需要加大对北斗卫星导航系统的建设和宣传，提高服务质量，扩大用户群体；最后是技术问题，未来要不断提高技术，掌握核心自主权，在激烈的技术竞争中保留自己的优势。2019 年 5 月 15 日，中国卫星导航定位协会发布的《中国卫星导航与位置服务产业发展白皮书（2019）》显示：2018 年，中国卫星导航与位置服务产业总体产值达 3016 亿元，北斗卫星导航系统已在智能交通、物流跟踪、智慧市政等应用中发挥出重要作用；随着 5G 时代的到来，“北斗+5G”有望在机场调度、机器人巡检、无人机、建筑监测、车辆监控、物流管理等领域广泛应用，北斗卫星导航系统建设正在不断发展和完善中。

被动安全系统

passive safety system

被动安全系统是指在事故发生后，车辆自身通过缓冲和吸能等方式来有效地保护乘员和行人，使事故的损伤减少到最低限度的系统，包括安全带、安全气囊、侧门防撞杆、安全车身设计、安全玻璃等。被动安全系统具有两大作用：① 减小车辆碰撞后车体的变形；② 发生事故后避免乘员与车体发生二次碰撞。安全带和安全气囊可以减少车辆碰撞时乘员受到的伤害，安全带可以把乘员固定在座椅上，安全气囊则可以减轻乘员与车体发生碰撞的强度；当车辆发生碰撞时，安装在车门夹层中的侧门防撞杆可以很好地减少侧面碰撞导致的车门变形；安全车身设计则是加强了客舱部分，削弱了车头和车尾部的强度，当碰撞发生时，车头和车尾部会产生更大的变形而吸收更多的能量，减少客舱内乘员受到的伤害；安全玻璃一般为钢化玻璃-夹层玻璃-钢化玻璃三层构成，夹层玻璃位于三层结构的中间，具有较强的韧性和黏性，当车辆发生碰撞后，即使外层钢化玻璃发生碎裂也会被夹层玻璃牢牢粘住，避免碎玻璃对乘员造成二次伤害。

汽车安全系统可以分为主动安全系统和被动安全系统两个大类，其中主动安全系统旨在减少事故发生的可能性，而被动安全系统则是在事故发生后减少事故对乘员和行人的损伤。主、被动安全系统共同保障着行驶安全。被动安全已经过了最快速的发展时期，现已渐渐进入平稳的发展阶段，而主动安全经过多年的积累，现已进入快速发展阶段（见图 5）。

避让决策

collision avoidance decision

驾驶员应正确判断车速与前方车辆或障碍物的速度、距离、动向是否构成直接相撞的可能，然后根据道路条件选择准确的操作和避让方法的称为避让决策。交通事故的基本内核和构成有“造成险情”和“避让险情”两个要素，把这两个要素用公式表示出来，就构成了交通事故模型：“交通险情+避让失败=交通事故”；致险行为和避险行为相互影响，并最终因避险失败而造成交通事故，是交通事故形成的一般情况。

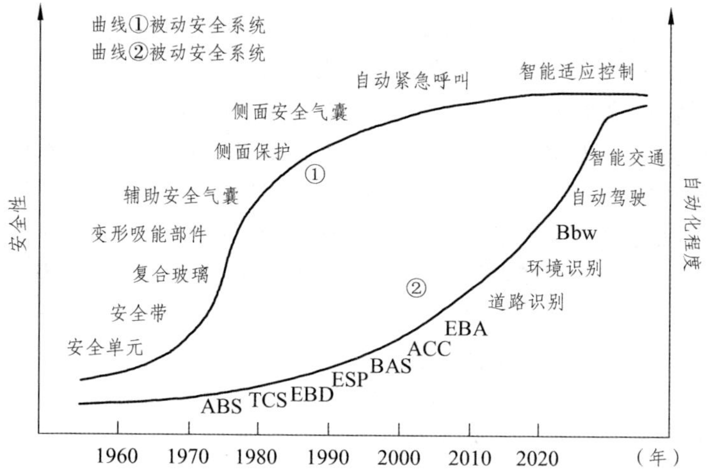

ABS：防抱死制动系统；TCS：牵引力控制系统；
EBD：电子制动力分配；ESP：车身电子稳定系统；
BAS：制动辅助系统；ACC：自适应巡航控制系统；
EBA：电子控制制动辅助系统；Bbw：全电路制动系统。

图 5　汽车安全系统的比较与发展

辨别反应时

discriminative reaction time

辨别反应时为反应时的一种，当呈现两个或两个以上的刺激时，被试需要对刺激做出区分，从刺激呈现到做出辨别反应的这段时间，就是被试的辨别反应时。荷兰生理学家唐德斯为研究反应时的心理机制定义了两种反应时，即简单反应时和选择反应时。简单反应时任务是仅向被试呈现一种刺激并要求被试对其做出反应，被试从呈现刺激到做出反应的时间即为简单反应时。而选择反应时任务则向被试呈现多种刺激，被试仅对其中一种做出反应，从刺激呈现到被试做出反应的时间为选择反应时。例如，实验 1 仅向被试呈现字母 A，并要求被试看到字母 A 就按下左手的按钮，从字母 A 呈现到被试按下按钮的时间即为被试的简单反应时。而实验 2 则在实验 1 的基础上进行一些改动，向被试呈现的刺激既有字母 A 也有字母 B，被试需要在看到字母 A 时按下左手按钮，看到字母 B 时按下右手按钮，从字母呈现到被试正确按下按钮的时间为被试的选择反应时。研究发现，选择反应时会比简单反应时更长，在上述条件下，被试的选择反应时会比简单反应时长约 0.07 秒，这段时间为被试的辨别反应时。反应时在驾驶任务中有重要的意义，驾驶员在驾驶中要时刻注意道路交通状况，对道路上的意外情况及时作出反应。有研究发现，驾驶员在驾驶中反应时越长，发生事故的风险就越高，因此对驾驶员反应时的研究有利于改善道路交通环境，减少事故概率。

变化视盲

change blindness

变化视盲又称无意视盲，指当视野中出现了明显的刺激物或变化，个体却无法察觉或发现刺激物的出现或改变。有研究者曾进行了一个模拟驾驶实验，被试为 44 名大学生。实验要求被试遵守道路标识，按照规定路线行驶，且不能违反交通规则。驾驶任务的最后一个导航指示是让被试左转，但实际道路左侧的路标很明确地树立着不能左转的标识。结果有 35 名（79.5%）被试产生了无意视盲，进行了左转，说明无意视盲在驾驶任务中广泛存在。研究者往往采用变化探测任务来研究变化视盲，如先向被试呈现一个刺激，接下来是短暂的空屏，然后再呈现一个新的刺激，新刺激与原刺激可能完全相同，也可能发生了变化，被试需要迅速判断出刺激是否发生了变化。有研究认为，个体发现事物变化的过程包括三个阶段：① 对原本的刺激形成表征；② 对变化的刺激形成表征，并且把变化的表征与原刺激表征进行比较；③ 脑海中出现比较的结果。因此，研究者对变化视盲的成因提出了五种假设：① 原本的刺激表征被损坏，因此个体无法对原刺激与变化后的刺激进行比较；② 个体没有对变化后的刺激形成新的表征；③ 虽然个体对原刺激和变化后的刺激形成了表征，但是却没有储存，因此无法对二者进行比较；④ 个体比较阶段出现错误，无法对原刺激表征和变化刺激表征进行正确比较；⑤ 个体把原刺激表征与变化后的刺激表征进行了结合，形成了新的表征，新表征具有原刺激和变化后刺激的一些特征。这五种假设中的前四种得到了一些实验数据的支持，尤其是第一种假设得到了大多数研究的支持，可信度最高。

标志符号

sign symbol

标志符号能够传达特定信息的图形或字符。交通标志是城市管理设施的重要组成部分，是实现安全驾驶、优质服务和高效管理的保障。标志符号应具有可识别性、准确性、直观性等特点，且具备一定的功能。标志的重点在于它的功能性，交通标志符号必须使每个行人和驾驶员都能够了解其代表的含义及功能。《标志用公共信息图形符号》（GB/T 10001）规定了通用符号、旅游休闲符号、客运货运符号、运动健身符号、购物符号、医疗保健符号、办公教学符号、公园景点符号、无障碍设施符号共计九类符号以及其适用的场所，同时也对图形符号的颜色、图形符号标志牌的绘制和制作有详细的规定。

标志色彩

color of sign

标志色彩能够传达特定信息的颜色，可以分为彩色和非彩色两种。城市交通标志是用色彩、图形符号和文字向驾驶员及行人传递有效信息，用以管理、警告和引导交通的安全服务设施，它在现代城市交通管理中发挥着重要作用。在交通标志系统中，色彩发挥警示、禁止和导向等作用。红色、黄色和绿色是常见的城市标志色彩。

标志形状

shape of sign

标志形状能够传达特定信息的形状，常见的如三角形、正方形、圆形等。在交通标志中颜色为黄底、黑边、黑图案，形状为顶角朝上的等边三角形起警告作用；颜色为白底，红圈，红杠，黑图案，图案压杠的往往为禁令标志；颜色为蓝底、白图案，形状分为圆形、长方形和正方形的往往为指示标志。

不适眩光

discomfort glare

不适眩光为眩光的一种，它会引起视觉的不舒适，但不会造成视觉损伤。不适眩光又被称为“心理眩光”。发光二极管（LED）是生活中最常见的光源之一，但是 LED 亮度高、体积小的特点导致其产生了更强的眩光效应。由于 LED 也广泛应用于道路信号灯、车辆灯光等，如何减小 LED 导致的眩光效应是我们应该考虑的一个问题。《公路照明技术条件》（GB/T 24969—2010）对道路眩光有明确要求。

不停车电子收费系统

Electronic Toll Collection，ETC

不停车电子收费系统是一种用于路桥、隧道的先进道路收费方式，在车辆挡风玻璃上安装 ETC 车载器，通过微波专用短程通信手段与收费站 ETC 系统连通，并与银行后台进行信息交互、处理，从而使车辆可以快速通过该通道，达到不需要停车即可收费的目的。ETC 的使用带来了诸多好处：首先，从时间方面考虑，不停车收费能够提升公路的通行力，有效提高收费效率，降低车主的时间成本；其次，从经济方面考虑，ETC 可以减少人工成本和管理成本；此外，从环境方面考虑，减少过路车主排队过收费站的时间和相应的燃油消耗，从而降低汽车尾气排放量，带来显著的环境效益。20 世纪 90 年代，我国开始推行 ETC，交通运输部在 2014 年正式启动全国高速公路 ETC 联网，2015 年年底，全国主线收费站 ETC 覆盖率达到 100%。截至 2018 年 10 月，中国绝大多数省份 ETC 使用率难过半，有的省份不足三成。为了提高 ETC 的使用率，2019 年 5 月，国务院办公厅印发《深化收费公路制度改革取消高速公路省界收费站实施方案》，进一步深化收费公路制度改革，加快取消全国高速公路省界收费站，实现不停车快捷收费。截至 2019 年底，各省（区、市）汽车 ETC 安装率达到 80%以上，通行高速公路的车辆 ETC 使用率达到 90%以上。因此，ETC 将是中国未来高速公路的主流收费方式。

不注意

inattention

不注意是指驾驶员当前注意资源分配状况不能够满足安全驾驶关键活动的要求的现象。不注意包括分心和疏忽，它们对道路安全构成了相当大的威胁。先前的研究表明，疏忽和注意力分散更容易导致严重的车祸，车祸的严重性与疏忽的类型有关。有学者对 2011 年至 2015 年间挪威所有致命道路事故进行研究发现，疏忽可能是导致事故的重要因素。其中每三起致命的道路撞车事故中，几乎就有一起事故是由机动车肇事驾驶员的疏忽造成的。大约三分之一与疏忽相关的撞车事故原因是驾驶员发现行人太晚。因使用手机导致注意力分散引发了2%～4%的致命撞车事故，其他类型的注意力分散引发了大约10%的事故。

布雷斯悖论

Braess paradox

在交通运输网络中增加一条新的线路并不会令路况好转，相反，对全部道路使用者来说，整体效率反而可能会降低。布雷斯悖论的理论基础是著名的“纳什均衡”。纳什平衡又称为非合作博弈均衡，在一场博弈过程中，无论对方策略如何，博弈的一方总会选择一个固定的策略，那么这个策略就被称为支配性策略。当博弈双方都选择自己的支配性策略时，纳什平衡就形成了，在这里，每个博弈者的平衡策略都是为了获得最大利益。一个例子可以很好地描述布雷斯悖论，假设有 4000 辆车准备通过图 6 中的道路，其中从起点到 A 点、从 B 点到终点均耗时 $T/100$ min（T 为该道路上通行的车辆数）；从起点到 B 点、从 A 点到终点均耗时 45 min。当 A 点和 B 点之间的道路不存在时，那么 4000 辆车将有一半从起点经过 A 点到达终点，另外一半会从起点经过 B 点到达终点。每种走法均耗时 65 min（2000/100+45）。而 A 点和 B 点间的路修通后（假设 AB 间道路极为通畅，从 A 到 B 不耗费时间），由于 $T/100$ min 在最糟糕的情况（4 000 辆车都走同一条道路）下仍小于 45 min。所有车主都会倾向于走最省时的道路，即从起点到 A 点再由 B 点到达终点。此时，车辆从起点到终点的通行时间为 80 min，而不走捷径的车辆通行时间为 85 min。但是，如果没有修建 A 点和 B 点之间的道路，所有车主的通行时间为 65 min，这就导致了新修的道路反而使交通状况恶化的情况。

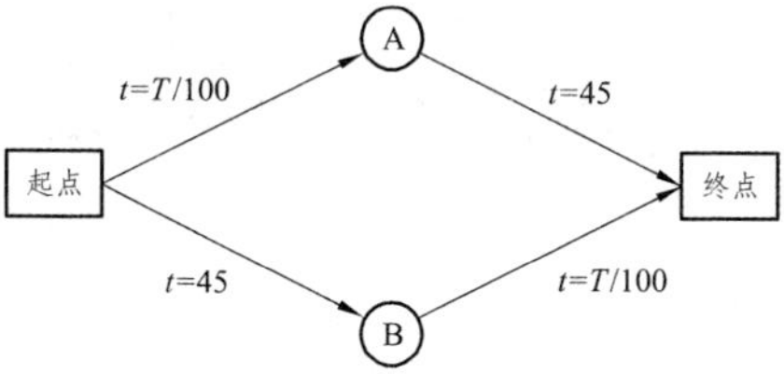

图 6　布雷斯悖论示意图

步行交通事故

traffic accident of pedestrians

步行交通事故是与行人相关的交通事故。导致行人交通事故的因素主要包括：① 道路规划不能完全满足行人步行出行的需要，如人行道宽度不足，未考虑行人过街需求，导致沿线两侧行人过街难、乱穿马路等；② 交通管理力度不够，有的情况下，交警对于行人乱穿行车道的行为不予管理，对于非机动车的超越停车线也熟视无睹；③ 不良交通行为习惯，如行人乱闯红灯；④ 安全防患意识不足。

C

操控驾驶

operational driving

操控驾驶是驾驶员为了保证自身车辆正常行驶所进行的操作。马修斯（Mathews）等人提出了情境意识信息加工模型，包括三类，分别为：① 操控驾驶；② 检测驾驶；③ 决策驾驶。操控驾驶依赖于驾驶员对环境中的各个要素的知觉。例如，驾驶员为防止自己在驾驶过程中超速，既要关注仪表盘上的速度数值，又要时刻注意路边可能出现的限速标志。

操作失误

operating error

操作失误是驾驶失误的一种，指驾驶员在驾驶过程中做出的不符合预期的行为动作。驾驶失误包括三种类型：① 感知失误；② 判断失误；③ 操作失误。操作失误的一个典型例子是新手驾驶员在遇到险情时，由于惊慌失措，误把油门当作刹车，结果导致了更严重的事故。此外，对环境错误的感知可能会导致驾驶员判断出错，进而导致操作失误。

超车视距

overtaking sight distance

超车视距是指机动车在对向两个车道的道路上（道路中心

线两边各只有一个车道），在允许超车的地方，为了不致与被超车辆发生刮、碰及与对向来车发生碰撞所应该具有的安全视距。分为全超车视距和最小超车视距。如图 7 所示，全超车视距 $S_c = d_1 + d_2 + d_3 + d_4$，最小超车视距 $S_c = (2/3)d_2 + d_3 + d_4$。超车视距最主要的功能是为超车驾驶员提供足够清晰的视野，以保证超车的安全性，避免发生碰撞。《公路工程技术标准》（JTG B01—2014）规定：在超车视距检验时，小客车采用的驾驶员视点高度为 1.2 m，载重货车采用的驾驶员视点高度为 2.0 m，视点前方路面上障碍物顶点高度为 0.60 m，即对向车辆（小客车）的前灯高度。高速公路和一级公路采用分向分道行驶，不存在会车和对向超车等需求，因此，高速公路和一级公路应满足停车视距要求。而二、三、四级公路一般采用双向行驶的交通组织方式，其行车特征是超车时经常要占用对向车道，为保证行车安全，双车道公路应间隔设置具有超车视距的路段。公路是三维的空间实体，公路视距除受到平、纵、横等几何指标、参数和平纵组合等影响外，还可能受到路侧填挖方边坡、护栏等的遮挡影响。通过对我国部分山区高速公路进行视距检验评价发现：在平、纵等主要几何指标满足对应标准、规范指标要求的情况下，仍可能存在视距不良（不足）的情况。因此，规定对于公路平面和纵断面指标较低、平纵线形组合复杂路段，应进行对应的视距检验。对于视距不良路段或区域，应采取相应的技术措施予以改善。在公路各类出入口区域，驾驶员需要及时辨识出（入）口位置、适时选择转换车道、进行加（减）速驶入（驶出）等操作，存在交通流交织和冲突等现象。因此，公路互通式立交、避险车道、爬坡车道、停车区、服务区等各类出入口区域应满足识别视距要求（识别视距：为保障车辆安全顺利通过交叉口，应使驾驶员在交叉口之前的相应距离可以看到交通标志和信号，识别交叉口）。

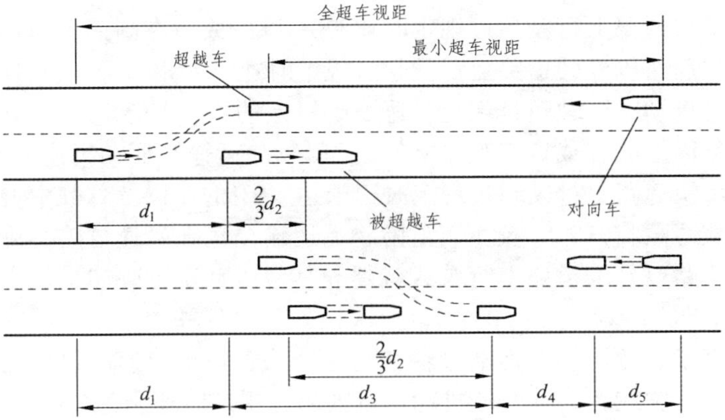

图 7　超车视距计算图示

超速行驶

overspeed driving

超速行驶是指车辆在道路上行驶时超出限速标志或相关法律法规规定的最高时速。超速行驶会带来一系列危害，例如：① 视野范围变小，当时速为 105 km/h 时，驾驶员就只能观察到 40°以内的物体，超速行驶时，对前方突然出现的险情，难以及时妥善处置；② 增加事故发生概率，超速行驶的车辆要经常超越正常行驶的车辆，车速越快，车距应越大，但超车时车距却不断减少，从而增加了事故发生的概率；③ 过高速度的行驶会影响车辆的使用寿命和安全性能，加大了车辆的工作强度和负荷，加剧了机械的磨损和损毁，极易造成发动机和传动轴故障及轮胎老化和变形，导致事故的发生。《中华人民共和国道路交通安全法》（2011 修正）规定：机动车行驶超过规定时速 50% 的，由公安机关交通管理部门处 200 元以上 2000 元以下罚款，并依法扣留机动车驾驶证。《公安部关于修改〈机动车驾驶证申领和使用规定〉的决定》中对超速行驶行为记分分值为：驾驶中型以上载客载货汽车、校车、危险物品运输车辆在高速公路、城市快速路上行驶超过规定时速 20%以上或者在高速公路、城市快速路以外的道路上行驶超过规定时速 50%以上，以及驾驶其他机动车行驶超过规定时速 50%以上的，一次记 12 分；驾驶中型以上载客载货汽车、校车、危险物品运输车辆在高速公路、城市快速路上行驶超过规定时速未达 20%的，以及驾驶中型以上载客载货汽车、校车、危险物品运输车辆在高速公路、城市快速路以外的道路上行驶或者驾驶其他机动车行驶超过规定时速 20%以上未达到 50%的，一次记 6 分；驾驶中型以上载客载货汽车、危险物品运输车辆在高速公路、城市快速路以外的道路上行驶或者驾驶其他机动车行驶超过规定时速未达 20%的，一次记 3 分。

超载

overload

超载是指交通运输工具的实际装载量超过核定的最大容许限度。由于超载，车辆控制能力降低，容易导致交通事故发生。同时，超载对公路造成破坏，使车辆行驶速度受到影响，降低了车辆运输效率。货运超载是指机动车运输的货物超过运输工具的总载荷。货运车辆超载运输造成的破坏与损失触目惊心，有关部门不断强调严加管理，但就是屡治不愈，时至今日超载状况未见根本性好转，有些地方还愈演愈烈，成为公路运输的癌症。

潮汐交通

tidal traffic

潮汐交通指由于大量城市居民职住分离，在特定时间和特定路段出现的主干道双向交通量明显不均，单向交通拥堵的情况。潮汐交通主要具有两个特征：① 同一路段拥堵度时段性双向不平衡，表现为某一路段的某一方向在早高峰时交通量大，拥堵不堪，晚高峰时交通量则减少，同一路段另一方向的交通情况刚好相反；② 路段的交通状态较稳定，即一个交通状态持续的时间较长。造成潮汐交通的主要原因是拥有稳定工作的城市居民在工作日的出行时间和路线都是固定的。目前交通部门主要使用潮汐车道和自走式智能护栏应对潮汐交通。“潮汐车道”就是可变车道，是指根据早晚交通流量不同的情况，对有条件的道路开辟某一车道不同时段内的行驶方向的变化。通过可变方向行驶车道牌，控制主干道车道行驶方向，来调整车道数，从而缓解由于车流“潮汐现象”带来的拥堵。另外，通过使用自走式智能护栏对车道进行自动调拨，可以节省人力物力，提高效率，降低延误。

车道保持预警系统

lane maintenance warning system

车道保持预警系统是在车道偏离预警系统的基础上对转向盘进行接管，控制车辆主动恢复并保持在车道中心线附近行驶的一种高级驾驶辅助系统。通过摄像机接收公路视觉信息，或通过分析矫正转向盘的动作幅度和频率，可以分析出车道的保持、改变与偏离，从而确定车道边界，发出警报，在驾驶员无意识的状态下提醒他们。其主要有以下优势：电动化（部分实现车辆自动化）、智能化（在某种程度上解放了驾驶员的双手和思想，使驾驶员有良好的驾驶条件）、安全性（避免驾驶员因注意力高度集中、疲劳驾驶等无意识状态下引起的车道偏离事故）。

车道偏离预警系统

Lane Departure Warning System，LDWS

车道偏离预警系统是驾驶员辅助系统的一种，车辆偏离预警系统通过连续监测车辆在两侧车道标记上的位置，判断车辆是否发生偏离，在偏离发生时会向驾驶员发送通知并且采取纠正措施。车道偏离预警系统有两大功能：纵向车道偏离预警和横向车道偏离预警。纵向车道偏离预警功能主要预防车速过快可能导致的车辆失控等事故。横向车道偏离预警可以预防在驾驶员无意识或放弃驾驶操作情况下的车辆偏移。车道偏离预警系统如果检测到车辆偏离车道且驾驶员未开启转向灯，就能在 0.5 s 内做出警告，包括发出警报音或震动方向盘等。车道偏离预警系统相关研究最早开始于 20 世纪 80 年代,90 年代中后期，一些国家开始对车道偏离预警系统进行集中研究并在汽车上运用。据统计，2002 年，美国大约有 4 成的致命交通事故与车辆偏离车道有关。也有研究认为，车辆偏离车道是导致车辆侧翻的最主要原因之一。因此，车道偏离预警系统在交通安全领域具有重要意义。目前，车道偏离预警系统主要可以分为两类：一类被称为“侧视系统”，这类系统的摄像头位于车辆侧面，斜指向车道；另一类被称为“斜视系统”，这类系统的摄像头安装在车辆前部，斜指向前方的车道。目前我国较有代表性的研究有吉林大学基于单目视觉系统的车辆前视系统 JLUVA-1 系统、东南大学的 DSP 嵌入式车道偏离报警系统和清华大学 THMR 系列智能汽车中的车道偏离识别系统等。

车联网

vehicle ad-hoc network

车联网简称 VANET，是由路侧单元、车载单元、控制中心和便携式电子设备等组成的系统，包括了车-路侧单元通信，车-车通信和车-行人通信等基本通信模式，已达到人、车、路之间的智能协同。车联网的主要应用领域包括：协助驾驶、交通信息采集、协助驾驶、交通管理辅助以及网络接入服务等方面。2004 年，第一届 ACM 会议首次提出了车载网络即车联网的概念，随后迅速发展，在全球的应用越来越广泛。

车辆跟驰

car-following

车辆跟驰指后随车的自由受到前车限制，而不得不跟随前车行驶的行为。此时，驾驶员对车辆的操作与自由驾驶时有显著差异。车辆的跟驰行为是微观交通流的最基本行为之一，它描述了单一车道中前后两车之间的相互关系。若驾驶员所处的行车环境车流密度较小时，便不必担心与其他车辆发生碰撞，此时采取的驾驶决策、操作和自身的驾驶特性、道路条件、车辆性能相关，驾驶员可以按自己的期望车速行驶，不需要考虑前后车等其他条件约束。随着车流密度增大，车辆之间的相互制约越来越明显，驾驶员会依据前车的运行情况采取相应的驾驶决策。判断车辆是否处于跟驰状态目前主要有两种方法：① 前车车速低于后车的期望车速；② 相对速度绝对值随车头时距的变化。国外最早出现的对于驾驶员跟驰行为的研究出现于 20 世纪 50 年代，交通工程、心理学以及生物医学等各个学科都对车辆跟驰进行了深入研究，并取得了一系列重要研究成果。至今，研究者已经提出了许多跟驰模型，即探究车辆跟驰行为的模型。跟驰模型一般可划分为：刺激-反应类模型、心理-生理类模型、神经网络模型和安全距离模型等。目前，比较主流的跟驰模型有 Gipps、IDM、Newell 跟驰模型。

车辆尾气污染

vehicle exhaust pollution

车辆尾气污染指机动车在行驶过程中从排气管排出的有害气体对环境造成的污染。排出的气体中含有上百种不同的化合物，其中一氧化碳、碳氢化合物、氮氧化合物、铅的化合物及颗粒物等是主要的污染物。机动车污染具有典型的移动性、线性污染特点。我国于 1999 年 1 月 1 日开始实施 T 阶段的型式认证排放限值。2013 年 7 月 1 日起，所有生产、进口、销售和注册登记的车用压燃式发动机与汽车必须符合国四标准的要求。接下来，又分别于 2017 年 7 月 1 日和 2018 年 1 月 1 日开始全面实施重型柴油车国五排放标准和轻型柴油车国五排放标准。2016 年,规定 2020 年 7 月 1 日起所有销售和注册登记的轻型汽车全面实施轻型汽车国六排放标准。2018 年，规定 2021 年 7 月 1 日起所有生产、进口、销售和注册登记的重型柴油车全面实施重型柴油车国六排放标准。

车流摩阻

stream friction

车流摩阻指同方向车流纵向相互干扰的现象，在车流中，各种汽车的体积、车速、总质量均不同，在同一方向与车道的交通流中，车辆互相影响而阻滞。车流摩阻不包括左、右转弯而产生的摩阻。

车路协同系统

Cooperative Vehicle Infrastructure System，CVIS

车路协同系统简称 CVIS，该系统通过传感器、探测器、通信技术等先进技术从周边车辆和各种基础设施中获取信息，并运用车-车、车-路通信技术实现信息的交互共享，从而实现车-车、车-路的动态协作和有机配合。车路协同系统可以优化道路系统资源配置，提升道路交通的安全性，并在一定程度上预防和缓解交通拥堵。车路协同的相关研究始于 20 世纪末期，美国、日本和欧洲是世界上车路协同研究开始较早、研究也较为深入的国家和地区。

车内环境

vehicle microclimate

车内环境会对个体产生影响的所有车辆内部的刺激组成的系统，包括车内空气、光线、车辆配件。车厢把外部环境和车内环境进行分离，可以减少外部环境对车内人员的干扰，良好的车内环境会提高驾驶员和乘员的舒适程度。有研究表明，车内环境污染会导致乘员出现头晕、呕吐、烦躁等症状。据公安部统计，截至 2018 年底，全国汽车保有量达 2.4 亿辆，车内环境污染也成为人们关注的焦点。《乘用车内空气质量评价指南》（GB/T 27630—2011）规定了车内空气中苯、甲苯、二甲苯、乙苯、苯乙烯、甲醛、乙醛、丙烯醛的浓度要求。

车内污染

in-car pollution

车内污染是指由于汽车内部环境相对封闭，车内存在的有害成分缓慢挥发，超出正常指标，造成车内空气污染。汽车内存在的挥发性污染物包括甲醛、二甲苯、苯等。车内污染的主要来源有：汽车自身的某些材料有毒成分的挥发、车内饰品、汽车排放的气体、乘坐人员携带的污染物、车外环境的污染等。车内污染的影响因素主要有汽车车厢内的湿度和温度、汽车新旧程度、汽车清洗频率、车外环境质量等。车内污染特征：污染种类多、车内空间狭小、密封性强。车内空气污染直接危害人们的健康，同时还影响驾乘人员的心情和注意力，容易造成交通事故，长时间还会引起一些疾病甚至导致死亡。针对车内污染，俄罗斯制定并实施了《车内空气污染物评价标准及测试方法》，我国政府启动了《车内空气污染物浓度限值及测量方法》的制定工作。《乘用车空气质量评价指南》明确规定了车内空气中有关苯、甲苯、二甲苯、乙苯、苯乙烯、甲醛、乙醛、丙醛等八种常见的车内挥发性有机物浓度的限值。为了减少车内污染，驾驶员应该养成良好的习惯，经常清洗车辆（包括车内），经常通风，避免车内吸烟，不使用空气清新剂和汽车香水等。

车速分布

speed distribution

车速分布是表现车速分散特征的数值。驾驶员在路上自由行驶，但受其他车辆、路况等因素的制约，不可能有均衡的车速。代表性的车速分布有：① 地点车速：包括中位车速、85%位地点车速、15%位地点车速等。当整理、分析车速分布实测值时，其顺序是：车速排序与分组，将其归纳为 8 ~ 12 组；按组数定间距，计算组中数值；统计各组频数，计算频率，累积频率；整理频率分布表，绘制分布直方图或累积频率分布曲线。② 行程车速与行驶车速：前者是车辆行驶距离除以行程时间，但包括路上受阻停车时间在内；后者则不包括中途停车时间。两者用以调查某路段上车辆的行驶与延误时间，目的是衡量道路服务水平与拟定交通信号配时等，属于路网规划中交通量分配的参数之一。调查方法有牌照法，跟车法，用五轮仪或光电测速仪以及浮动车法等。

车速-时间曲线

speed-time curve

车速-时间曲线表征车速与时间关系的曲线。观测行程与行驶车速等都是先测量若干辆汽车在相距约 1.5 km 路段上平均的行程与行驶时间，然后计算车速。观测方法之一是将车速记录仪安置于汽车上，可自动地绘出如图 8 所示的车速-时间关系曲线。图中能显示最大最小车速与行驶过程随时间的车速变化，如启动、换挡、加速、减速、滑行、制动、停车等。交通管理上长期观测交通量大的路段不同时间的平均车速，用以考虑安全、畅通等对策。

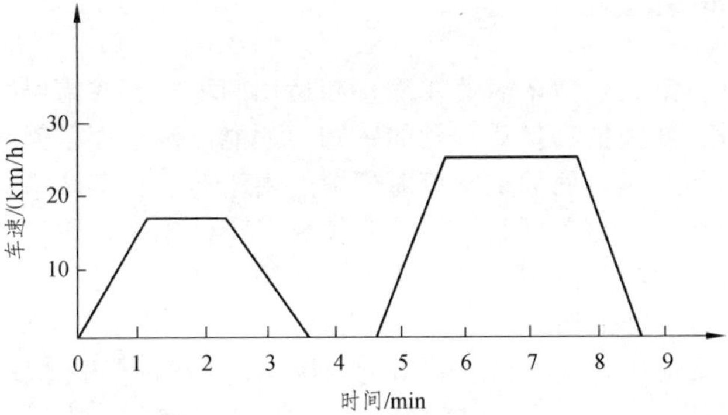

图 8　车速-时间关系曲线

车速自动控制系统

cruise control system

车速自动控制系统又称巡行控制系统，该系统能够自动调整汽车行驶速度，帮助驾驶员进行汽车驾驶，主要功能分为定速巡航、限速巡航、主动巡航。定速巡航功能允许驾驶员设定一个固定的行驶速度，车辆会自动保持设定的行驶速度，从而使驾驶员不必一直踩住加速踏板，减轻长途驾驶的疲劳。由于固定的车速避免了速度的波动（频繁的加速和减速），所以该系统也能大幅减少燃油消耗。限速巡航允许驾驶员设定一个最高速度，当车辆速度达到限制值时，车速就无法继续增加。该功能既可以让车辆在相对自由的速度行驶，又可以很好地避免车辆超速违章。主动巡航又称作自适应巡航，它将车速自动控制系与汽车防撞预警系统进行了有机结合，这种车辆上安装有雷达传感器，可以对道路交通状况进行监测，以及测量自车与前车间距、相对速度等，从而对车辆速度进行一定的自动调节，保持与前车的安全距离，避免发生碰撞。

车体错觉

car body illusion

车体错觉包括车辆处在静止和运动两种状态的错误感知。行车时，驾驶员具备对车辆的感知，才能准确估计车辆在每一种运动状态时所处的空间相对位置。由于驾驶员车体错觉，往往造成会车、超车剐蹭，转弯时掉轮、车体剐蹭，通过桥洞、隧道时车顶与其剐蹭等交通事故。驾驶员在行车过程中往往会产生各种各样的错觉，从而导致错误操作造成事故频发。因此，驾驶员员应了解这些易引起错觉的特性，并在行车中加以预防，才能保证行车安全。车体错觉的一种为光线错觉，光线包括太阳光、反射物体的亮光、车头迎光、夜间远光灯强光等。

车头间距

space headway

车头间距是指一条车道上同向行驶的相邻两车车头的空间间隔。车头间距和车头时距是表述同一概念的不同量度单位。车头间距是描述交通流中前后两车车头之间的距离，单位符号为 m/veh；车头时距是描述交通流中前后相邻两车通过同一地点的时间差，单位符号为 s/veh。跟车状态下两辆车车头之间距离变化规律是车辆跟驰理论研究的重要内容之一。足够的车头间距能让后车驾驶员有足够的时间感知并安全地通过减速避免发生前后碰撞。而足够、安全的车头间距受许多因素的影响，如前后车各自的速度、驾驶员反应时间、交通流的状况、道路宽度、视距条件等。因此，要定义一个“足够”的车头间距非常困难，它与驾驶员个体和环境的特定性有关。

车头时距

Time Headway，TH

车头时距是指前后两辆车的前端通过同一地点的时间差，一般可以使用前后车的车头距除以后车速度来计算，单位符号为 s/veh。它代表当前刹车时，后车驾驶员所具有的最大反应时间，因此，车头时距是评价驾驶安全性的重要指标。但驾驶员在驾驶中应该保持怎样的车头时距还没有明确的答案。已有研究发现驾驶员在跟车过程中会有一个偏好的车头时距，当实际车头时距小于这一偏好的车头时距时，驾驶员就会感觉到不舒适，如感觉驾驶难度增加、脑力负荷提高等。一般情况下，驾驶员的跟驰行为分为强跟驰状态和弱跟驰状态。在强跟驰状态下，驾驶员脑力负荷相对较高，在弱跟驰状态下，驾驶员脑力负荷相对较低。在未来，应通过研究进一步确定驾驶员的舒适车头时距。

车载导航系统

vehicle navigation system

车载导航系统是安装在车辆上的汽车电子设备，能为驾驶员提供导航和引导服务。该系统利用导航卫星进行测时和测距，通过触摸显示屏或者遥控器进行交互操作，能够实现实时定位、目的地检索、路线规划、画面和语音引导等功能，帮助驾驶者准确、快捷地到达目的地。我国车载导航技术正在逐步接近和达到国际先进水平，车载导航系统已经进入普通人的生活，成为人们的出行助手。随着我国私人购车数量的上升，人们出行频率的增加，以及人们对生活质量和信息服务质量要求的不断提高，车载导航系统正逐渐显示出其强大的生命力、广阔的应用前景和巨大市场潜力。

城市道路景观

urban road landscape

城市道路景观作为城市景观的组成部分之一，由城市道路中的道路、建筑、植被、绿化带等构成。城市道路景观不是单纯的道路与环境的结合，而是整个宏观道路环境下构成景观的各组成部分之间形成的一个整体。城市道路景观分为两个部分：景观主体和景观客体。景观客体包含空间构成模式，道路、边界、道路周边环境构成的景观区域等，而景观主体指的是景观观赏者。在景观设计时，要从观赏者的角度出发，考虑在不同时间、地点观赏景观的感受。此外，季节、气候等变化因素也是影响城市道路景观的重要因素。原本的城市道路仅作为交通通行的工具，但是随着可持续发展和城市美化要求的提升，交通沿线的景观也成为城市的名片，例如，历史文化古城可以将自己的特色建筑融入景观设计中。当前的城市道路景观进一步考虑了城市文化、旅游标志、生态环保等要素，对于景观设计提出了新的挑战。未来的城市道路景观设计将从宏观角度出发，遵循以人为本和可持续发展的原则，不仅考虑道路的顺畅，也要纳入城市道路美学作为参考，打造适应城市规划的城市道路景观，进一步提升整体城市形象、完善城市功能设计、丰富城市结构，将道路景观与城市的整体发展紧密联合起来。

城市道路绿化

urban road planting

城市道路绿化是指栽种在道路两旁，两两之间有一定间隔的树木，以城市内的交通空间为建设基础的道路美化措施。现代的道路绿化已经不仅仅是为了满足道路防护隔离的基本功能，还肩负着城市生态绿化的责任。城市道路绿化大多根据道路景观设计来进行调整和布局，帮助城市展现良好的城市风貌。良好的道路绿化能促进城市景观的环保性，城市绿地覆盖率越高，越容易形成宜居的城市风气。除此之外，结合本土的城市特色进行绿化设计，有助于凸显城市的优点，完善文化结构。城市道路的占地面积较大，是形成“热岛效应”的重要原因之一。而道路绿化帮助改善生态环境，减缓热岛效应，调节城市气候。交通迅速发展，车辆的噪声和尾气排放引起严重的空气污染，增强道路绿化可以优先除尘、降噪。以植物体量为评价标准，结合道路绿化状况对郑州的绿化情况进行量化研究，发现不同的道路类型覆盖了不同的植被，覆盖率达到 40%以上。城市道路绿化顺应时代的发展，但是在一些中小城市中尚存在一些问题。研究发现，中小城市经济发展可能比较迟缓，对于城市道路的交通功能更重视，导致绿化工作的忽略；绿化的形式单一，植被种类较少，没有进行合理的景观设计，对地方文化和特色的表达不够到位。未来的城市道路绿化应从城市整体布局进行考虑，在景观设计中将绿化的效果凸显出来。

城市道路平曲线

horizontal curve of urban road

道路平面曲线的设计需要保证机动车辆以设计车速安全行驶时圆曲线最小半径。最小半径的大小取决于道路的设计车速，设计车速越快，最小半径越大。在确定平面曲线最小半径时需要考虑车辆在行驶时的稳定性、车辆燃料耗损和轮胎磨损等因素。

城市道路用地

urban road land

城市道路用地是指城市为铺设规划道路时使用的土地。城市道路用地的规划对城市布局和各项用地布置具有深远的影响，因此如何合理地规划用地极为重要。以乌鲁木齐进行基于城市道路发展的用地规划为例，从历史发展的角度出发，发现乌鲁木齐的城市扩展速度在建国之后较为迅速，早年形成了完善的城市道路骨架。通过测算发现，该市的道路用地与预测值之间差距较大，未来应当在规划中提高人均道路用地值。在进行城市道路用地的评价时，通常以道路用地面积率和人居道路用地为标准进行衡量，这两个指标能反映城市道路用地是否合理。通过进一步探索城市道路用地的预测模型，将城市规划中的人口密度、交通出行方式、道路限速等影响因素纳入考量进行设计，便于城市道路规划时对用地规划进行参考。以上海为例，研究者发现上海目前道路用地规划中的尺度偏大、宽度不当、设计不合理等问题，提出对道路进行集约化的规划设计，加强对道路用地的合理利用。此外，依据城市道路特性，提出道路用地要服务于道路，并且要根据道路的特点和类型进行不同的用地规划便于提高用地效率。

城市公共交通

urban public transport

城市公共交通是城市中供公众使用的、经济型、方便型的各种客运交通方式的总称。狭义的公共交通是指在规定的线路上，按固定的时刻表，以公开的费率为城市公众提供短途客运服务的系统。常规公交、快速公交系统、轻轨和地铁是我国城市公共交通发展模式中最常见的几种形式。目前，我国许多城市都提出了公共交通优先发展战略。因为城市公共交通发展的程度，直接影响到城市大系统的发展。组织有效、配备齐全、高效运行的公共交通系统，能很好地为城市各组成部分服务，而不会成为割裂城市各部分的障碍。

城市轨道交通

urban rail transit

根据总体的城市交通规划，设置专用的轨道线路的公共交通，是我国城市化进程与城市发展的必然要求。由于人口增长，交通压力越来越大，公交车等出行方式显得又慢又挤，已经不能满足人们出行的需求。随着经济发展，地铁、轻轨、有轨电车、磁浮系统等城市轨道交通系统应运而生，其具有智能化、安全性高、绿色环保、节约用地、节能环保、运输量大、时间精准的特点，更能满足人们的需求，适用于大中城市，具有良好的发展前景。中国的城市轨道交通经过了多年的发展，已经拥有轨道交通系统制式的全部形式，在发展速度和建设规模上成为世界第一。近年，城市轨道交通建设呈现“爆发式”发展态势（见图 9），根据《“十三五”城轨交通发展形势补充报告》，全国“十三五”期间将新增运营线路 9 000 km 左右，规划建设城市轨道交通的城市远超 100 个，运营城市数量预期达到七八十个。城市轨道交通的发展与信息时代休戚相关，未来 5G 通信地理信息系统、大数据分析技术等将充分运用到城市轨道交通中，使轨道交通更加智能化、人性化、简单化。

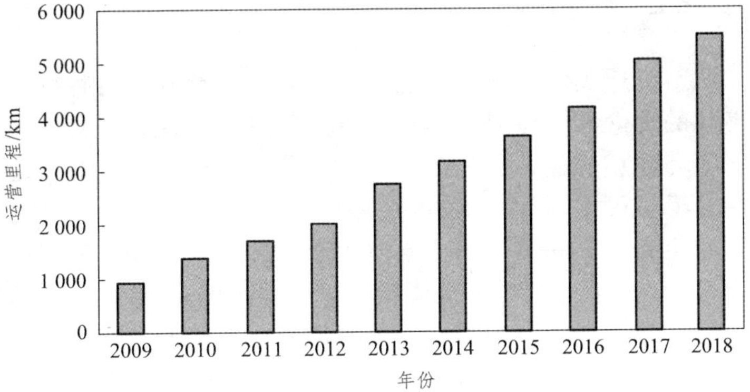

图 9　我国城市轨道交通运营里程增长情况

城市交通工程

urban traffic engineering

城市交通工程以城市道路交通为研究对象，包括对车辆、驾驶员和行人、城市道路的特性的调查和研究，城市交通规划的制订、交通管理与控制，以此对城市道路交通进行更有效的规划、设计、运营和管理等。城市交通工程涉及道路工程、汽车工程、交通心理和交通法规以及经济学和社会学等众多学科，同时也会涉及国土规划、城市化进程和交通方式等城市发展政策。其目的是使出行更加安全、迅速、舒适、经济，减少污染。我国城市交通工程的特点是建设规模大、风险大、工期紧、社会影响大，对管理要求高。目前，GIS（Geographic Information System，地理信息系统）是城市交通规划、建设及城市交通管理的有力工具。在未来，城市交通工程会有更加严谨的交通法律法规及管理规范，更加注重公共交通的使用，使私家车、出租车、自行车和电瓶车等交通工具与公共交通工具互补，使交通设施和装备更加先进化。

城市交通美学

urban traffic aesthetic

城市交通美学是指根据道路使用者的视觉和行为特性，运用美学的理念和方法对交通系统各元素进行设计和组合，使之与周围环境相协调，让人产生美的感受的学科。通过对交通美学的分析，可以均衡交通负荷，减少驾驶员的失误，使交通设施的功能和美感和谐统一，同时也能改善交通环境，使交通设计更符合人的需求。城市交通美学应该遵循城市总体发展规划，满足道路使用者基本的安全和便捷需要，按交通功能和美学原则布置各交通设施，同时坚持自然优先和可持续发展的原则。有学者指出交通美学分析评价应该从视觉景观形象、环境生态绿化和大众行为心理这三个方面来构成现代景观的元素。

城市交通设计

city traffic design

城市交通设计指对城市交通系统的构成要素，如道路、交叉口、交通标志与标线、交通信号、停车场、交通环境等进行设计，使交通系统尽可能达到效益最高化、运能最大化、事故和公害最低化。通过城市交通设计，城市道路交通可以更加安全、迅速、经济、舒适、少污染。在进行城市交通设计时，要注意以下几点：① 考虑城市的用地状况和功能分区，根据用地的实际需要设计交通设施；② 合理划分道路空间，使其空间功能充分发挥；③ 根据道路特点和主要服务人群，合理划分路权资源；④ 尽量使整个交通系统能够联系在一起，实现互补；⑤ 将城市景观和道路交通融合；⑥ 设计应以人为本，考虑特殊人群的出行，创造更大包容性，减少令人反感的标志，加强道路附属设施的建设等。城市和交通应协同设计，在规划、设计、建设过程中充分打造人性化、精细化的交通系统。从建筑到交通，进行街道空间一体化设计，营造精致空间，体现设施的功能和便利。

城市交通失范行为

urban traffic anomic behavior

城市交通失范行为是指与当前社会普遍价值观念和道德规范相违背的交通行为，包括交通违规和其他不安全的交通行为等。交通系统是由人、车、道路及道路环境共同构成的复杂系统，大约 95%的交通事故是人的因素导致的。城市交通失范行为是道路环境恶化的一个重要因素，极大地破坏了人、车、道路及道路环境之间的平衡。研究发现，城市交通失范行为特指在交通活动中违反规范的行为，它具有以下特点：① 人们在交通行为中才会产生交通失范行为；② 交通失范行为是人与人或人与车相互作用的结果，其主体可以是一个人，也可以是一个群体；③ 交通失范行为会受到交通法规限制。导致城市交通失范行为的原因很多，包括：① 道路基础设施不能满足道路使用者的交通需求；② 交通法规不够完善，尤其是缺乏对违规行人的处罚；③ 道路使用者的“图省事”心理、从众心理等。

乘客效应

passenger effect

乘客效应实际上是一种观察者效应，是指当有乘客在时，驾驶员会倾向于表现出相对安全的驾驶行为，从而降低了交通事故的可能性。但有一种情况例外，当一位青少年驾驶员载着一位青少年乘客时，尤其是一位男性乘客时，该驾驶员会倾向于表现出更多的不安全驾驶行为。

冲突点

conflict point

冲突点指交通流交叉或合流处易引发冲突的地点。在交通量大的平面交叉口，车辆按直行、左转、右转、上行、下行向各方向分散行驶，车流互相交叉，形成如图 10 所示的冲突点。一个方向有一条道路，有 n 条路交叉时，可用 $C=n^2(n-1)(n-2)/6$ 求冲突点数 C。例如，图 10（b）为四路交叉，$C=16$，图 10（c）为五路交叉，$C=50$。在交叉口内，各方向车流行驶轨迹的交会点有交叉点、分流点和合流点之分。同一方向车流分离为不同方向时，形成分流点；来自不同方向的车流以较小的角度向同一方向汇合形成合流点；来自不同方向的车流以较大的角度交叉，形成交叉点。每个冲突点都是一个潜在的交通事故发生点，其中以左转弯车辆与直行车辆和直行车辆与直行车辆交会形成的冲突点对交通的影响最大，其次是合流点、再其次是分流点。

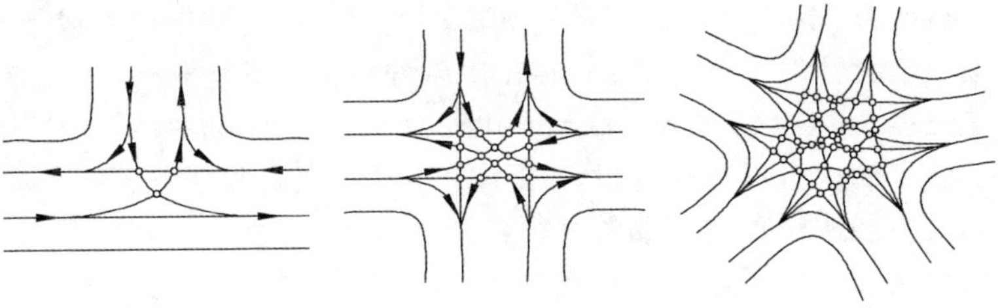

（a）三路交叉的冲突点 （b）四路交叉的冲突点 （c）五路交叉的冲突点

图 10 冲突点示意图

次驾驶任务

driving secondary mission

在驾驶过程中，驾驶员除了需要对车辆进行操作、监控人与车和车与车等一系列路面状况任务外，还需要处理各项与驾驶不相干甚至无关的任务，如收听广播及音乐、接打电话、开启车内空调等设备。驾驶员在驾驶过程中，次驾驶任务会在不同程度上占用驾驶员的视觉资源、动作资源和认知资源，分散驾驶员的注意力，进而导致交通事故。多项研究表明，在驾驶过程中使用手机会降低驾驶员保持车道和合适车速的能力，增加驾驶员在紧急情况下的反应时间，减少驾驶员观察后视镜的次数。在行车过程中合适的音乐可以帮助缓解驾驶疲劳，但是节奏过快的音乐会增加驾驶员的心率，此时驾驶员容易发生忽略红灯、违规行驶等驾驶失误。目前对于次任务驾驶的研究方法主要有以下 4 种：① 实际道路测试，驾驶员在实际道路上进行试验，通过收集驾驶员的视觉行为和车辆的各种参数来进行研究；② 简单实验室测试，不采用仿真法的简单测试，运用计算机进行模拟测试；③ 交通事故统计法，通过不同的理论对不同行为和其影响因素进行统计分析，预测不同行为对于驾驶操作的影响；④ 仿真测试，在仿真实验室中通过模拟驾驶来进行分析研究。国内外对次任务驾驶模型的研究也有着丰厚的成果。国外学者开发了软件 Distract-R 用以分析次任务驾驶行为，该软件是在 ACT-R（Adaptive Control of Thought-Rational）认知架构上建立的，可以便捷地设计出不同类型的次驾驶任务，并预测完成不同次任务时车辆的运行参数，实现了次任务驾驶下车辆运行状态的分析，成为被普遍认可的次任务驾驶行为对车辆运行状态影响的预测方法之一。我国学者通过运用模糊网络分析法建立了次任务驾驶安全性评价模型，通过 Pearson 相关系数分析法，对次任务驾驶视觉安全和车辆运行安全指标间进行相关性分析，构建安全性评价指标体系，为安全驾驶和次任务驾驶的预防研究提供了思路和借鉴。

从众心理

conformity behavior

从众心理是个体普遍具有的一种心理现象，个体表现出来的行为受到外界人群行为的影响，并没有保持自己的独立性，而在自己的认知、判断和外显行为上表现出与公众舆论或多数人一致。从众心理会导致从众行为，会在一定程度上影响交通安全，例如，在过马路的时候，发现身边的行人都闯红灯，自己也跟着闯了红灯。研究发现，行人闯红灯基本上都是群体形式，相反，如果现场大部分行人都不闯红灯，个别想要闯红灯的人也会克制自己。有研究表明，人行道如果有遵守交通规则的人在场，能减少违反交通规则的概率。又例如，在高速公路上发生了堵车，如果有几辆车占用了应急车道前行，那么别的车就很有可能也跟着开入应急车道。发生从众行为时，人们往往在某一个地方聚集，因此很可能导致拥堵、踩踏现象。对于交通管理部门，需要采取一定措施规避从众行为带来的事故，如设置几个安全出口及其指示牌，避免人群在遇到突发事件时向同一方向拥挤。国内已有学者引入从众心理的概念，并基于STEPS 瞬态疏散和步行者移动模拟软件进行了紧急情况下北京西站地铁站的人员安全疏散模拟。研究表明，在缺乏有效疏导的情况下，从众心理占主导会严重影响疏散过程，延误疏散时间，不利于疏散的进行。因此，有关部门建立有效的紧急事件应急预案，设立有效的疏散标志，开展疏散演习具有重要意义。

错时

staggering of working hours

错时又称“错峰”，即错开上下班高峰时间。现在有部分公司设立了错时上班的机制，这样既可以让公司的员工避开上下班高峰期的交通拥堵，避免不必要的时间浪费，也缓解了城市的交通压力，减少了交通事故的产生。同时，错时上班也有利于减少环境污染和缓解公共交通运力的紧张状况，提高商业、娱乐业晚间的营业时间和营业额等。错峰上下班最早由德国提出，欧美一些国家已经实施错峰上下班制 40 年左右。英国是最早实行错峰上下班制度的国家之一。1975 年，英国就有 700 万左右的人在实行错峰上下班制。目前，我国温州、深圳、成都等地都采取了错峰上下班制，采取该措施后，各个城市的交通都有明显的改善。

D

单调效应

monotony effect

单调效应指在景观单调的道路上行车产生的乏味感。在这种环境下行驶很容易导致疲劳驾驶，从而增加交通风险。导致这种效应的原因大致可以分为以下 4 种：

（1）气候环境。我国的西部地区大多为荒漠、戈壁，是典型的中温带干旱-极干旱气候区，这部分地区终年无雨或少雨，植被稀疏，没有高大的树木，因此道路两旁的景观比较单调。在单调的道路环境下，驾驶员得不到必要的视觉刺激，在短时间内就会感到视觉疲劳，而且在没有必要参照物的情况下，驾驶员难以把握车速和车距。当感受不到周围环境的细微变化时，驾驶员会有一种静止不前的感觉，驾驶员可能会加速而导致超速行驶。

（2）道路条件。目前，许多国家在道路设计时采用的是曲线定线法，即先定圆曲线，再用回旋线和直线连接。这种方法线性协调性较好，可以避免长直线与小半径曲线相结合的不良线性。而我国的公路设计大部分则以直线定线法为主，导致我国存在着较多的长直线路段。这种长直线路段存在着线性呆板，不易与地形和周围风景相协调，也不容易保证道路的连续性，从而导致驾驶员的疲劳积累。

（3）交通运行。我国的西部地区环境比较单调，这些地区经济不够发达，经济社会发展缓慢，公路的交通流量很低。

（4）驾驶环境。在高速公路上行车相较于其他道路更容易产生疲劳和睡意。同时，驾驶员的视野变窄、动视力降低，会产生只会注意景象中心的“隧道视觉”现象，以及“驾驶单调感”和“感觉中断性幻想”。

在这些因素的综合影响下，更容易导致交通风险的增加。

单向交通

one-way traffic

单向交通又称“单向通行”“单向路”“单行道”等，是指只允许车辆按某一方向行驶的道路交通。道路单向交通可分为固定式单向交通、定时式单向交通、定车种式单向交通和可逆性单向交通。固定式单向交通是指某条道路的所有车道上，在全部时间内，各种车辆只允许沿着规定的一个方向行驶。定时式单向交通是指规定在某一时间段内只允许车辆单一方向行驶，其余时间为双向行驶。定车种式单向交通是指规定某种车辆可以双向行驶，其他车辆只允许单方向行驶，或者规定只允许某种车辆单方向行驶。可逆性单向交通是指道路上的车辆在一部分时间段内按一个方向行驶，而在另一部分时间段内则按相反方向行驶的交通。在城市道路系统中，如果组织多条道路实施单向交通，形成互相衔接的系统，则称为道路单向交通系统。在现代化的城市中，为缓解交通量的增长带来的一系列不良影响，对符合设置条件的道路实施单向交通，发挥单向交通的优越性，即增加交通容量、减少交叉口处车辆冲突点数、减少交通事故，从而改善交通条件，使城市交通系统达到最佳运行状态。

胆怯心理

timidity

胆怯心理是指新手驾驶员在行驶过程中由于操作生疏而产

生的害怕胆小的心理状态。胆怯心理容易导致驾驶员在行驶过程中车速不稳定，突发情况增多，如突然刹车、熄火、转弯及躲闪等，这些现象均存在安全隐患。由于驾驶员本身因素引起的交通事故占70%以上，驾驶员的身心素质应成为学者重视的问题。以前提及安全驾车时常与驾车员的驾驶技能或交通行为相联系，却忽略了驾车员的心理，而这在一定程度上直接影响着驾车员的安全驾车意识。

道路催眠状态

state of road hypnosis

道路催眠状态是指在驾驶员长时间行车时，由于道路环境刺激单调而产生的嗜睡状态。表现为注意范围缩小，暗示增高，判断力下降，瞌睡等。道路催眠在高速公路上更容易出现，这是由于在高速公路上的行车更为单调，所需要的驾驶操作更少，在这种刺激较少的状态下，驾驶员的大脑活动容易受到抑制，逐渐产生精神疲劳，注意力开始涣散，判断及反应会变得迟钝并伴随瞌睡等状态的出现。

道路催眠的影响因素主要有以下4个方面：

（1）个人因素。首先驾驶员的气质类型会影响其驾驶习惯和行为特点，多血质的驾驶员注意不容易集中，黏液质的驾驶员反应比较迟钝、思维更为缓慢，这两种气质类型的人更容易出现道路催眠现象。年龄和性别也是重要的影响因素，一般来说女性相较于男性更容易发生道路催眠，年纪较小的驾驶员容易出现精神疲劳，也更容易产生道路催眠。

（2）车辆因素。驾驶行为是在车内的封闭空间中进行的，车内的空气质量、温度、湿度和汽车座椅的振动等都会对驾驶员产生一定的影响。

（3）道路因素。行驶道路越单调就越容易导致驾驶员出现道路催眠，特别是在长直线形的道路和车流量较小的道路上行驶时，驾驶员的警觉性和注意力都会下降而进入催眠状态。因此道路的设计应该更加丰富多变，从而减少驾驶员的疲劳感。

（4）气候因素。一般来说，在夏季的午后，驾驶员更容易感到疲劳。在阴雨天气下，驾驶员的视野变小，这种环境也更容易使人产生压抑感，从而易使驾驶员打瞌睡。

道路的视线诱导

road sight inducement

视线诱导设施是一种沿车道两侧设置的，用以指示道路方向、车行道边界及危险路段位置的设施的总称，它可以诱导驾驶员的视线，表明道路的轮廓，引导或警告驾驶员前方公路平面线形的变化，使其根据线形适当改变行车方向，促进安全运行。目前交通道路中较为常用的视线诱导设施主要是两种：一是用于指示道路线形轮廓的轮廓标；另一种是引导或警告改变行驶方向的线形诱导标及突起路标。汽车从直线驶入弯道时，驾驶员的视线很难跟上弯道的剧烈变化；在夜间，驾驶员难以观察到道路状况，也更易出现事故。在急弯和链接区域设置视线诱导标，可以帮助驾驶员了解路况，有效地防止事故的发生。我国对线形诱导标志的设置原则如下：① 指示性诱导标需要设置在主曲线半径较小或通视较差的道路；② 警告性诱导标志需要设置在需临时改变行车方向的路段（如施工或维修作业的路段）；③ 线形诱导标志的可视范围至少为 150 m，设置的间距要保证驾驶员能看到至少 3 个诱导标志或能辨明前方道路为弯道；④ 在任何曲线设置的线形诱导的标志至少为 3 个；⑤ 线形诱导标志需设置在行驶发生变化的路段，如曲线路段、匝道、急弯道等处；⑥ 线形诱导标志的设置应与线形一致，并垂直于车的行驶方向。⑦ 线形诱导标志的设置间距应保证驾驶员的视野中始终有两个标志；⑧ 线形诱导标志的下缘距离地面高度为 1.2 ~ 2 m。

道路反射镜

road reflector

道理反射镜在道路弯曲部分及通视不良的交叉口等处，为使驾驶员确认其他方向来车和行人所设置的凸面镜。镜面为圆形，直径约 0.8 m，中心离地面约 1.5 m。

道路横断面设计

road's cross-section design

道路横断面设计是在城市的整体布局规划中，在确定范围内进行的，由人行道、车行道、隔离带、绿化带等构成。道路横断面设计涉及城市交通、道路、资源分布利用等众多方面，在进行城市道路设计时应当被视为主要考量点。合理的道路横断面设计，可以达到车辆行驶顺畅和道路景观生态化的设计目标。城市道路的横断面设计对于城市道路的功能性和城市的建设质量影响巨大，在城市道路设计中具有非常重要的作用。道路横断面设计需要将道路两旁的用地性质纳入考量，保证二者之间的协调性；在设计时需将使用功能进行充分考虑，保证各项隔离带、绿化带等发挥实际功效；除此之外，还要立足长远，从城市未来发展角度进行横断面设计。先前的城市道路规划设计大多遵循以车为本的理念，仅考虑车辆的行驶，容易忽略非机动车和行人的通行空间。而当前的道路横断面设计已经转变理念，设计以人为本的城市道路。有研究表明，以人为本的道路横断面设计就是要“保障横断面上所有交通参与者的通行”，应当改善行人和非机动车的通行环境，提高横断面的道路活力。

道路环境

road environment

道路环境是指作用于道路交通参与者的所有外界影响与力

量的总和，包括道路状况、交通设施、地物地貌、气象条件，以及其他交通参与者的交通活动。道路环境对于交通状况有着重要的影响，良好的道路状况、先进的交通设施和合理的道路设计等能够有效地改善交通状况，减少交通事故的发生。自然环境对交通安全有着不同的影响，平原地区地形平坦路面环境更好，有利于交通活动。而高原、山区的地形更加复杂，路况也较差，行驶中若不小心很容易引发交通事故。在城市中，道路绿化也会影响交通安全。道路绿化能够美化环境，防止水土流失，保护路基。合理的道路绿化既要与周围环境相协调，也要注意交通安全、视线诱导、防眩光、缓冲等作用。气候条件也与交通安全有着密切的联系，春季降雨较多，路面比较湿滑，在这种道路上行驶，车辆容易打滑。夏季气温较高，驾驶员容易出现驾驶疲劳，容易引发交通事故。道路条件越好，事故中驾驶员受伤也越轻。在雾天，驾驶员的能见度降低，对路况、标志和其他交通设施的观察能力减弱，也可能引发交通事故。长直线道路和交汇处的事故中，驾驶员往往受伤更为严重。湿滑道路虽然能减少驾驶员的受伤程度，但是却会增加经济损失。可见，科学的道路环境设计对于改善交通安全状况起着至关重要的作用。

道路环境心理学

road environment psychology

道路环境心理学是道路交通心理学的分支。主要研究道路环境对交通参与者的行为和心理上的影响，包括：① 社会心理环境，如社会规范对个体交通行为和心理的影响；② 道路环境与交通参与者的关系，从道路设计、景观设施等不同方面来研究对驾驶员行车操作的影响；③ 道路条件，如行人、车流量、道路状况对驾驶员的影响；④ 交通设施和周围环境对驾驶员行车的影响；⑤ 不同天气对驾驶员行车的影响。合理的道路环境能够降低交通事故的发生率。研究发现如果学生拥有更好的步行和骑行道路环境、更短的上学距离，他们会更愿意去学校。可见，道路环境也在不知不觉中影响着我们的心理活动。

道路交通安全法规

road traffic safety regulations

《中华人民共和国道路交通安全法》(简称《道路交通安全法》) 是 2003 年 10 月 28 日公布的关于道路交通安全的法律，于 2007 年与 2011 年两次被修订。它包括总则、车辆和驾驶员、道路通行条件、道路通行规定、交通事故处理、执法监督、法律责任、附则等 8 章 124 条。《道路交通安全法》具有浓厚的人文关怀色彩，彰显了以人为本的立法价值取向，其中第七十六条规定:“机动车与非机动车驾驶员、行人之间发生交通事故的，由机动车一方承担责任；有证据证明非机动车驾驶员、行人有过错的，根据过错程度适当减轻机动车一方的赔偿责任；机动车一方没有过错的，承担不超过百分之十的赔偿责任。”行人在人行道上有着绝对的优先权，《道路交通安全法》第四十七条规定:“机动车行经人行横道时，应当减速行驶；遇行人正在通过人行横道，应当停车让行。”对于已经发生车祸的，医疗机构和保险公司有强制义务进行救助，《道路交通安全法》第七十五条规定:“医疗机构对交通事故中的受伤人员应当及时抢救，不得因抢救费用未及时支付而拖延救治。肇事车辆参加机动车第三者责任强制保险的，由保险公司在责任限额范围内支付抢救费用；抢救费用超过责任限额的，未参加机动车第三者责任强制保险或者肇事后逃逸的，由道路交通事故社会救助基金先行垫付部分或者全部抢救费用。”《道路交通安全法》及其配套规章制度的出台，创造性地构建了我国道路交通安全的法律体系，标志着我国道路交通安全工作全面迈向了法制化，是我国道路交通法制建设历程中具有“里程碑”意义的重大事件。

道路交通标志和标线

road traffic signs and markings

道理交通标志和标线指设置在道路上用规定的图形、符号、文字、线条、立面标记、突起路标等来表示特定管理内容和行为规则的交通设施（见图 11）。《道理交通标志和标线》（GB 5768—1999）于 1999 年 4 月 5 日由国家标准局发布，同年 6 月 1 日起实施。其中共收录了 255 种道路交通标志，72 种道路交通标线及 15 个道路施工安全设施设置典型示例。该标准适用于公路、城市道路、矿区、港区、林区、场（厂）区道路及在上述道路上行驶的一切车辆和行人。对道路交通标志和标线的形状、图案、文字、颜色、材料、构造、制作、安装、反光、照明、设置原则、设置地点等规定了相应的技术要求。有学者在道路交通标志的颜色和几何形状两种特征的基础上，提出了颜色形状对的概念，并据此构造了一种新的交通标志颜色-几何模型。该模型由交通标志的 3 种基本颜色和 5 种基本形状构成，充分体现了颜色与几何形状具有唯一确定性关系这一重要特点。因此，基于颜色-几何模型的交通标志检测，可以实现交通标志的粗分类，即将 116 种中国道路交通标志直接分为 7 个子类，降低了道路交通标志识别系统的复杂性。研究表明，该模型对交通标志检测与粗分类的正确率均达到了 100%。

图 11　交通标志图示

道路交通工程设计

road traffic engineering design

道路交通工程设计指基于道路交通规划的设计和理念，合理运用交通工程学的基本理论，并依据现有条件和资源，为达成道路安全、畅通、便捷的目的而进行的交通系统的规划和设计。道路交通工程设计的目的在于有效合理地组织道路上行驶的车辆和行人，在保障其安全的情况下，快速通过各交叉口。道路交通工程设计可以有效解决城市交通问题，从设计角度合理优化道路的使用、增强道路设计的多样性。良好的道路交通工程设计能直接提升城市交通效益。当前道路交通工程设计还存在一些问题，如仅考虑了车辆在交通中的重要性，忽略了人和车的互动性，使得行人的通行空间受到挤压；部分城市道路的交叉口和道路横断面设计存在不合理的地方。目前，大量研究者开始从环保的角度分析如何进行绿色的城市道路交通工程设计。主流观点认为，环保理念需要融入道路交通工程设计的方方面面，从设计方案到工程实施都应将环保做到深入人心。此外，交通工程设计还应从规划的角度，加强交通系统安全水平的考虑，保障交通安全。未来，随着城市基础设施建设速度的提升，交通通行量逐渐上涨，规范、合理地对道路交通工程进行设计，有助于增强城市交通通行能力，提高人民生活水平。

道路交通事故

traffic accident

道路交通事故是指车辆在道路上因过错或者意外造成的人身伤亡或者财产损失事件。道路交通事故可以是由于特定的人员违反交通管理法规造成的，也可以是由意外造成的，如地震、台风、山洪等不可抗拒的自然灾害。道路交通事故带来的危害非常严重，2015 年，我国交通事故的粗死亡率为 16.46/10 万，标化死亡率为 15.83/10 万，除了人员伤亡和经济损失之外，交通事故的发生还会造成巨大的心理损失。经历交通事故的个体可能会出现躯体化、人际关系敏感、抑郁等心理问题，一些个体甚至会出现创伤后应激障碍。

道路交通心理学

road traffic psychology

道路交通心理学是交通心理学的一个分支。主要研究交通参与者的心理和行为。研究的内容主要有：① 驾驶员在行车中的行为与特性，如驾驶过程中对信息的处理和判断、对不同刺激的反应能力、心理负担和疲劳等；② 事故心理，如影响驾驶的因素、肇事者的外部特性等；③ 行人心理，如“中国式过马路”、过街天桥设计等；④ 交通设施；⑤ 违章行为，如违章者的特质、社会环境因素等；⑥ 驾驶员的训练；⑦ 道路交通安全教育；⑧ 道路美学。道路交通心理学的研究为安全交通提供了很多的思路，这些研究能够为驾驶员安全教育和道路安全建设提供帮助。

道路景观

highway landscape

道路景观是指道路两旁情况及附带景观。如道路实体、行道树、路边建筑、路灯和商业广告等。道路景观会随道路使用者在道路上的运动而不断变化。丰富多彩的道路景观能引起驾驶员不同的内心感受，从而影响驾驶员的心理。合理的道路景观设计能够帮助驾驶员进行心理调适，如乔木绿化带能够帮助驾驶员缓解视觉疲劳，鲜艳、明亮的景观能够帮助驾驶员注意力保持在松懈和警惕之间的平衡状态。不合理的景观设计可能会增加交通事故的风险，如过于单调的道路景观容易导致驾驶员出现驾驶疲劳，从而引起交通事故。道路景观设计已成为综合工程与艺术的专门技术。

道路景观抽象表达

abstract expression of road landscape

道路景观抽象表达指通过抽象的艺术表达方式展现城市的景观。它是对道路景观进行的艺术创作，而不是简单地仿造已有的建筑和设计，需要多方考虑景观的实际用途、结构，并结合城市的文化特色进行设计。城市道路景观不仅是城市绿化的需要，也是城市名片的一部分，景观可以表达深层的内涵，将历史的发展变迁抽象表达出来，在凸显城市形象的同时，也能让城市居民产生高度的归属感和认同感。由于文化多样性的发展，城市建设逐渐现代化，城市景观建设出现了“千城一面”的状况，不能彰显鲜明的地域特色。如何在城市建设中突出特有的文化，成为城市建设的难题。以株洲为例，其城市景观设计就是基于形象学理论，将株洲特有的山水文化、文明发源、工业特色等特有文化色彩，通过隐喻象征、情景再现等手法表达出来。

道路绿地

road panting

道路绿地是指在道路用地范围内，用作栽培植物和造园布景的地面，位于路基边坡、取土坑、中央分隔带、分车带、防护带，以及广场、人行道等处，用以净化空气、美化环境、调节气候、防噪、防雪、防火，以及遮阳、防眩、诱导驾驶员员视线等。形式有行道树、林荫道、缘篙、花丛和条形草地。

优质的道路绿地设计不仅能够降低道路内涝与积水风险，

还能与城市排水管网同时发挥作用，实现对雨水资源的引导与生态利用。构建道路绿地设计策略时，应从落实与优化海绵城市建设的角度着手，有针对性、目标性地在分流、引导和利用策略的引导下，建立道路与绿地雨水径流排、蓄、用的设计联系，以实现道路绿地对雨水资源的引导与利用，促进道路绿地生态服务价值的提升。

道路绿化

road planting

道路绿化是指经过合理以及科学设计规划，在道路两侧或中间种植的植物，主要用于改善生态、美化环境和提升交通安全。在道路设计时，道路绿化可以起到不同的作用。道路绿化可以将道路进行分隔，分成机动车道、非机动车道和人行道，保证车和人各行其道，减少相互干扰。道路绿化不仅可以分隔道路，还可以将道路空间进行围合，这种空间的围合具有一定的指引性，比如在能见度较低的雾天，道路旁的植被可以起到一定的指引作用，减少交通事故的发生。道路绿化可以进行视线诱导，帮助驾驶员安全行车；种植在道路中央的植物能减少对向来车的车灯照射，有一定的防眩功能；道路两旁的树木可以对驶出车道的车辆进行缓冲，一定程度上减小车祸导致的伤害；城市中绿化带能够减少行人横穿马路的行为；道路绿化可以美化道路两旁的自然风景；植物能不断地吸收汽车尾气净化空气，同时降低行车产生的噪音；道路旁的植被还可以起到防风、防沙防尘的作用。

为了保证交通安全，在进行道路绿化设计时需要注意：一是要保证车辆的行车视距，保证视线的通透性，特别是在交叉路口和视距三角形内不能设有绿化，以免阻碍视线；二是道路绿化不能遮挡交通标志和附属设施，也不能侵占交通限界。

道路美学心理学

aesthetic psychology of road

道路美学心理学主要研究如何将美学应用于道路及其附属设施的设计与建设，给人以美的愉悦感。除了实用性以外，道路的美学设计需要具备以下几个特征：① 流畅的线形美；② 和谐的色彩美；③ 流动的景观美；④ 生动的路边小品。而附属设施的设计需要注意信号的几何特征，标记色与信号牌底色的对比度，道路的宽窄、平直弯曲及标线的大小、颜色等，在具备实用性的同时满足人的审美需要，优化视觉舒适感，提高可见度与易读性，以防止交通事故的发生。

道路情境

road scene

道路情境指驾驶员在行车途中面临的各种道路环境。大致可分为三类：① 辨识情境，即在行车途中的任一时间，驾驶员都能很快感知并加以辨识的环境；② 中性情境，即在一定辨识情境的基础下，驾驶员能适当且快速地作出反应或不反应，是不具有潜在危险的环境；③ 威胁情境，即一定的辨识情境的基础下，驾驶员无法作出快速且适当的反应，而导致潜在危险产生或增加的环境。

道路色彩环境

road color environment

道路色彩环境是由道路路面色（包括标线颜色）、各种交通设施（标志、其他车辆、路边广告等）的颜色、路旁建筑和道路绿化等颜色构成的环境色。和谐的色彩环境能够给人以美感，改善驾驶员及其他交通参与者的心理状况，使他们减轻视觉疲劳提高知觉灵敏性. 保证交通安全。 蓝色让人感到清爽，色彩缤纷的草地、花卉使人心情愉悦，这些都是人们对自然色彩所产生的心理反应，在道路的建设上可以利用这一系列心理反应。让人们在人造的色彩环境中联想和回忆。色彩的心理反应在道路和建筑设计方面有着广泛的运用。有研究表明，人们在长波系的色彩环境中，会感觉到所经历的时间更长，而在短波系色彩环境中，感觉时间更短，这种现象会导致驾驶员在长波系的驾驶环境中更容易感到疲劳。因此，在道路设计时首先要确定道路景观的主色调，而其他的色彩更多的是起烘托作用。在较长的路段，为了使驾驶员的时间知觉更短，减缓驾驶的疲劳，应当选用冷色系的景观和植物，再辅以少量活跃的景色，让驾驶员感觉舒适，缓解驾驶疲劳。而在人流量较多的服务区和收费站等地，设计时应该采用更多的暖色系景观和路边小品，营造一种热闹的气氛，更好地吸引人流。

道路设计心理学

road design psychology

道路设计心理学是基于对驾驶员处理信息的心理特征的研究，目的是对道路设计进行修改和优化，使道路设计达到安全、实用和美观兼顾的效果。主要研究内容：① 基于心理学理论的道路线形设计；② 道路标志设计中的心理效应；③ 事故多发点的心理因素；④ 交通安全、管理设备与交通参与者的相互关系。合理的道路设计是离不开道路设计心理学的，过长的直线道路会使驾驶员感觉疲惫甚至产生道路催眠，结合认知心理学和色彩心理学设计出的道路标志能够便于驾驶员辨识。在驾驶时，路面和标线是影响驾驶员心理预期的重要因素。路面的好坏程度直接影响驾驶员车速的调整，当路面平整且标线清晰时，驾驶员可能会主观地认为这条道路可以高速行驶，因而提升期望车速和默认道路等级。因此，可以在事故多发地段选择视觉上较为粗糙的路面材料，而实际并不影响驾驶，这样能有效地让驾驶员减速行驶。而标线的颜色可以选择较暗的，过于鲜艳的标线可能让驾驶员感觉路面很新、路况较好，而选择加速行驶。选择较暗的标线，既可以起到指示作用，又能避免诱发驾驶员主观提升道路等级。不良弯坡组合常常是事故多发地点，特别是在长途驾驶中，驾驶员往往很难发现不良弯坡组合，不能及时减速而引发事故。因此，在道路设计时需要通过更好的设计和计算，来消除这种不良弯坡组合。

道路线形

road line

道路线形指道路在空间的几何形状和尺寸，简称路线。常用路线平面线形、纵断面线形和道路横断面来表示。汽车在行驶中，从一个路段过渡到另一个路段时，行车条件发生了变化。在这个过程中，驾驶员既需要观察了解前方新路段的情况，又要驾驶汽车，使之适应新的行车条件，若驾驶员在此过程中缺乏足够的思想准备，会引起精神过分紧张和情绪上的不稳定，因而有可能造成事故。

道路交通系统是一个由人、车、路构成的动态系统，这三个要素必须协调运作，才能达到整个系统安全、快速、经济、舒适的要求。许多交通事故发生的原因是事故多发段周围的道路环境对驾驶员的心理、生理、行为等造成了不良影响。如道路线形不顺畅，某处线形指标突变，道路平、纵线形指标搭配不当、视距不良等。

道路线形效应

effect of road alignment

道路线形是指道路中心线的空间描绘，即直线与曲线相互连成的立体的空间线形。中心线的空间形状对驾驶员的心理影响就是道路线形效应，不同的道路线形对驾驶员产生不同的影响。道路中的直线设计有许多优点，得到了广泛的应用，但是也存在不足之处，如线形呆板，与周围环境、地形、地貌的协调性差，缺乏连续性。直线道路会对驾驶员的心理承受能力和视觉有所影响，过长或过短的道路都会诱发交通事故。道路直线过长，沿途的风景会显得更为的单调，长时间的直线行驶会使驾驶员感到疲惫，注意力涣散，产生道路催眠现象，从而导致交通事故的发生；过短的道路容易使驾驶员产生错觉。为了结合地貌和环境，有的道路设计采用平曲线设计，这种设计能使道路平稳转向，使通行更为流畅。但在这种平曲线道路上，由于视线盲区等因素更容易出现事故。道路的坡度也会对驾驶员产生影响，不合理的坡度组合会诱导驾驶员对车辆做出错误判断，导致交通事故。例如，在下坡路上出现多个坡度的设计，会让驾驶员形成在上坡的错觉，而导致驾驶员进行加速。

道路照明

roadway illumination，road lighting

道路照明是指为道路及其附属设施设置的照明。用于提高夜间车辆行驶和行人行走的安全性，防止发生交通事故。合理的道路照明设施可以帮助改善交通环境，减少驾驶疲劳，有效地减少交通事故的发生。合理的道路照明需要做到以下几点：① 照明的亮度能够保证驾驶员和行人清晰地观察到道路状况和道路周围的情况；② 道路照明应该尽量均匀；③ 要控制照明对驾驶员和行人产生的眩光感；④ 合理地运用照明对驾驶员和行人的引导作用。随着科技的发展，道路照明由传统照明发展成为 LED 照明。将新型技术应用到道路建设对改善道路安全有着很大帮助。在对新型照明的研究中发现，蓝光光谱有利于延缓视觉疲劳的产生，在高速驾驶时，定期变换照明光色也有利视觉疲劳的抑制。夜晚的城市道路中，光环境主要分为道路照明和景观照明，道路灯光照明为夜间行驶提供了背景光环境，而驾驶员也正是在这种光环境中收集道路信息，分析路况。在夜间行驶到不同路段时，驾驶员需要适应不同的背景照明，这不仅是对驾驶员适应能力的考验，也是对道路照明设计的考验。良好的照明能够帮助驾驶员观察路况，发现障碍物。因此，在道路照明设计时，需要考虑道路照明的稳定性和均匀性，给驾驶员提供一个舒适的视觉环境，提高驾驶安全性。

迪科斯彻算法

Dijkstra algorithm

迪科斯彻算法是求解最短路径问题的经典算法，很多算法都是在该算法的基础上经过改进发展而来。迪科斯彻算法建立在抽象的网络模型上，把路抽象为网络中的边，以边的权值来表示路的相关参数。算法确定赋权网络中从某点到其他结点的具有最小权的路。经典迪科斯彻算法将网络结点分成 3 部分：未标记结点、临时标记结点和永久标记结点。网络中所有结点首先初始化为未标记结点，在搜索过程中和最短路径中的结点相连通的结点为临时标记结点，每次循环都是从临时标记结点中搜索距源点路径长度最短的结点作为永久标记结点，直至找到目标结点或者所有的结点都成为永久标记结点则结束算法。在网络模型中结点数和边数较多的情况下，迪科斯彻算法将占用大量的计算机内存，计算量大，耗时多。因此，要对迪科斯彻算法进行优化或提出新的算法，改进算法的效率，从而更高效地计算最短路径。

地磁式车辆信息采集系统

geomagnetic vehicle information acquisition system

地磁式车辆信息采集系统能反映路口实际车流量，提供准确的底层数据，主要应用于交通监测与管理领域，正在取代传统的环形线圈和视频检测等系统。地磁式车辆信息采集系统由车辆检测器、无线路由模块、区域控制器、接口适配器等组成。

地点车速

spot speed

地点车速指车辆驶过某地点的瞬时速度，是交通控制设计和交通流理论研究的重要参数，可用雷达仪检测，作为确定道路限制速度和设置交通标志的主要依据。该参数同时可用于地点车速分布规律、速度发展趋势以及交通事故的分析。车速受多种因素的影响，其中较主要的是受驾驶员、车辆、道路、交通及环境等因素变化的影响。

基于 MPEG 视频压缩技术的基本原理，有学者提出了一种地点车速测定的新方法。该方法克服了雷达测速对测速角度要求苛刻、干扰正常行车而导致测量误差大的问题。借助普通的 VTR 录像机拍摄行车录像，应用视频处理软件 VirtualDub 人工判读获取车辆接触两条固定检测线的时间间隔，即可近似计算获得地点车速。实际应用中，可通过调整两检测线的间距来满足测速精度的要求，还可以通过现场行车实验采集车速数据，进行视频测速法与雷达测速法的测速精度对比分析。

地理信息系统

Geographic Information System，GIS

地理信息系统简称 GIS，又称为“地学信息系统”，它是一种十分重要的空间信息系统，是在计算机的支持下，对地球表层（包括大气层）空间中的有关地理分布数据进行采集、储存、管理、运算、分析、显示和描述的技术系统。GIS 被广泛运用于不同领域。在资源配置方面，应用 GIS 能极大地降低的运营成本。在应急管理应用领域，GIS 能安排最佳的人员撤离路线。运用 GIS 可以建立交通网络、地下管线网络等的计算机模型，研究交通流量、进行交通规则、处理地下管线突发事件等。GIS 还可以提供区域生态规划、环境现状评价、环境影响评价的决策支持等。

地图匹配算法

map matching algorithm

地图匹配算法对导航定位所测得的车辆位置与数字地图中的道路网信息进行实时数字相关匹配并自动修正，由此确定车辆相对于地图的位置。具体来讲，它以模式识别理论为基础，以某个车辆位置点或某段行车轨迹曲线为待匹配样本，以该点或该轨迹曲线附近的所有道路上的位置点或道路曲线为模板，通过待匹配样本与模板间的匹配，选择形状相似度最高的模板为匹配结果，最后根据匹配结果校正航位推算定位、全球卫星定位、地面无线电定位等定位方法的误差，可以大大改善 GPS 自主车辆导航系统的定位精度。

电子警察系统

electronic police system

电子警察系统俗称“电子眼”“电子警察”“闯红灯自动记录系统”，是安装在有交通信号灯处的电子仪器，若机动车在指定车道内闯红灯，则电子警察会进行不间断的自动检测和记录。该系统广泛应用于十字路口、人行道、公交专用道等地方，具有全天候的特点，可以有效缓解警力不足的问题。此外，该系统还能为公安部门打击违法行为提供信息，如侦破交通肇事逃逸案件、车辆盗窃等犯罪案件等。目前，电子警察系统已经得到了广泛的认同，并在全世界范围内应用。

电子警察系统主要包括图像检测（车辆感应）、拍摄、采集、处理、传输与管理以及辅助光源、辅助支架和相关配套设备等部分，它利用光电技术进行抓拍，利用图像处理、模式识别等技术形成清晰图片，显示信号灯、停车线、违法车道、违法车辆的车辆信息，记录时间、地点、车速等行车信息，运用远程数据访问，将信息传送至交警数据中心，并与对应地区的车管库相连接，进行信息处理。该系统针对不同路况信息，可设置成固定和流动两种应用形式；根据路况复杂程度，可设置成自动和人工两种操作方式。

通过“电子警察”执法，可以约束驾驶员的行为，提高执法效率和公正性，但“电子警察”执法属非现场执法，执法人员不履行告知义务，驾驶员不能被及时告知自己违反了交通规则，以罚代管现象突出，且电子警察系统没有统一的行业规范。因此，未来应进一步提出电子警察系统建设、应用的对策，对电子警察设备要进行科学设置、使用和维护，还应促进执法规范化建设，进一步规范电子警察使用的方法和手段。对于设备本身来说，还要不断完善和提高其技术性能。

电子警察系统

electronic police system

电子警察系统是一种通过图像、视频技术自动捕获交通违规违法行为和交通事故，通过网络传输回相关部门进行分析处理，并告知当事人违法信息的系统。该系统一般由三个部分组成：违章车辆拍摄部分，网络传输部分，违章处理部分。除传统邮寄方式，目前一些电子警察系统还为用户提供App、网站、电话通知及查询服务。电子警察系统分类包括路口多功能电子警察、路段多功能电子警察、超速电子警察等。国内最新颁布的《道路交通安全违法行为处理程序规定》（公安部第105号令），对电子警察的技术标准、设置地点、记录资料、违法信息的告知时限和方式等，做出了明确的规定。随着人工智能技术的应用，电子警察系统也朝着越来越智能高效的方向发展，极大减轻了辅助、交警工作，并保障了人民群众出行的便捷、安全。

电子制动力分配系统

Electric Brake force Distribution，EBD

电子制动力分配系统是一个汽车电子辅助控制系统，是在ABS（防抱死系统）的基础上发展而来的系统。它可以在制动时控制制动力在各轮间的分配，更好地利用车轮的附着系数。电子制动力分配系统不仅提高了汽车制动的稳定性和操纵性，而且使各个车轮能够获得更好的制动性能，缩短制动距离，并能防止出现“甩尾”和侧滑现象，提高驾驶安全性。

动车组

motor train unit

动车组是将一定数量的动力车和拖车连挂，形成编组固定的车组，一般在两端均设置驾驶员室，列车折返时不必调头，以满足城际间运行对列车高密度运行的严格要求。按驱动轴和驱动设备的布置可以把高速动车组分为动力集中型和动力分散型两种。动力集中型动车组是指将列车电气和动力设备集中安装于位于列车端部的动力车上，仅动力车的轮对是动力轮对，动力车不载客或仅设置较小的客室，旅客主要集中于中间拖车的动车组。动力分散型动车组是将由电机驱动的动力轮对分散布置在列车的全部或部分轮对上，同时将列车的主要电气和机械设备吊挂在车辆下部，列车全部车辆可载客的列车模式。目前，我国高速铁路网基本形成，动车组已成为承担铁路客运输任务的主力车型。

动觉和平衡觉

kinesthesia and balance

动觉是身体活动时所产生的感觉，平衡觉是反映头部运动速率和方向的感觉。如果没有了动觉，驾驶员就无法保持一定的姿势，也难以控制像转方向盘、挂挡、踩离合器、刹车等一系列随意运动。动觉帮助我们从环境里得到反馈，使我们知觉到事情进行的情况。和动觉配合的是平衡觉，它涉及整个身体位置和重力的关系，调节身体在空间里的定向。平衡觉感受器位于内耳半规管及其底部的前庭器官里。在行车中，如果道路过于迂回或道路倾斜度过大，某些驾驶员会感到恶心晕眩，而有些驾驶员则能平衡自如，这是因为前庭器官过于敏感的人容易眩晕，但是通过训练可以改善这种症状。

动态交通环境

dynamic traffic environment

动态交通环境是指驾驶员通过视觉和其他感觉器官所感知到的道路景观。由行驶车辆、移动或静止的行人、不同的交通信号、电子广告、霓虹灯等构成。动态交通环境随着车速的增加而变化。在行车速度较低的乡村道路上，路面在驾驶员视觉中占 8%，道路两侧环境则占 80%以上；车速提升到 40 km/h，路面在驾驶员的视觉中占 20%；车速为 96 km/h 时，路面在驾驶员视觉中占 30%，空间占 50%，道路两侧环境占 20%以下。除了由视觉所感知到的道路景观外，动态交通环境还包括作用于听觉、嗅觉等其他感觉器官的环境因素，如噪声、车辆的振动、车辆的加速度、空气中的各种气味刺激等。

动态视觉

dynamic perception

动态视觉是指驾驶员在行车过程中对外界物体的明暗、颜色、形状等物理特性的辨别，以及对物体大小、远近等空间属性的觉察。车辆在行驶过程中是有一定速度的，此时驾驶员的视觉特性会与静止时不同。主要表现在以下几个方面：① 驾驶员的视锐度会降低；② 视野会变得更窄；③ 空间的识别范围会缩小。影响驾驶员动态视觉的因素有以下几种：① 运动速度，速度越快驾驶员的动态视觉会迅速降低；② 驾驶员的年龄，年龄越大，动态视觉越差；③ 物体的颜色和照度；④ 道路环境；⑤ 驾驶员的生理状态。

动态障碍物

dynamic obstacle

动态障碍物是指在驾驶过程中会对驾驶行为产生阻碍并且会产生（自主或不自主的）移动的物体。在对无人驾驶车辆的研究中，针对动态障碍物的研究较多，主要是对动态障碍物进行检测。目前动态障碍物的主要检测方法是用激光雷达作为车载传感器对运动目标进行检测，可一般分为：地图差分法、实体聚类法和运动跟踪法。当前的动态障碍物预测方法也主要存在三种方法：静态处理法、假设原状法和概率轨迹模型法。

毒驾

drug driving

毒驾是指未戒断毒瘾的患者和正在使用毒品的驾驶员驾驶机动车的行为。2014 年 8 月 11 日，孙某（女）驾驶一辆小轿车沿江西省新余市铃山路由西往东行驶时，撞倒一行人后又与停靠在路边的一辆三轮自行车、两辆电动三轮车及行人发生相撞，造成黄某等10人受伤，两辆电动三轮车及一辆三轮自行车受损。后经尿液检测，孙某呈毒品阳性。驾驶员在吸食冰毒等毒品后，会出现亢奋、幻觉等症状。吸食海洛因等传统毒品的人会出现嗜睡、颓废等症状。毒瘾发作时产生的身体无力、行为异常、意识障碍、人格改变等，会严重影响驾驶员驾驶时的判断，大幅增加了驾驶风险。我国法律也在逐渐限制吸毒人员“上路”，公安部颁布了新的《机动车驾驶证申领和使用规定》，该法规对毒后驾驶做出了明确规定，对吸毒人员申请驾驶证做出了“零容忍”的态度，对查出毒后驾驶的驾驶者一律注销驾驶证，并三年内不得申报领取机动车驾驶执照。

E

儿童安全座椅

Child Safety Seat，CSS

儿童安全座椅又称儿童乘客约束系统（Child Restraint System，CRS），是一种专为不同年龄或体重的儿童设计，能安装在汽车内，有效提高儿童乘车安全性的座椅。根据儿童体重，可以分为以下几类（见图 12）：

0 组：适用于体质量小于 10 kg 的婴幼儿；

0+组：适用于体质量小于 13 kg 的婴幼儿；

Ⅰ组：适用于体质量为 9 ~ 18 kg 的幼儿；

Ⅱ组：适用于体质量为 15 ~ 25 kg 的儿童；

Ⅲ组：适用于体质量为 22 ~ 26 kg 的儿童。

儿童安全座椅是保证儿童乘车安全的唯一途径，在汽车发生正碰、侧碰、后碰及翻转事故中，可以最大限度地保证儿童生命安全。儿童安全座椅虽然有效，但是只有当它被使用，而且是正确使用时才能起到在车祸中保护儿童的作用。

（a）Ⅰ组（带支腿）

（b）Ⅰ组（不带支腿）

（c）0+Ⅰ组

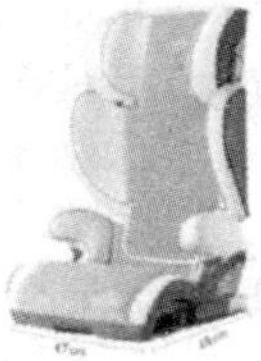

（d）Ⅱ+Ⅱ组

图 12　儿童安全座椅

F

反向曲线

reverse curve

反向曲线即相邻的、转向相反的圆曲线之间以直线或缓和曲线或径相连接而成的平面线形。在山区和丘陵区能与地形较好吻合，但当半径较小时不利于行车。

防眩栅（网）

anti glare grating

防眩栅（网）又名金属网、防抛网，铁板网、金属扩张网、冲孔板等，是防眩设施的一种，一般安装在中央分隔带上（见图 13),它的网状结构既可以有效地保证防眩设施的连续性和横向通视，又可以隔离上下行车道，达到防眩和隔离的目的。防眩板按材料分类，有钢制防眩板、塑料防眩板、玻璃钢防眩板等；按外观分类，有普通直板、反 S 形、仿浮雕防眩板、公路景观防眩板等；按功能分类：有普通防眩板、功能型防眩板、抗紫外线防眩板、自洁防眩板、景观防眩板等。

图 13　防眩板

防撞预警系统

collision warning system

防撞预警系统是采用雷达与视觉信息相结合，通过采集道路信息，包括行人、车辆和道路环境信息来帮助驾驶员在发生车辆碰撞前采取措施尽可能地减少事故发生的一种安全机制。汽车防撞预警系统能够预先对道路上的信息进行预判，在可能发生事故或在突发状况下帮助驾驶员采取安全措施，尽可能地将危险程度降至最低。该系统大大提高了车辆在夜间或弯道上识别危险情况的能力，对减少交通事故的发生和严重程度有着重要的作用。为了保证系统的安全性和可靠性，汽车防撞预警系统在获取既定目标的信息、如何识别危险目标，以及对道路状况进行有效识别等方面需要不断加强，还需要严格制定规避控制策略与算法，以及建立合理的安全车距模型。

当前防撞预警系统分类较多，按照控制方向可以分为：纵向制动防撞预警系统，主要是针对正向碰撞，应对前方即将到来的危险；侧向转向防撞预警系统，主要是通过判断前方是否有危险从而通过转向操作来避开危险；混合型智能防撞系统，综合了前面二者的优势。汽车防撞预警系统主要分为 3 个模块：

① 车辆行驶信息感知模块主要负责感知车辆行驶前方的道路信息和车辆信息,并将关键的信息传递到车辆控制分析模块;② 车辆控制分析模块在收到相应的信息后进行分析处理，确定前方是否存在危险情况，并将相应的指令传递给车辆控制辅助执行模块；③ 车辆控制辅助执行模块得到信息后执行相应的操作。这 3 个部分相互配合，共同实现安全驾驶。此外，目前还有车门开启瞬间防撞系统，能够自动监测行人以及邻近车辆的行驶速度，通过监测的结果判断是否存在相撞的可能性，并且将结果传回车内的安全装置，如果存在发生碰撞的可能性，车内的安全装置将会提醒车内人员不要着急开门，车内的感应式的设备感应到车内人员将手放在了门锁上时，会自动将车门锁闭，避免造成开门碰撞的危险。

虽然防撞预警系统可以帮助降低安全隐患，但是驾驶员在驾驶过程中不能过度的依赖这一类雷达设备，驾驶员也应该集中精力，做出适当的判断，避免雷达出现误判而导致意外发生。

飞蛾效应

moth effect

飞蛾效应是指盲目遵从个体的意识需求，在意识需求渴望得到满足时盲目的与其保持一致。表现为对客观事物的认知不足，仅仅为了满足内心的即刻需要而轻率地做出自己的抉择。日常生活中的飞蛾扑火效应，就是指飞蛾要与光源保持一定的角度和距离，如果光源是火时，随着它不断地变换角度靠近光源时，就可能掉入火中被烧死。飞蛾效应与逐光效应比较相似。例如在驾驶过程中，由于公路上急救车的灯光比较炫彩，驾驶员被其绚丽的灯光所吸引而引发交通事故，就好像飞蛾扑火一样。酒后驾驶是飞蛾效应的一个重要成因。

非安全驾驶行为

unsafe driving behavior

非安全驾驶行为又称为不安全驾驶行为，与安全驾驶行为相反，指的是个体不顾及驾驶员、乘客和其他行人的人身安全，将其置于危险境地的驾驶行为。不安全驾驶行为虽称为攻击性驾驶行为，但是不包含愤怒或试图伤害他人的行为，保罗·哈里斯（Paul B. Harris）以哈里斯·休斯顿（Harris. Houston）编制的攻击性驾驶行为量表（The Aggressive Driving Behavior Scale）作为参考编制了非安全驾驶行为量表，该量表评估的攻击性行为并不是公开的暴力行为，而是有风险（如超速、追尾）或表示不满的行为（如鸣笛、粗鲁的手势）。两个量表都是通过评定特定驾驶行为的频率来进行测量。

由于驾驶本身是一种基于社会互动的合作行为，强调互相尊重，因此研究者进一步将不安全驾驶行为与人格特质联系起来。研究表明，不安全驾驶行为与竞争、敌意和感觉寻求等特征之间存在显著正相关，而大五人格中的尽责性、亲和性与不安全驾驶之间呈负相关，而开放性与不安全驾驶行为之间的关系仍然存在疑点。通常定义的开放性是指武断和冲动的性格，并且也已经证实了它与不安全驾驶行为是呈正相关的。但是，开放性与攻击性的行为之间的关系却没有统一的结果，未来需进行更多的研究来对其进行全面的理解和探索。

非驾驶需要

non-driving requirement

非驾驶需要是指驾驶车辆的人原本没有驾驶的欲望或需要，却执行了驾驶行为。实施这种行为有内因和外因。驾驶员受到内因的驱动，如希望通过驾驶行为来彰显自己的权利、身份、地位和财富等；或受到外因的驱动，如受到了汽车广告的吸引等，都有可能产生非驾驶需要。

非理性从众心理

irrational herd mentality

非理性从众心理是指个体以自身的直觉、直观感受为判断标准从而使自己跟随群体做出从众行为。例如，马路上的行人清楚地知道有些行为不符合道德或规章制度，却因为看到别人实施了该行为没有产生不良后果或者没受到应有的惩罚而模仿这种行为。行人在横穿马路时，同行的人会让彼此产生一种盲目的安全感，先入为主地认为法不责众，从而不顾及警察的劝阻，或者忽视正在行驶的车辆所带来的危险，与机动车抢行或者强行穿过马路。非理性从众行为的表现就是违章行走、闯交通灯或者横闯马路，造成行人交通事故。

风险补偿模型

risk-reward model

风险补偿模型是指驾驶员均衡主观风险度与道路环境之间的关系的一种补偿机制，于 1982 年由伟尔德（Wilder）提出。驾驶员能够承受的主观风险度这一参数是相对稳定的。驾驶员通过控制驾驶车辆的小心程度均衡道路环境条件与目标危险水平之间的关系，从而确立一个相对稳定的参数来实现驾驶安全。

风险感知

risk perception

风险感知是指个体认识和感受外部环境中的各种客观风险，并引导自身做出相应的决策行为。个体的直觉判断和主观经验会影响个体的风险感知能力。风险感知处于不断变化的过程中。在驾驶过程中，个体的心智水平、情绪、注意力、驾驶经验、驾驶年龄、路面状况、道路条件、天气状况等都会对驾驶员的风险感知能力产生影响，并影响进一步的驾驶决策。国外学者对于驾驶员的风险感知做了诸多研究，发现年轻的摩托车驾驶员撞车的原因之一可能主要与风险感知有关。例如，有证据表明，那些倾向于低估驾驶风险的年轻人比有经验的驾驶员更容易在驾驶过程中掉以轻心，如超速行驶、危险驾驶、拒绝在安全距离的范围内跟车行驶等。即使撞车风险感知的程度是一样的，汽车驾驶员和摩托车驾驶员对这一风险的关注程度也不一样，摩托车驾驶员比汽车驾驶员的关注程度更低。与汽车驾驶员相比，这可能导致摩托车驾驶员有更高的驾驶风险。

风险驾驶行为

risking driving behavior

风险驾驶行为是指驾驶员在驾驶中存在风险操作，常见的如接打电话、疲劳驾驶、情绪化驾驶等。风险驾驶行为容易产生交通事故、影响交通安全，轻则损伤车辆，重则危及生命。有研究显示，驾驶员的风险行为是导致交通事故的主要因素。一般将风险驾驶行为分为错误和违规两类，国内有学者又进一步将风险驾驶行为细分为 4 种：一般性违规、攻击性违规、无害性失误、危险性失误。影响风险驾驶的行为因素包括：驾驶员相对稳定的个体差异，如驾驶员的人口统计学因素、驾驶经验、认知能力、驾驶技能和个性与态度等；驾驶员能力的暂时性损伤，如酒后驾驶与疲劳驾驶等；社会环境因素，如交通文化等。

风险阈限模型

risk threshold model

风险阈限模型是指驾驶员使知觉风险度（感知危险水平）、

主观风险度（目标危险水平）与实际风险度（实际危险水平）之间保持稳定的平衡的一种控制机制，于 1976 年由奈坦（R · Ntnen）和苏玛拉（H · Summala）提出。苏玛拉后来将该模型改称为零风险模型。按照这种模型，驾驶过程中驾驶员的知觉风险度决定了驾驶员采取什么样的驾驶行为。在大多数情况下，驾驶员感知危险的水平处于阈限水平以内，如果风险度超过了阈限水平，其阈限补偿机制就会使阈限水平降低。该模型认为，只有当驾驶员的感知风险度超过了阈限时，才会改变自己的行为。

G

赶点心理

quick psychology

赶点心理指希望花费最少的时间赶到某一地点的心理。一般来说，时间较为紧迫的人往往有赶点心理。例如，通勤旅客（上班族、学生等）一般具有赶点心理，由于这类旅客在工作日都是从家中赶往工作单位或学校的两点一线式的出行路线，通常预留时间少，通勤时间紧张，希望以最少的时间到达目的地，也基于此选择相应的交通工具。对于具有赶点心理的旅客，特别是对于需要坐飞机、火车的旅客，如果时间贻误，会带来严重的后果。比较而言，公交车、出租车、自驾出行可能因为堵车等事件导致时间拖延；而高铁、地铁具有准时、快捷等特点，是通勤旅客的重要工具。

感知反应时间

perceptual response time

感知反应时间是指在驾驶过程中突然出现的危险目标与驾驶员观察到这个目标所经过的时间。驾驶员的性别、身心状况、驾驶经验、驾驶年龄、受教育程度及驾车时速都是影响感知反应时间的重要因素。影响驾驶安全的因素有很多，而驾驶员对于外界环境信息所需要的感知反应时间是其中一个重要的影响因素。研究表明，在一定的情境下，驾驶员需要耗费 0.5 s 来执行一个应急刹车，其中一半的时间是属于感知反应时间，另外一半的时间是脚从油门到刹车踏板的时间。在 30 km/h 的车速情况下，感知反应时间每延长 0.1 s，汽车将会向前移动 1 m。随着车速的提高，驾驶员的视野变窄，注视点变远，驾驶员的动态视力空间辨识能力下降，从而使驾驶员对危险信号的感知能力出现一定程度的下降。驾驶员的年龄对于感知反应时间有明显影响，老年人比青年人、中年人的感知反应时间长，这可能是由于随着年龄的增长，人的生理机能出现了一定程度的下降。驾驶经验丰富的人对于危险信号的感知速度要快于经验较少的人。经验越丰富，遇到的情景越多，就越能更快地感知即将到来的危险信号。

感知失误

perception error

感知失误是指驾驶员在驾驶过程中由于注意力不集中，从而对车内外的各种信息出现了感知偏差，并导致道路交通事故等一系列极为严重的恶性后果。主要分为以下 4 类：① 驾驶员没有感知到信息，如雾天驾驶时，驾驶员的视线受到了严重的阻碍，无法感知到车外的行人车辆或者路面状况，导致交通事故；② 感知到错误的信息，如驾驶员起步前读错气压表读数，刹车时无气压，导致意外；③ 感知到的信息不全，如驾驶员没有得到充足的休息，因疲劳驾驶注意力无法集中，对路面状况或行人信息不敏感；④ 感知到过剩的信息，驾驶员平时会面临各种生活压力，在驾驶过程中，可能会由于道路上的车辆或者行人较多，感知到的信息超载，引起焦虑，造成慌不择路。在驾驶过程中，感知失误是比较常见的，驾驶员的身体状况、心理状态、疲劳程度及外界的一些干扰因素都会造成感知失误。特别是一些外界因素的干扰，会影响驾驶员的信息判断能力。在判断过程中，驾驶员的认知水平、受教育程度也会产生一定的影响。当驾驶员的判断与现实需求不相符合，就会造成错误的判断，出现判断失误。通常感知失误是操作失误的基础。

高杆照明

high mast lighting

高杆照明指灯具安装高度高于 20 m 的照明类型。其灯具安装类型一般包括：① 平面对称式；② 中心对称式；③ 非对称式等。《公路照明技术条件》（GB/T 24969—2010）规定“高杆照明”是指：“一组灯具安装在高度为 20 m 及以上的灯杆上进行大面积照明的方式。”由于高杆照明照射面积很大，这类照明方式可以在提供道路照明的同时减少道路上路灯数量。但是，高杆照明也会产生严重的眩光，还会对道路周边的居民带来严重的光污染。同时，高杆照明设施在安装和维护方面都更加困难。

高速公路文化

high-speed road culture

高速公路文化是指由高速公路周边的自然环境、田野风光、人文气息，及其经过的城市、乡村等构成的一种具有文化气息的整体。高速公路文化具有两个特点：时间特点和空间特点。时间特点是指高速公路文化不仅表达当前的文化，还融贯古今，展现了时代的发展和变化；空间特点是指高速公路连通了两地，是两地文化交流的桥梁。此外，在高速公路的景观设计中将沿路城市的文化印记融入其中，也能够很好地表达城市的独特性。通过既易于理解又有标志性的文化印记的选择和表达，与高速公路文化进行融合。同时也可以通过互相连通的立交景观体现城市文化，因地制宜，形成风格鲜明、文化整合的表达。

高速列车

high-speed train

高速列车是指能以高速度持续运行的列车。最高运行速度一般在 200 km/h 之上，试验速度在 350 km/h 以上。高速列车是机械、电子、材料、计算机、控制等现代技术综合集成的集中体现。高速列车的关键技术主要包括以下 9 个方面：动车组总成（即系统集成）、车体、转向架、牵引变压器、主变流器、牵引电机、牵引传动控制系统、列车控制网络系统、制动系统等；其配套技术主要包括以下 10 项：空调系统、集便装置、车门、车窗、风挡、钩缓装置、受流装置、辅助供电系统、车内装饰材料和座椅等。随着人民生活水平的提高和社会节奏的加快，人际交流将更加频繁，人们的时间价值观念也越来越强，而高速列车具有快捷舒适、平稳安全、节能环保等特点，能满足日益增长的出行需求，深受人们的欢迎。

高速铁路

high-speed railway

高速铁路的定义随着世界科学技术的发展和客观条件的变化而变化。1970 年 5 月，日本在第 71 号法律《全国新干线铁路整备法》中规定：“列车在主要区间以 200 km/h 以上速度运行的干线铁道称高速铁路。”1985 年 5 月联合国欧洲经济委员会将高速铁路的最高速度规定为：客运专线 300 km/h，客货运混合线路 250 km/h。目前通常认为：速度在 140 km/h 以下为常速铁路，110 ~ 200 km/h 为准高速铁路，200 ~ 400 km/h 为高速铁路，400 km/h 以上为超高速铁路。高速铁路具有以下特点及优势：载客量高、耗时少、安全性好、正点率高、舒适方便、能耗较低等。高速铁路作为解决大通道上大量旅客快速输送问题的最有效途径，已成为世界各国铁路的普遍发展趋势。

高速铁路旅客运输心理学

psychology of high-speed rail passenger transport

高速铁路旅客运输心理学主要探讨高铁环境下人的因素及其对运输安全和舒适度的影响，包括乘客、乘务员的心理及其交互关系，以提高运输的舒适度、愉悦度、安全度等。自 2008 年京津城际铁路（中国第一条高速铁路）开通运营以来，高速铁路在中国发展迅速，至今，我国已建成了新时期“八纵八横”的高速铁路网，2019 年，中国高速铁路总里程突破 3.5 万 km，稳居世界第一。高铁的运行除了需要技术支持，还需要高铁工作人员的配合，因此，关于高铁人员的心理活动是非常值得研究的课题。

高原现象

plateau phenomenon

驾驶技能形成的过程中，学习后期会出现成绩暂时停顿甚至倒退的现象，这就是练习曲线上所谓的“高原期”，其表现主要为成长曲线保持在一定水平线上，甚至略有下降。度过高原期后，才能使学习成绩进一步提升，从而提高驾驶技能。

高肇事驾驶员

high-accident driver

高肇事驾驶员是指出现交通事故的频率高于统计学概率的驾驶员。从时间上来看，近 1 年内，驾驶员发生个人责任在 50% 以上（资料来源于汽车驾驶员管理中心的电子档案记录）的交通事故，且次数在 3 次及以上的为高肇事驾驶员。有研究表明，高肇事倾向的驾驶员具有较高的攻击性心理。高肇事倾向性驾驶员的驾龄一般为 6 ~ 15 年，可能是由于对自己的驾驶技术过于自信，从而放松了警惕。此外，随着年龄的增大，生理机能下降也会增加肇事的概率；驾驶员属地特征会影响驾驶期望，外地驾驶员高肇事倾向高于本地驾驶员。

隔音墙

acoustics barrier

隔音墙是由吸音材料构成的一种特殊建筑，将其安置于声源和声音接收地之间，能够有效地降低或阻碍高分贝声音的传播，是减少噪声污染的重要途径之一。我国的高架桥、高速公路和铁路普遍安置了隔音墙以改善居民生活环境。现在也有将传统隔音墙与道路绿化相结合的设计，这种新型的生态隔音墙有着更丰富的功能，除了传统的降噪，还能够美化环境、净化空气、隔离强风。有的复合型隔音墙综合利用了混凝土墙和爬藤攀缘类植物，这样的设计除了降噪和美化环境外，施工更为简单，占地面积也更小，维护成本也很低。

跟车行为

car-following

跟车行为是指后一辆车跟随前一辆车并试图保持与前车的安全距离时，驾驶员的动作，在铁路、公路等交通领域相当普遍。跟车行为是微观仿真系统中一个关键的策略级模型。它是一种微观的交通行为，体现了前后两车在道路上的相互作用。由于跟车行为的复杂性，当前对跟车行为的控制主要依赖于驾驶员的主观判断和相应的行为。跟车行为的影响因素有很多，如性别、驾龄、驾驶目标、交通流量、路面情况、相对速度等，该行为有两个重要参数：反应时间和车头时距。派普斯（Pipes）基于前人的研究并且在加州规则的基础上，提出了车辆跟驰的安全距离，当车速每增加 4.47 m/s，安全的跟驰距离应该增加一个车辆的长度。

当前对于跟车行为的研究不再是简单地基于传统动力学和运动学，心理学和视知觉理论也已经被运用到了跟驰行为的研究中。一部分研究者根据道路交叉口的不同类型对跟车行为进行了研究。在信号灯控制的交叉路口，跟车行为同时受到前方行驶车辆和交通信号灯的影响；在环形交叉路口时，要进入环岛，需要等到合理的时机和车辆间距才能进入环岛，但是目前对于无交通信号灯控制的交叉口的跟车行为研究还比较少。另外一些研究者基于车辆的安全间距对跟车行为进行了研究，发现驾驶员的性别、年龄和个性差异是影响车辆间期望安全距离的主要因素。部分学者从突发事件的情况下驾驶员的心理和行为的角度出发，建立了在最小安全跟车距离下的应急疏散跟驰模型。跟车行为作为一种微观的交通行为，对于交通安全来说是十分重要的。通过对跟车行为的诸多研究，可以帮助我们更多地了解跟车行为背后人的心理和行为机制，帮助我们更好地实现安全驾驶。

跟车理论

car following

1953 年美国派普斯（Pipes）教授提出了跟车理论，1960 年美国通用汽车公司动力实验室实现了该理论的模拟。该模型运用了动力学的方法，研究在无法进行超车的单一车道上，后方车辆跟随前方车辆的行驶状态，通过数学模型来表示跟车过程中可能出现的各种状态。该理论认为，在车距小于 125 m 时，车辆之间存在着一种相互影响的关系，后车的驾驶员需要通过感知、判断和控制，对前车的刺激做出有规律的反应。跟车理论通过对车辆跟驰方式的观察来掌握单一车道的交通流特性。对交通流特性的研究可以促进检验管理、通信技术和交通安全等技术的发展。

公共交通优先政策

public transport priority policy

公共交通优先政策指为了缓解城市交通拥堵而实施的一系列保证公共交通优先发展的政策，包括交通规划优先、资金投入优先、用地优先、路权使用优先和人才优先。20 世纪 60 年代，法国率先出现“公交优先”一词。20 世纪 80 年代初，公交优先的理念开始在国内传播。2004 年开始，我国先后颁布了《关于优先发展城市公共交通的意见》《关于优先发展城市公共交通若干经济政策的意见》和《关于进一步加强城市规划建设管理工作的若干意见》等文件，明确了公共交通出行分担率、覆盖范围等指标，确定了公交优先的地位。公交优先具有以下优点：公共交通运量大、占道少、效率高；越多的人选择公共交通，小汽车的使用量就相对减少，可降低污染物排放，保护环境；在拥堵的城市，具有优先权的公共交通更加快捷；公共交通对道路资源的利用更合理。现在西方国家已经出现了“出行即服务”（Mobility as a Service）这一交通理念，主要的目标是交通服务改善出行者的体验，如减少“门到门”出行时间、增加换乘连接可靠性等，为我国城市公共交通系统的转型提供了新的思路。

公交专用道

bus lane

公交专用道是指在道路通行条件许可、交通拥挤的重要路段，通过标志、标线等划出一条或几条车道，仅供公交车使用，而全天候或分时段地限制其他车辆的通行。在规定的时间段内，社会车辆不能使用公交专用道，而公交车辆仍具有其他车道的使用权利。另外，在一些城市的商业区，以及人流比较集中的地方，还有些道路在规定的时间段内，只允许公交车通行，其他社会车辆禁止驶入，这种公交专用形式被称为公交专用路，它是公交专用道的扩展形式。

公路安全防护措施

safe protective measures of highway

公路安全防护措施指保障公路交通安全、防止交通事故发生所采取的措施。主要有：

（1）工程措施，包括从人体工程学的角度，以及车辆与道路相互作用的原理来改进汽车的结构和性能，为驾驶员创造安全方便、舒适的工作环境，改善公路技术条件，如提高公路等级、改善线形与路面表面特性，以及设置完善的安全措施等。

（2）加强法治、健全管理，包括健全和严格执行交通法规、严格驾驶员与车辆的管理、加强交通管理等。

（3）安全教育，包括进行驾驶员的技术培训与职业道德安全守法的教育，以及全民的普及安全教育。

公路附属设施

attached facilities of highway

公路附属设施是公路沿线的交通设施和养护管理房屋等的总称。

交通设施分为交通安全设施、交通管理设施和交通功能设施三类。交通安全设施包括跨线桥、地下通道交通岛防眩设施、护栏与护柱、隔离栅、视线诱导标志以及反光镜和标注等，根据公路等级、交通条件、公路状况和设置目的予以采用。交通管理设施包括公路标志、路面标线与立面标记、紧急电话、公路情报板、通信与监视设施等。紧急电话、情报板、通信与监视设施主要用于高速公路和一些重要的桥隧建筑物，目的是积累交通、路况等资料，并将这些信息及时提供给驾驶员和有关部门，起到诱导、监控交通，以及迅速处理事故的作用。有的国家已在高速公路上建立了比较完善的交通情报系统。交通功能设施包括停车场、公共汽车站以及在高速公路上每隔一定距离设置的服务区。

养护管理房屋包括生产、生活用房及必要的场地，房屋要用规定的标志色粉刷或油漆，正面设置公路微标记。

公路街道化

highway to street

公路街道化常见于乡村公路，由于公路两侧临近房屋建筑、商铺聚集，商家为扩充摊位占道经营，导致行人步道被占用，行人被迫走靠边公路，久而久之形成一种公路被街道侵占的现象。随着我国城市化建设进程的推进，农村逐步转变为城市，“要想富，先修路”这一观念深入人心。但是，道路全面升级的同时，公路街道化的现象也与日俱增。公路街道化现象导致车辆的行驶范围缩窄，驾驶员的视野范围容易受到干扰。严重的公路街道化会降低道路的通行能力。道路安全隐患较高，是当前亟待解决的问题。国内有学者总结了当前公路街道化的几个突出问题，其一，当前城市公路街道化的覆盖率在变大；其二，公路街道化使得公路等级下降，通行能力变弱，影响正常出行；其三，公路街道化导致安全隐患增多，防护措施相对减少，交通事故率在公路街道化的地方较高；其四，公路街道化使得道路两旁的街道变得拥挤，影响道路美观，而且给道路扩建带来极大的困难。当前《公路法》对于公路街道化的规定不够细致明确，产生这一问题后难以找到切入口进行解决，未来应加强法制及执法力度，明确管理主体和权限。

公路景观

landscape of highway

公路景观指展现在驾驶员视野中的公路线形、公路构筑物和周围环境组成的图景。行车者的视野是随着运行的车辆不断向前移动的，所以公路景观是一种动景观。它为驾驶员提供视觉上的审美体验，对行车安全和乘员的舒适性影响很大。

公路景观设计的基本要求：

（1）公路平、纵、横线形协调，使空间线形顺适，无突然转折，让驾驶员看到公路的连续性，增强安全感，从而能镇静自如地在公路上驱车。

（2）使公路及其构筑物与周围环境融成一体，并为周围环境增添美感。要求在设计和施工中避免大填大挖，使路线环绕天然景物或突出的地形，而不破坏地形和景物的完整。公路桥梁等人工构筑物的造型应与周围景物协调。

（3）公路交通设施如行道树、交通标志、道路交通标线、交通信号、照明设施等均应布置得体，起到自然诱导行车的作用。行道树过密、过近有可能阻碍行车者视野；对有碍观瞻的物体，则应适当遮蔽。

公路绿化

highway greening

公路绿化将运输功能和生态可持续性结合起来，指在公路两侧用地范围内种植树木、花草和营造小型园林的工作。公路绿化应根据公路沿线的自然条件进行总体规划，使之同公路建筑造型及周围环境相协调。公路绿化的交通功能主要包括中央分隔带的防眩功能以及沿线绿化带的视线诱导功能。在高速公路中央分隔带内栽植一定高度和冠幅的花灌木，能够有效地起到防眩遮光的作用，保障行车安全；同时，公路绿化景观是公路景观的重要组成部分，是公路景观生命力的体现。公路绿化以其色彩鲜艳、富于变化的形态使本来生硬、单调的公路线形变得丰富多彩，使由于大量开挖土方而裸露的地表披上绿装，使公路建设对景观环境的负面影响降低，使公路构造物巧妙地融入周围的环境之中，创造出优美的公路景观环境，为人们提供愉悦的旅行享受，以提高行车的舒适性和安全性。

公路绿化最终要实现经济效益、社会效益和环境效益的统一。要把公路绿化放到“公路-自然-经济-社会”复合系统中进行全面考虑，把性质不同的生态环境系统与公路经济系统研究有机结合起来。建设高品质的绿色公路必须以不影响公路安全性、有利于通行顺畅为基本要求。这就要求公路绿化过程中，尽量减少盲目绿化带来的视觉干扰，尽量按照公路线形优化的需要，营造舒适的环境。

公路美学

highway aesthetics

公路美学是研究开发公路工程和公路养护技术措施上的美学原则的系统科学。要求不仅将公路作为一个静态技术对象，而且必须将其作为一种动态景观去研究，既要发挥公路的实用性，又要将公路设计成艺术品，使其充满美感。狭义的公路美，指的是人们凭借自身的诸多感观所感受到的直观的美感，如好看、整洁、有形、好闻等；广义的公路美除了人们凭借感观直接感受到的美，还包括公路的功能能够促进当地社会的经济发展和满足人民日益增长的美好生活需要，公路建设要遵循可持续发展的理念，考虑到当地的生态环境保护和改善，传承当地的人文资源和文化资源。即广义的公路美要求公路美学建设能够为各方带来益处，包括：公路必须满足功能需求，公路是为了方便交通，其实用性必不可少，这是最重要的一点；建设公路要从整体的角度出发，综合各方利益，以最低的成本得到最多的回报，达到和谐共赢；公路的建设必须保质保量，公路必须是安全可靠的。公路美学不但可以舒缓驾乘人员旅途中的疲劳和紧张情绪，提升行程中的舒适感和交通运输的安全性，还可降低公路建设和运行对生态环境的影响。美的公路应是“功能、安全、经济、和谐、持续、美感”并重，在建设美的公路时，首先应该是追求公路的实用性，充分发挥公路应有的作用。同时，尽力去完善公路的外在美化，不仅使公路达到经济、安全可持续发展的内在要求，还要满足感官舒适、愉悦的协调统一。

公路嗜睡现象

highway hypnosis

公路嗜睡现象是指驾驶员在熟悉且安静的街道或者是空旷的公路上行驶时，由于驾驶环境比较熟悉或者比较单调，从而产生了一种意识游离状态，突然惊醒时发现自己正处于驾驶状态，但对之前的事情记忆不清。公路嗜睡现象对于驾驶安全的影响很大，由于驾驶员处于一种意识游离状态，对于道路中的突发状况的处理会不及时，在惊慌失措的情形下容易做出错误的驾驶决策。在上述的情境中，驾驶员更加要集中精力安全驾驶，可以通过聆听音乐的方式舒缓驾驶疲劳，帮助避免公路嗜睡现象。

公路养护

highway maintenance

公路养护是为保持公路的正常使用，预防和修复发生的损坏，使公路经常处于完好状态并改善公路技术状况以提高使用质量和服务水平所进行的作业。

我国于 1996 年经修订颁布的《公路养护技术规范》是用于

指导中国养护作业的技术法规。通过定期检查路况的变化，既可进行养护工作的质量考核，也可为确定科学的养护对策提供必要的数据。从 20 世纪 70 年代开始，各国都十分重视公路养护，国际道路会议常设协会（PIARC）于 1979 年专门设立养护技术委员会。按作业范围及其工作量大小，我国将公路养护分为小修保养、中修、大修和改善四类。国际道路会议常设协会于 1983 年建议将公路养护统一分为日常养护、定期养护、特别养护和改善工程四类。为保证养护作业的实施，需设置公路养护管理机构和作业组织，并需有充足的公路养护经费，制定相应的养护规范、手册。

公路养护未来的方向主要是重视预防性养护，提高养护机械化水平，采用先进的科学技术成果，建立现代化的养护管理体系。

公路预警系统

road warning system

公路预警系统是指将预警理论应用于公路管理系统，即公路相关管理部门对公路的交通事故及事故成因进行诊断和预测，并采取相应的预防措施，降低事故的发生率，保障公路交通系统的安全运行的系统，包括高速公路弯道危险预警系统、高速公路不良天气预警系统、公路异常停车预警系统等。简单来说，通过建立公路预警模型，对道路交通状况、天气状况等外部信息进行收集，并对搜集的信息进行处理和分析，判断相应路段的状况是否受到了外界因素的影响，是否正常运行，并作出相应的解决策略。

攻击性驾驶行为

aggressive driving behavior

攻击性驾驶行为是指在驾驶过程中驾驶员有意识地对他人

实施情感、心理或行为上的伤害，实施该行为的人和接受该行为的人都能清楚地感觉到攻击和被攻击，又被称作“侵略性驾驶”。它包括急打灯、按喇叭、突然加速、超速行驶、制动、随心所欲串线并线、短距离随车和阻止别人超车等。“路怒症”就是一种典型的攻击性驾驶行为。攻击性驾驶行为具有以下特点：在驾驶过程中愤怒和烦躁等负性情绪容易引起攻击性驾驶；只图自己方便而不顾他人利益；迫使他人避让或者有意挑衅。攻击性驾驶必定对交通安全产生消极影响，增加发生交通事故的概率。有研究表明，有 50%的交通事故是由于攻击性驾驶行为所导致。通过对美国大学的调查研究发现，自恋程度越高的人越容易产生攻击性驾驶行为。国内学者对 A 型行为与攻击性驾驶行为进行了详细的研究后发现二者互为关联，细分还可分为脾气暴躁的 A 型驾驶员、时间紧迫的 A 型驾驶员和充满敌意的 A 型驾驶员，三者各自具有一定的特点。对攻击性驾驶行为的影响因素较多，如天气状况、道路状况、交通流量、噪声等。晴朗且温度适宜的天气，会让驾驶员保持一个舒适的心态实现平稳驾驶。狂风暴雨的天气或者烈日炎炎的高温天气，都会增加行车困难，让驾驶员的心态失衡。有学者指出：挫折是引起攻击行为的来源。开车的过程中，驾驶员希望自身能够有一种控制感，能够掌控驾驶过程中的情况，一旦遇到挫折，控制感就会遭到威胁或者破坏，就容易产生攻击性驾驶行为。从社会心理学理论的角度出发，驾驶员长时间处于一个狭小且封闭的驾驶舱内，与道路的其他使用者都属于互不认识的匿名状态，从而导致驾驶员去个性化，做出一些在正常情况下不会产生的反社会行为。此外，出于自我保护与控制欲，在驾驶过程中，驾驶员都趋向于保护自身，由于人类潜意识里的领域观念，会在短时间内将驾驶区域看作是个人专属的领域，为了保护自身的领域不受侵犯也会表现出更多的攻击性行为。其次，年龄、性别和个性差异也是其影响因素。研究表明，男性比女性更具攻击性，相应地产生了更多的攻击性驾驶行为。年龄、驾龄与攻击性驾驶行为呈现负相关。年轻驾驶员比年长的更容易产生攻击性行为，可能是由于年轻驾驶员好胜心比较强，有强烈的自尊心，不甘落于人后，且对自己的驾驶技术信心满满，相信自己能够处理很多突发状况。外倾性的人格特质、A 型行为的驾驶员、反社会人格或者患有躁郁症、精神病的个体会表现出更多的攻击性行为。

攻击性驾驶行为不利于安全驾驶，我们可以采取措施来预防这种行为的产生。在社会层面，政府要加强交通法律法规教育，强化交通安全意识。加强交通治理，完善公共交通系统网络，疏解交通拥堵，实施智能交通系统。推广驾驶适应测试，帮助驾驶员了解自身情况。在个体层面，驾驶员自身要学会调节自身情绪，学会换位思考，出门在外大家应该相互理解，和气生财。驾车之前保证自己得到了充分的休息，避免疲劳驾驶。提早出门给自己留有充足的时间，减少因为赶点而产生的焦虑、愤怒等负面情绪。

攻击性交通行为

aggressive traffic behavior

攻击性交通行为是指驾驶员在交通活动中，其交通行为具有明显的挑衅，攻击性，当与周围车辆运动冲突时常常主动制造矛盾并希望成为冲突的胜利者。详见攻击性驾驶。

共享出行

shared mobility

共享出行是交通出行领域的一个概念，也是近年的网络流行词，是一种在整个社会范围内共享交通工具使用权的一种出行方式，即人们无须拥有车辆所有权，支付相应的押金和使用费后，按照自己的出行要求，以共享或合乘方式使用车辆。共享出行是互联网时代发展起来的新兴交通出行方式，其主要形式包括：共享单车、共享电单车、共享巴士和共享汽车。其中，共享单车发展迅猛。在2016年年底，共享单车行业出现爆发式增长，成立了70余家共享单车企业，融资总额超过100亿美元。在中国各大城市掀起了一股共享出行的热潮，各大公司向城市投放了大量共享单车，在方便市民出行的同时，也出现了单车占领人行道、乱停乱放，挤占城市空间等现象，引起了较大的争议。2018年，共享单车企业的市场占有发生了较大的变化，ofo、小鸣单车等一批单车企业由于种种问题，开始逐步退出市场。目前的共享单车行业以哈啰单车、美团单车、青桔单车为主。共享出行非常便利，从下载App，注册登录，身份验证，押金缴纳，出行计费，到缴纳费用并归还交通工具，全程在手机上操作即可。此外，共享出行有利于资源的分配和利用，将社会闲置运输力量调动起来。但共享出行也存在一定的不足，如用户信用体系建立不全、交通工具的安全性有待考量、运营商的服务质量参差不齐、不文明停放车辆、恶意破坏共享出行工具等，未来应重点针对这几方面的问题，逐渐规范市场。

共享电单车

sharing motorcycle

共享电单车是需要充电的一种共享单车，也称为共享电动自行车（见图14），与共享单车相似，在注册并缴纳押金后使用，用户通过特定的App扫描二维码，即可解锁，采用“里程+时间”进行收费。与共享单车不同的是，共享电单车的出行范围更广，但因其需要充电，必须停放于指定地点，因此会带来一定的不便。

由于共享电单车目前处于探索期，现有市场不规范，电单车质量良莠不齐，许多车辆不符合《电动自行车通用技术条件》标准要求，容易发生交通事故，具有火灾安全隐患，车辆运行安全风险高，电池容易老化，污染问题严重。因此，2017 年 8 月 2 日，交通运输部等 10 部门联合出台了《关于鼓励和规范互联网租赁自行车发展的指导意见》意见稿，其中明确指出：不鼓励发展互联网租赁电动自行车。虽然政府不鼓励，但是也没明令禁止，电动自行车符合市场需求，未来应该弥补这些缺漏，规范市场。

近年来，出现了一个新事物——共享助力车，这是符合新国标要求的电动自行车，交通运输部回应称，助力车作为“人力+电助力”混合驱动的自行车，不同于一般的电动自行车，对于环保具有积极作用，特别适合于 3 ~ 5 km 的出行距离。最先推出的助力车的品牌是哈啰助力车。传统电动车通过拧把手启动，而助力车电池仅作为车辆的辅助动力，特点为“不踩不走，不踩即停，越骑越轻松”。2018 年 7 月，摩拜也发布了助力车，摩拜助力车通过“踩三圈”启动，这三圈可以提供此后 100 m 的助力，骑起来更省力。因此，共享助力车作为一个新的共享出行工具，具有一定的应用前景。

图 14　共享电单车

共享汽车

sharing cars

共享汽车是一种以互联网、大数据等技术为基础，在使用时间、空间、汽车使用权等方面进行共享的出行方式。广义的汽车共享可包括汽车租赁、分时租赁、顺风车与拼车、专车等类别。随着交通、环境、能源问题与出行需求矛盾的日益尖锐，汽车共享出行能够有效提高乘客出行效率，满足乘客个性化需求，并且合理分配了汽车资源，能够有效地缓解城市交通状况的恶化，实现城市的可持续发展。汽车共享最先兴起于德国和瑞士，因其绿色、环保的特点，现已成为全球发展的趋势。据 2014 年的报告显示，亚洲的共享汽车服务会员有近 200 万人，而中国共享汽车的发展速度将高于全球水平。从政策方面来看，2015 年 9 月，国务院举行常务会议针对汽车行业推出系列改革举措，包括：鼓励新能源汽车、小排量汽车发展，支持创新分时租赁、车辆共享等运营模式，促进国内汽车共享行业的发展。但总体而言，共享汽车目前仍处于探索期，面临市场规模小、系统发育不完善、前期投入大但盈利难等问题。近年来，共享汽车的网约车形式发展迅猛，一时间滴滴出行成为全民潮流，但是 2018 年，两起“顺风车事件”让其安全性成为全社会关注的焦点，各大网约车平台纷纷整改，完善信用体系，保障用户安全，这也是未来需要重点关注的问题。

固定障碍物

static obstacles

固定障碍物也被称为“静态障碍物”，是指在驾驶过程中会对驾驶行为产生阻碍的不会发生移动的物体，也被称为“静态障碍物”。

光流

optical flow

光流是指图像灰度模式的运动。光流的计算方法主要有三种：① 基于微分的方法；② 基于相位的方法；③ 基于特征点的方法。

过失交通不安全行为

traffic unsafe behavior of fault

过失交通不安全行为是指驾驶员明确知道相关的法律法规，但是由于疏忽大意而导致自己的驾驶行为违反了交通法规。例如，驾驶员没有注意到路边的限速标识而导致的超速。

H

黑框效应

dark frame effect

黑框效应与黑洞效应比较相似，是指车辆行驶在一些短隧道时，驾驶员的视线能够看到出口以及洞口外的景物，由于隧道内的亮度低于出口外的亮度，在阴影处形成的黑框范围内会降低驾驶员的视觉感应能力，增加发觉或辨认障碍物的难度，从而导致交通事故的发生，这种暂时性的视觉障碍称为黑框效应。

公路隧道能够有效地使道路连接起来，提高道路的运输能力，但由于隧道是一个相对封闭的空间，其照明条件关系到车辆的安全驾驶问题，通常隧道的照明情况与外界自然光的照明情况是存在差距的，驾驶员在明暗变换的灯光条件下驾驶，会产生适应不良的现象，增加驾驶的不安全因素。在短隧道中就会因为这种相对的照明条件产生黑框效应。为了有效地应对黑框效应所带来的潜在风险，首先，需要妥善处理洞口的照明条件。通过把握人的视觉变化规律，对洞口的灯光进行处理，使灯光能够适应视觉的变化。其次，隧道内的照度也是一个重要的影响因素。通常，照度越大，行车视距越远，驾驶员对外界变化的可控性越高，但还需要考虑路面、墙面的亮度及亮度分布；照明灯具要线型分布，可以诱导行车而且均衡亮度；照度设计要帮助驾驶员更容易看到隧道的曲线及坡度线型。隧道照明的关键在于如何处理隧道口的光线变化。要根据隧道内的规定车速和内外的照度差来设计灯光照度的过渡段，白天洞外光线强，照度需要从洞口逐渐降低过渡到与洞内相同的照度；夜晚洞外光线弱，照度需要从洞内逐步降低到与洞外相同。从而适应人的视觉变化规律，降低黑框效应所带来的行车安全隐患。

后果调查

consequence investigation

后果调查是指对引起交通事故的原因及其后果进行的调查，包括事故中人员的死伤情况、车辆和物资的损伤情况、道路损毁情况以及直接的经济损失等。后果调查可以作为判定交通事故责任人的依据。通过汽车行驶记录仪、事故现场勘查等方法收集资料和证据，复现交通事故，理清事故的成因和脉络，可以为今后降低交通事故的发生采取应对措施。

后视野

rear vision

后视野是指驾驶员通过后视镜或其他间接视野装置可以观察到的三维空间范围，是汽车视野的重要组成部分之一。后视镜镜面大小、形状、安装位置、角度、驾驶区布置和 A 立柱布置情况等都是影响后视野的因素。驾驶员在驾驶过程中，必须依靠后视野来探查周围的交通情况，从而决定是否进行倒车、转向、超车等操作。汽车视野的性能对于驾驶安全性、驾驶舒适性以及操作控制性有重要的影响。汽车后视野直接关系到汽车的安全性，是衡量汽车产品的一项重要的安全指标。后视野主要是由后视镜的安装位置、后视镜的大小、驾驶区域的布置和 A 立柱的分布情况共同决定。后视野又可以分为驾驶员侧后视野和非驾驶员侧后视野。每个驾驶员通过外侧后视镜所看到的距离是有所不同的。计算后视野需要考虑的因素包括：驾驶员的眼点位置、后视镜的各项参数（如后视镜的尺寸大小）、整车整备质量状态时地平面在整车坐标系中的位置。我国目前采用《汽车后视镜的性能和安装要求》（GB 15084—2013），其规定了轿车的内、外后视镜的视野范围。而对于大客车来说，驾驶员借助外后视镜必须能看到水平路面上宽度至少为 2.5 m 的路面区域，该区域的右边与汽车纵向基准面平行，且与汽车最外侧点相切，并从驾驶员眼点后方 10 m 处延伸至地面。

后续效果

halo effect

后续效果又称“哈洛效果”。交警在重要路段执法时会产生效果，当他不在岗位后一定时日内，人们以为仍有交警在监视而不敢违章的现象就是后续效果，由哈洛（Harlow）发现。

护栏

guard fence

护栏就是防止车辆驶出车道或路肩而在沿线设置的安全防护栅栏。

护栏按防护对象分为：

（1）设于危险路段路基边缘的路旁护栏。

（2）防止车辆驶入对向行车道，沿中央分隔带设置的分隔带护栏。

（3）隔离行人与车辆的行人护栏。

护栏按结构类型分为：

（1）刚性护栏，有钢管、波形钢梁、箱型钢梁护栏和水泥混凝土、浆砌片石墙式护栏等。

（2）柔性护栏，常用钢索护栏（也称弹性护栏）。

护栏需具有诱导驾驶员视线，减轻碰撞护栏的车辆及其乘客、货物的损害程度，以及限制行人横穿等功能。

环境条件调查

investigation of environment and condition

环境条件调查是指交通事故现场调查。交通事故环境条件调查的主要内容有：事故发生地点的道路宽度、路面状况、道路条件、交通管理设施和路面障碍等。环境条件调查可以为交通事故的责任判定提供依据。通过环境条件调查，及时发现问题，并提出解决措施，如道路宽度需要拓宽、路面障碍需及时清除、路面坑洼不平需要修补等。此外，交通管理设施也需要不断完善，通过这些措施减少由于交通环境条件而引发的交通事故。环境条件调查可以帮助确定事故多发地段。虽然交通事故的发生具有巨大的偶然性，但也有一定的规律可循。掌握了事故多发地段的规律，可以提前做好预防工作。如设置危险指示牌，让驾驶员能够意识到危险的存在，提醒驾驶员需要减速运行，集中注意力驾驶。环境条件调查可以为道路交通安全提供启示，及时处理各种潜在风险因素，促进道路交通安全。

缓和曲线

transition curve

缓和曲线是指设置在公路的直线与圆曲线之间，或半径相差较大的两个同向曲线之间的一种曲率连续变化的平曲线。它是介于直线轨道和曲线轨道之间的曲率渐变的连接曲线。设置缓和曲线的目的是使车辆进出曲线时产生的惯性离心力不致突然出现或消失，而是在缓和曲线范围内逐渐增加，并为圆曲线上设置外轨超高和轨距加宽创造条件。

缓和曲线至少应满足坐标、偏角、曲率和超高等几何形位的要求。即在缓和曲线始点，偏角和超高应为零，曲率为在缓和曲线终点应达到圆曲线所要求的值，在缓和曲线上应连续变化。满足上述条件的缓和曲线为常用的三次抛物线缓和曲线。

其优点是铺设简单，养护维修方便。缺点是连接缓和曲线始、终点间的超高，是以直线型的顺坡方式连续变化的，在始终点形成了折角，车辆通过时会产生振动冲击。为此可用曲线形顺坡方式来代替。满足曲线形顺坡方式的缓和曲线有 S 形、五次抛物线、七次抛物线、半波正弦等。一般来说，三次抛物线缓和曲线用于速度比较低的线路，曲线形顺坡方式的缓和曲线用于速度比较高的线路，其中 S 形和半波正弦形缓和曲线用得比较多。通过改善其三次抛物线始、终点运行条件，如适当增加缓和曲线长度或在其始终点加圆形竖曲线以消除始、终点折角，也可将其用于速度高的线路上。

缓和曲线的数学形式有回旋线、抛物线、双纽线等。其作用为：

（1）与汽车转弯的行驶轨迹相符，便于驾驶操纵。

（2）汽车行驶其上时，所产生的离心加速度逐渐变化，使旅客感觉舒适。

（3）与圆曲线配合适当，增加线形美观。

缓和曲线必须有足够的长度，需考虑以下因素：为保证行车安全，超高递增率不宜过大；为保证旅客乘坐舒适，超高时变率和未被平衡的离心加速度变化率不宜过大。

回避风险模型

risk-averse model

回避风险模型是驾驶行为模型中应用较广的一种。回避风险模型由富勒（Fuller）在 1985 年提出，他认为驾驶员总是试图回避驾驶风险，驾驶员行为受回避风险动机引导。驾驶员试图通过调节自己分配在驾驶任务上的能力资源来保持一定的驾驶任务难度，从而回避驾驶风险。具体来说，面对驾驶任务，驾驶员若判断任务难度低于自己的驾驶技能，则会调整行为来降低自己分配给该驾驶任务的能力，如分配一部分注意力到听广播等非驾驶任务中；当任务难度高于驾驶员驾驶技能时，驾驶员也会调整行为使得驾驶任务获得的能力资源与任务难度相匹配，从而回避风险。当驾驶任务难度突然增加时，驾驶员往往难以成功协调驾驶任务与驾驶能力资源的关系，从而引发交通事故。2005 年，富勒（Fuller）又在该理论基础上提出了工作负荷模型，进一步分析了驾驶员在驾驶能力分配、驾驶任务和驾驶决策与行为等之间的关系。回避风险模型主要有 3 方面的应用：① 驾驶员培训和评估；② 驾驶安全设施设计和评估；③ 高级驾驶辅助系统设计和评估。

会车视距

meeting sight distance

会车视距是指当两车辆相对行驶在同一车道上需要错车或避让时，驾驶员从互相发现对方开始刹车到车辆完全停止时两辆车所需的最短距离。会车视距是相向行驶双方车辆的制动距离、安全距离和驾驶员的反应距离之和。根据 2017 年的《公路路线设计规范》，二、三、四级公路要求满足会车视距要求，受地形或其他特殊情况限制而采取分道行驶的地段，可采用停车视距。

J

机会模型

opportunity model

机会模型最初是在 1940 年由史托福（Stopford）提出的，主要是对居民住宅的分配进行预测。1950 年施奈德（Schneider）在原基础上提出了介入机会模型，该模型有以下假设：① 人们总是希望自己的出行时间更短；② 人们在选择目的小区时，会根据合理的标准进行优先排序；③ 人们在选择某小区作为目的地的概率与小区活动规模成正比。也就是说距离和出行费用与两小区间的出行阻抗并不是直接相关的，同时还依赖于两小区间介入目的地的机会数。机会模型克服了重力模型和增长率模型的缺点，能更好地拟合交通分布规律，被广泛运用于交通分布预测中。大多数的交通分布模型都需要交通小区同时拥有客运生成量和吸引量两类数据，而在现实中吸引量是难以统计的。而介入机会模型在运用时只需要出发小区的出行生成量数据和终点小区的交通吸引力参数，规避了交通小区吸引力难以统计的问题。

急救电话

emergency telephone

急救电话是高速公路、长隧道上提供的，驾驶员在紧急情况下请求支援的专用电话。该电话为单独系统，有总机、专线、分机。总机人员听到报告后立即派有关人员解救，以维护公路及隧道的正常运行。分机设于沿线两侧，每隔 1 ~ 2 km 交错地设立，通常不设专人管理。我国高速公路、公路隧道及特大桥梁均设置紧急电话。根据“2005 年高速公路紧急电话使用情况问卷调查统计表”随机抽样统计结果，使用紧急电话的主要原因 67%以上是“交通事故报警”，其他原因有“车辆事故”和“问路”。紧急电话系统是高速公路紧急救援系统的重要组成部分，其主要作用是为高速公路使用者提供救助。

但该系统也存在很多不足，从使用者角度分析：紧急电话用途对外宣传不够；现有紧急电话系统安装位置固定、数量较少、使用不便；通话质量易受外界环境影响；人为损坏严重，故障率较高等。从运营者角度分析：首次安装代价巨大，每 100 km 至少需要投资 250 万元；维护量大，维护费用高，且不易更新换代；人为破坏盗窃严重，损失巨大等。

即使这个系统存在不足，但它却是在移动电话报警出现故障时的救命稻草。手机报警不可避免地会受到某些特殊条件的制约，如在信号盲区或信号较差的路段，手机无法拨通或通话质量很差；手机丢失、损坏、没电或找不到呼救电话号码；报警者无法定位事故地点等。紧急电话报警系统严格的受理制度及其专用职能（如自动定位报警者的公路桩号和方向等）是手机无法替代的。

对于高速紧急电话系统如何发展，交通部于 2005 年 10 月 27 日发布了“关于修订《公路工程技术标准》（JTG B01—2003）设置紧急报警设施规定的公告”，并同时下发了《关于进一步完善公路紧急报警设施设置的意见》。公告中将“公路两侧应设置紧急报警设施”修订为“公路两侧应合理设置紧急报警设施”，在文件中给予了具体的执行意见。随着信息传输与硬件设备的不断更新，以及行业发展创新的需求不断加大，高速公路紧急电话系统也会不断地在设备配置、布设方式、传输模式等方面发展创新。高速公路紧急电话系统经历了电缆型系统、无线型系统，发展到目前的光纤型系统和网络型系统。国内有学者在2018年提出光纤型高速公路紧急电话系统，光纤型系统可分为光无源型系统和自愈环型系统。

光纤型高速公路紧急电话系统在实际应用过程中的主要功能应满足：

（1）主、副机呼叫报警，紧急电话值班员应答后可立即建立双工通话；使用者按下主、副机按钮后自动向中心发出呼叫，同时向中心发送呼叫分机的桩号、上下行方向等信息；主、副机呼叫时，自动向使用者输出中文语音提示；分机收到主控制器发出的检测指令后，把检测结果上传主控制器；呼叫上端，双向通话；编号识别，数据的统计、记录、备份和删除等。

（2）通话时语音清晰、响亮、无回音啸叫。分机自检分定时自动全线自检、人工启动全线自检和人工随机抽检3种方式，中心主控机通过遥测自动报告系统运行状态，使系统管理人员能及时获知系统异常情况。

急救设施

hospital forgiving first aid treatment

急救设施是对交通事故受伤者现场救护的设施与专门急救医院。现场救护设施包括汽车与医疗器材药品，主要作用为预防负伤者窒息或进行人工呼吸、压迫止血，对骨折者绑扎夹板、防止变形等。急救医院有脑神经外科、骨科、胸腔外科。发达国家建成公路网，即按交通量等设急救医疗网，要求重伤员能在半小时内送达急救医院抢救，此外还制订了有关医院随时接纳负伤者义务的法令。建立高速公路交通事故伤员急救体系的工作要求已列入2000年公安部创建全国“平安大道“的工作标准之中。随着高速公路在全国范围内的飞速发展，高速公路公安交通管理工作的进一步规范。高速公路交通事故伤员急救体系将会在更大的范围内发挥重要作用。

集疏运

collecting and distributing

集疏运体系是连接多种运输方式的平台和纽带，是进行一体化运输组织的关键。集疏运系统包括集疏运设施、集疏运方式及集疏运管理，其中集疏设施通常指公路、铁路、港口、机场、仓库、堆场等；集疏运方式主要有水路运输、铁路运输、公路运输和航空运输；集疏运管理指对运输计划的制定、组织、协调等。一般大型或较大型港口的集疏运系统均应因地制宜地向多通路、多方向与多种运输方式方向发展。

驾驶安全性

ability to drive safely

驾驶安全性是指驾驶员在驾驶车辆时，保证行车安全，不发生驾驶错误导致交通事故的能力。驾驶安全性越高，驾驶员发生驾驶错误导致交通事故的可能性就小；反之驾驶安全性越低，驾驶员发生驾驶错误导致事故的可能性就大。

驾驶安全本质化

driving intrinsic safety

驾驶安全本质化是指通过一定手段，使得驾驶系统中原本可能影响驾驶安全的事物对驾驶安全不再构成威胁的过程。驾驶安全的本质化分为绝对安全本质化和相对安全本质化。驾驶绝对安全本质化主要强调交通系统中物及人、物关系因素（包括物质环境要素）及整体的安全本质，即通过对交通系统（除人以外的部分）的治理，彻底消除系统中存在的危险因素及其转化条件，实现对人来说的“绝对”安全化。驾驶相对安全本质化是指在一定的科学技术和社会经济条件下，综合运用科学技术，特别是安全科学技术，对交通系统进行科学可靠的系统化安全设计。驾驶相对安全本质化表现为：交通系统各要素和各部分之间达到最佳匹配和协调；交通系统具有可靠且稳定的安全品质特性、安全管理质量和完善的安全防护、救助功能；交通系统发生事故或灾害的风险率降低到最低限度或公认的安全指标以下；交通系统的安全状态始终处于动态的良性循环之中。我们通常所说的安全本质化即相对安全本质化，是符合当时的科学技术和社会经济条件下的安全本质化。

驾驶差错

driving error

驾驶差错是指驾驶员由于某些原因没能按计划完成驾驶动作与目的。严重的驾驶差错会导致交通事故。一般将驾驶差错分为感知差错、判断决策差错和动作差错。为方便识别与研究，也可以通过相关标准对驾驶差错进一步细分，例如，可按表现形式将驾驶差错分为知觉差错、判断差错、识别差错、操作差错、技术差错等。驾驶差错具有客观性、个体差异性、情境性的特点。客观性是指个体或多或少都会有一定的驾驶差错，只是程度和频率有所不同；个体差异性是指每个个体在相同驾驶情况下可能犯的驾驶差错有所不同；情境性是指同一个个体，在不同的驾驶情境所产生的驾驶差错也有所不同。驾驶差错可由自身、车辆、环境等多方面因素引起。为减少驾驶差错，除了提高驾驶员驾驶能力及驾驶环境功能性以外，也应使交通设施设备具有一定的容错度，允许驾驶员在一定程度上出现驾驶差错而不发生危险。

驾驶差错状态恢复度

driving error recovery capability

驾驶差错状态恢复度指驾驶员在驾驶行为形成主因子制约

下的驾驶差错的次数与被恢复差错次数的比率。用公式可以表示为 $Re = F / R$，其中 Re 代表驾驶差错状态恢复度，F 表示驾驶员在驾驶行为形成主因子制约下的驾驶差错的次数，R 则表示被恢复差错次数的比率。

驾驶差错状态纠正能力

driving error correcting capability

驾驶差错状态纠正能力指驾驶员在驾驶差错已发生但尚未造成交通事故时，及时纠正驾驶差错的能力。

驾驶差错状态识别能力

driving error recognition capability

驾驶差错状态识别能力指驾驶员及时发现驾驶差错的能力。驾驶差错包括已有驾驶差错和潜在驾驶差错。驾驶员及时发现驾驶差错才有机会及时纠正驾驶差错，从而避免交通事故。

驾驶次任务

drive secondary task

驾驶主任务是指在车辆驾驶过程中，观察监控道路状况、操作车辆行驶、躲避行驶障碍等。驾驶次任务则是指在驾驶过程中并非必要但又能影响驾驶的任务，如收听广播、听音乐、接打电话等。次任务会在不同程度上占用驾驶员的认知资源，分散驾驶员的注意力，从而影响行车安全。但个体的认知资源以及通道是有限的，目前汽车内部设施社保不断增加，使得驾驶次任务占用的认知资源也越来越多，对驾驶主任务的准确完全造成威胁，影响交通安全。驾驶次任务是当前的研究热点，对次任务驾驶行为的研究方法可以归结为以下 4 种：实际道路测试、简单实验室测试、交通事故数据统计法、仿真环境测试。

驾驶错觉

driving illusion

驾驶错觉是指在特定条件下对事物必然会产生的某种固有倾向的歪曲知觉。在行车过程中由于受到生理、心理、年龄、环境等因素的影响，驾驶员会产生的错觉主要有以下几种。

（1）距离错觉。由于各种车辆的类型不同，驾驶员有时会对会车的车长、会车距离和车间距离产生错觉。例如，前方车辆是大型车辆时，驾驶员会感觉车距更近，如果是小型车辆，会觉得车距更远。

（2）速度错觉。由于驾驶员通常靠观察景物相对于参照物的移动来估计车速，景物移动的数量和丰富度会影响驾驶员对速度的判断。例如，在城市道路行驶时人们往往会高估车速，而在比较开阔的道路上行驶时则会低估车速。

（3）坡度错觉。在长距离的坡道上行驶时，会产生像是在平地上行驶的错觉；在长陡坡路段下行时，在接近坡底时坡度会越来越小，此时可能会有在上坡的错觉，这时如果驾驶员加大油门，就会加大行车风险；相反的，在上坡途中坡度变缓，会产生在下坡的错觉，驾驶员可能会减小油门而导致溜坡。

（4）宽度错觉。在夜间行车时，道路两旁的树木反光会让驾驶员感觉是在比较狭窄的道路上行驶，而当两旁树木变矮或变少时，驾驶员会感觉道路变得开阔；在高速公路上行驶时，在超车的时候驾驶员可能会感觉道路比实际的更窄，特别是在两车并行时，驾驶员可能会感觉两车距离太近。

（5）颜色错觉。在市区的交通路段行驶时，周围丰富多彩的环境容易分散驾驶员的注意力，特别是在夜晚的时候，驾驶员可能会将红绿灯误以为是霓虹灯，或是把停驶车辆的尾灯误以为是行驶中车辆的尾灯。

（6）光线错觉。太阳光、物体反射光、远光灯的强光会对驾驶员的视觉产生影响，形成光线错觉。比如道路旁树木的阴影交错、积雪的反光，容易使驾驶员产生眩晕；进出隧道时的短时间不适应，都可能导致错觉产生。

但错觉并不只会增加行车风险，合理的运用错觉也可以改善交通质量。国内学者结合路域空间与色彩错觉设计了一种适用于隧道入口的空间视错觉减速景观，以此来提高行车安全性。我国近年引进的减速标线也是利用了视错觉原理，主动诱导驾驶员降低行驶速度，减少交通事故的发生。

驾驶动机模型

driving motivation model

驾驶动机模型是驾驶行为模型中的一种。它认为驾驶行为是一种主动控制行为，驾驶员会在一定范围内主动控制在驾驶过程中所遇到的风险，动机模型更强调驾驶员的自我调节能力和驾驶员在不同交通状况下的动态适应性。现有动机模型按照控制适应性的标准不同，可以分为采用定性标准（如风险水平或任务难度）的风险模型和采用定量标准的安全边界模型。风险模型又细分为风险平衡模型、零风险模型、回避风险模型等。驾驶安全边界概念是由吉布森（Gibson）在 1938 年首次提出，2001 年，尼尔森（Nilsson）基于安全边界参数（速度、时间、距离等安全阈值）建立了安全边界模型。安全边界理论是指驾驶员内心有一个安全边界，在这个安全边界内，驾驶员可以高效安全地驾驶，若超过该驾驶边界则会发生冲突危险。安全边界模型认为，安全边界是具体可测量的，驾驶员在驾驶过程中不断调整自己的行为从而试图将自己保持在安全边界内。风险平衡模型由王尔德（Wilde）在 1982 年提出，该模型认为驾驶员在驾驶过程中不断调整自己的驾驶行为，从而将驾驶风险始终保持在一个可以接受的水平。

驾驶感觉

driving sense

驾驶感觉是指个体驾驶车辆的过程中受到各种感觉刺激而产生感觉经验的过程。驾驶员在驾驶过程中会搜集各种各样的信息，并对这些信息进行加工。首先是对自己驾驶车辆的长度、宽度、高度等所形成的车体感觉，并且对车辆通过一些限高装置进行感觉判断。其次是对车辆速度的感觉，通过道路上的车辆和路边的景观进行自己车辆和其他车辆车速的感觉判断，并执行相应的驾驶决策，如换挡、减速、加速、超车等。驾驶员对道路的感觉判断也是非常重要的，如道路的通行状况是否良好、雨雪天路边的积水程度或者冰冻程度、路面的承受能力等，拥有良好道路感觉判断的驾驶员能够很好地识别道路的通行情况，准确地觉察一些意外情况，及时采取合理的驾驶决策，如减速行驶或者停车等。驾驶员的交通状况感觉意识也在发挥着重要作用。驾驶员通过搜集路边的车辆、行人、交通障碍等信息，做出相应的决策，如减速、变更车道、停车让行等，能通过这种感觉及时发现危险信号，如行驶到公交站台或是遭遇校车时，会预感到前方可能会有人突然穿出来，这个时候应当停车让行。驾驶座位对于驾驶感觉也是一个比较重要的要素。驾驶员在坐上驾驶舱的时候，首先要系好安全带，并调整自己的座位，使座位与自己的身体感觉相适应，从而带来一种舒适的驾驶体验。现实生活中我们可能会遇到“鬼影开车”，有的驾驶员由于没有调整好自己的座位，导致整个身体向下沉，其他车辆的驾驶员在经过的时候，仿佛看到的是“无人驾驶”的车辆。没有调整好座位是十分危险的，这对于驾驶员观察后视镜和搜集道路上的信息都会产生不利影响。良好的驾驶感觉同样也可以促进驾驶员趋向于采取一种安全谨慎的驾驶决策。

驾驶工作负荷

driving workload

驾驶工作负荷是指在驾驶过程中，驾驶员处理驾驶环境内容并执行驾驶任务的信息通道能力，主要是指驾驶员的脑力负荷。驾驶工作负荷同工作绩效的关系呈倒 U 形：中等驾驶工作负荷是最优的；驾驶员工作负荷过高时，容易精神紧张，出现失误；驾驶工作负荷过小时，容易引起注意衰减，丢失对行车有用的信息，出现失误。驾驶工作负荷评价技术包括 4 个类别 ：主任务测量、剩余能力的次任务测量、生理心理测量和主观评定技术。

驾驶观察

driving observation

驾驶观察是指驾驶员对驾驶环境按照一定目的和计划进行的有准备的观察。当驾驶员感知到的环境与实际不符时，容易产生驾驶错误。驾驶观察水平可以通过对驾驶员的驾驶观察技巧进行训练或者安装汽车驾驶辅助观察装置得到提升。驾驶观察时要集中注意力，认真并有计划地进行观察，切忌摇头晃脑、左顾右盼、毫无目的地胡乱观察；此外驾驶时要着重注意对驾驶盲区的观察，以及障碍物后行人的突然出现；提前规划好驾驶路线，也有利于驾驶观察。

驾驶行为

driving behavior

驾驶行为是指驾驶员在驾驶过程中进行感知、判断决策和动作执行的过程。这一过程是反复进行的，直到驾驶任务完成。驾驶行为既是一种人机交互行为，也是社会行为。驾驶员是道路交通系统的感知者、决策者、操控者、调节者，其驾驶行为与整个系统的状况密切相关。不安全驾驶行为是引发道路交通事故的主要原因，研究发现，约 60%～85%的交通事故是由不当驾驶行为引起的。其中有 6 种常见危险驾驶行为：酒后驾驶、超速行驶、疲劳驾驶、闯红灯、强行超车以及超员／超载。驾驶行为的主要研究方法包括：驾驶模拟实验，如环境感知实验、换道实验；问卷调查及量表；大数据方法。随着虚拟现实、物联网、车辆主动安全以及脑机接口等技术的不断发展与完善，使得驾驶行为的研究内容和研究手段不断推陈出新。

驾驶行为形成主因子

main constituent factors of driving behavior

驾驶行为形成主因子是指对驾驶行为的形成起关键作用、主导作用的影响因素。驾驶行为形成主因子可以分为感知行为形成主因子、判断决策行为形成主因子和动作执行形成主因子 3 类。不同驾驶情境和人群的驾驶行为形成主因子有所不同。

驾驶环境

driving environment

驾驶环境包括影响驾驶员操作的物理环境和社会环境，主要是指物理环境。其中物理环境包括车内驾驶环境、道路驾驶环境、车辆环境和气候环境；社会环境包括文化、社会规范等。车内驾驶环境又包括车辆内部的各种设施、设备、卫生、空气质量及乘客等。道路驾驶环境则包括道路条件、道路景观、路边及路外设施、路边停车、标志标牌标线、植被、行人等各方面。气候环境包括天气状况、温度、湿度、风力、空气质量等。车辆环境包括车型、车辆状态等。社会环境包括文化、经济发展状况、法律法规、公民素质等。为保证道路交通安全，政府及企业在设计道路、车辆、设备时应当考虑到驾驶环境对驾驶员的影响，而驾驶员自身也要主动学习各种驾驶环境中的注意事项和驾驶技巧。驾驶环境是道路交通系统中的重要环节，不同驾驶环境对个体的生理心理有不同的影响，并且具体情境中的驾驶环境往往是复杂且不断变化的，因此驾驶环境极大影响着交通安全。在中国，驾驶员们普遍认为机动车、非机动车（行人）混流是最不安全的驾驶环境。此外，随着车内智能设备的不断增加，车内环境对驾驶行为的干扰也越来越复杂多变，引起了社会各界的关注。

驾驶技能

driving skill

驾驶技能是指驾驶员经过练习而形成的自动化的驾驶动作。陈述性知识是指具有有意识的提取线索，而能直接加以回忆和陈述的知识，主要是用来说明事物的性质、特征和状态，用于区别和辨别事物；驾驶技能是一种程序性知识，是指不具有有意识的提取线索，只能借助某种作业形式间接推论其存在的知识，是一套办事的操作步骤，是关于“怎么办”的知识。驾驶技能不能直接通过媒体、讲座、语言传授等形式习得，必须通过练习和实践才能获得。而驾驶技能一旦习得后便不容易遗忘，其激活也是迅速而自动化的。驾驶技能有四大特征：① 系统性，驾驶员在驾驶过程中，需要不断地感知和分析外部信息，并做出判断和反应，因此其操作反应动作是系统化的；② 协调性，即驾驶操作中驾驶员手脚的协调性；③ 敏捷性，驾驶员只有具有敏捷性，才能在复杂多变的交通环境中保证自身与他人的安全；④ 准确性，即面对不同的交通场景，驾驶员都能够做出正确的驾驶操作。目前，我国对驾驶员的驾驶技能评价途径主要包括驾驶证申领资格考核，道路交通安全违法管理和营运机动车驾驶员管理。我国驾驶证共分为 16 个等级，每个级别所要求的习得的驾驶技能有所差异。

驾驶决策

driving decision

驾驶决策是指驾驶员对不同交通场景进行判断、预测、选择，并产生驾驶行为的过程。优秀的驾驶员能够持续而准确地感知、分析驾驶环境，并善于预测交通变化从而在一瞬间做出准确的决策和操作。驾驶决策的研究起源于人因工程学，并随着认知心理学的发展而逐渐受到关注。人因工程学主要通过建立模型，采用仿真、模拟等方式来研究驾驶决策在驾驶行为中的作用。1974 年，交通心理学领域中第一次出现“驾驶决策”一词，而心理学相对其他学科来说更注重驾驶决策中驾驶员的心理特征与活动。实际上，驾驶决策除了受到驾驶环境的影响外，必然会受到个体年龄、性别、风险感知、情绪以及决策风格的影响，并且可以通过驾驶决策支持系统以及针对性训练得到改善。目前驾驶决策的主要研究方法为问卷法、测验法与实验法，驾驶模拟器是常见的技术设备。

驾驶可靠度

degree of driving reliability

驾驶可靠度是指在驾驶行为形成主因子制约下，安全无误完成驾驶行为次数与实际完成驾驶行为次数的比率。用于评价驾驶可靠性。

用公式可以表示为 $D = R / H$，其中 D 为驾驶可靠度，R 为驾驶员安全无误完成驾驶行为次数，H 是指驾驶员实际完成驾驶行为次数。驾驶员的驾驶可靠度值越大，其驾驶可靠性就越高；驾驶员的驾驶可靠度值越小，其驾驶可靠性就越低。

驾驶可靠性

driving reliability

驾驶可靠性是指驾驶员在驾驶车辆时，保证行车安全且不发生人为驾驶差错的能力。驾驶员可靠性高，则表明其发生人为差错导致事故的可能性较小；反之驾驶员可靠性低，其发生人为差错导致事故的可能性就大。最早的可靠性概念来源于美国航空领域，国内学者 1994 年首次提出了驾驶可靠性的概念，后来又有学者相继对驾驶可靠性做出了不同阐释。驾驶可靠性与个体自身、车辆、环境等多方面因素有关，而其指标可以分为与人相关的指标（如反应时间）和与车相关的指标（如车行驶速度）。目前，对驾驶可靠性的研究主要通过驾驶模拟器和眼动仪，包括建立一定情境下的驾驶员可靠性模型，希望借此对驾驶员的驾驶行为做出预测。但由于实际生活中驾驶情境是十分复杂且动态变化的，驾驶员可靠性模型对驾驶行为的预测往往较为局限。

驾驶盲区

drive blind area

驾驶盲区是指在行车过程中，驾驶员视线受到限制的区域。驾驶盲区极易造成驾驶员的判断及操作失误，并由此导致道路交通事故的发生，若驾驶盲区内有人和物的存在则更加危险。汽车驾驶盲区包括车内驾驶盲区和车外驾驶盲区。车外驾驶盲区是指当车辆在道路上行驶时，由于公路线形与设施、路旁的绿化与建筑物、路旁的车辆等阻挡了驾驶员视线，而造成的驾驶盲区。车内驾驶盲区是驾驶员驾驶的车辆本身的设施设备和结构等阻挡了驾驶员的视线而造成的驾驶盲区。车内驾驶盲区又可分为前盲区、后盲区、车底盲区、外后视镜盲区、车柱盲区、涂色膜盲区等。

（1）前盲区是指驾驶员因车辆车头而看不到车辆前方的区域。前盲区的距离约为 100 cm。造成汽车前盲区的因素有：车身高度、座椅高度、车头长度、驾驶员的身材等。对前盲区估计不足容易追尾。

（2）后盲区是指驾驶员被车辆本身遮挡而无法看到的车后区域。从后车门开始向外侧展开有大约 30°的区域在后视镜的视界以外。后盲区的距离约为 350 cm。对后盲区的处理出现差错比前盲区处理错误危险性更大，尤其在倒车过程中。近年来，忽视驾驶盲区而造成的致残、致死事故屡见不鲜。

（3）车底盲区是车内视线根本无法看到的区域，同时各种各样的雷达都无法探测到。因此，当启动车辆时应先观察车底是否有动物或其他物体存在。

（4）外后视镜也存在一定的驾驶盲区，在驾驶车辆时不能仅凭左右后外视镜来判断车后状况。

（5）A 柱盲区即为前挡风玻璃和前车门之间的支柱造成的驾驶盲区。在停车或者启动时，A 柱盲区最大；汽车行驶速度越快，A 柱盲区相对越小。

（6）B 柱盲区即为前车门和后车门之间的支柱造成的盲区，主要在车辆的右侧。车辆转弯时，需要尤其注意 B 柱盲区。

（7）涂色膜盲区，即玻璃上的涂色膜造成的盲区。涂色膜会影响车辆两侧的视觉清晰度，并造成一定程度的视觉盲区。

驾驶盲区是客观存在无法消除的，为保障驾驶安全，需要做到熟知驾驶盲区，合理分配注意力，规范驾驶操作；此外，加装驾驶辅助设备，可以在一定程度上减少驾驶盲区（如现在已经较为普及的倒车雷达）；最后在驾驶过程中，驾驶员应该时刻保持谨慎的驾驶态度，认真观察驾驶环境。

驾驶模拟器

driving simulator

驾驶模拟器是指利用一定技术产生虚拟驾驶视景、驾驶音效和运动仿真的设备，包括视景系统、声光系统、运动模拟系统、数据采集传输系统和车辆实时监控系统等部分。目前，驾驶模拟器多使用虚拟现实技术。技术模拟器可以较为逼真地模拟汽车运行状况和交通环境状况，获得接近实车的驾驶感受和操作。驾驶模拟器按用途可分为研究型、开发型、训练型三种，主要应用于车辆技术的研究与开发、汽车性能评价、驾驶心理行为的研究、交通设施优化、驾驶技能培训教育等方面。国内目前应用较多的领域是汽车及列车的智能技术的研究与开发，如研究无人驾驶和高级驾驶辅助系统等。20 世纪 70 年代初，德国大众汽车公司开发出世界上第一套驾驶模拟器，包含了俯仰、横摆、侧倾 3 个自由度，由 1 个单屏幕提供驾驶场景。随着科技进步，驾驶模拟器的自由度不断增加，目前最高可达 13 维，其中 6 自由度模拟器应用最广泛。国外目前较为知名的驾驶模拟器有：高速公路管理局联合爱荷华（Iowa）大学联合研究的 NADS，国联邦公路总局开发的 PC 驾驶模拟器，日本丰田研究的 Toyota Driving Simulator，丰田研究院、英特尔实验室和巴塞罗那计算机视觉中心联合发布的驾驶模拟器 CARLA。

驾驶模拟实验

driving imitation experiment

驾驶模拟实验是指使用驾驶模拟器，产生一种类似于真实驾驶的情境，来进行实验研究的方法。驾驶模拟实验可分为两类：

（1）全部任务模拟实验。使用全部任务模拟器进行研究，对驾驶场景进行道路环境、车速、振动感和噪声等进行全方位模拟。典型的是让被试坐在固定的汽车驾驶室里，车内用电视或电影放映机显示视觉景象。

（2）部分任务模拟实验。使用部分任务模拟器，只对实际驾驶场景的一部分进行模拟，通常只包括车辆模型。被试坐在驾驶室里，通过转向和脚运动，对各种显示（如幻灯片）做出反应。

驾驶能力

driving capacity

驾驶能力是指顺利从事驾驶活动所必须具备的心理特征。驾驶能力包括感知能力、决策能力、操作能力。良好的驾驶能力具体表现为：① 灵敏而准确的感知能力；② 良好的注意力；③ 较好的记忆能力；④ 敏捷有效的思维和预见能力；⑤ 迅速、准确的动作反应能力；⑥ 敏锐周密的观察能力；⑦ 较强的适应交通环境能力；⑧ 良好的情绪自控能力。驾驶能力具有个体差异性，如老年人的感知、操作能力相对来说要低于青年人，而女性驾驶员则普遍在驾驶空间感知能力方面弱于男性驾驶员。此外，某一个体所表现出来的驾驶能力也并非一成不变的，而是受到主、客观多方面因素的影响。例如，某一个体所展现的对交通状况的处理能力（绩效）与其面对的环境压力便呈现倒U 形关系。驾驶适应性检测可以在一定程度上检测驾驶员的驾驶能力，我国的《机动车驾驶员身体条件及其测评要求》中的驾驶适应性检测指标包括速度估计、复杂反应判断、操纵技能、夜视力、动视力及深视力六项。速度估计能力是指驾驶员在行车过程中对汽车、行人、障碍物的相对速度及空间位置的判断能力；复杂反应判断能力是指驾驶员在复杂而变化的环境刺激下操纵汽车方向和紧急制动的能力；操纵技能测定驾驶员的注意能力；夜视力是指驾驶员在驾驶环境中光线明暗变化时的明适应、暗适应能力，动视力指运动状态下静视力的衰减程度；

深视力测定驾驶员判断行车路面状况。

驾驶判断

driving judgment

驾驶判断是指驾驶员在驾驶过程中对感知到的各种信息进行分析和估计的过程，受驾驶员自身和驾驶环境共同影响。驾驶判断通常有三种结果：

（1）判断正确，即驾驶员做判断准确而及时。经验丰富、熟悉路况、注意力高度集中的驾驶员，往往能在复杂多变的道路环境中做出及时准确的判断。

（2）判断失时，即对驾驶员对刺激反应迟缓。

（3）判断失误，即驾驶员所做的判断与事实不符。

只有驾驶判断正确时才能保证行车的安全。

驾驶疲劳的测定与解除

measurement and method of relieving of driving fatigue

驾驶疲劳是指驾驶员觉得困倦、疲乏和精力不足的一种生理心理失调状态，常常伴随着感知能力的弱化和驾驶行为能力的下降。驾驶员疲劳的测量可以分为生理测量、主观测量、和驾驶绩效测量 3 种方法。其中，生理测量方式主要研究脑电波、心率和眨眼的变化。主观测量通常要求驾驶员自己按照一定的标准评估自己的疲劳状态。驾驶绩效测量主要评估驾驶员对周围目标的觉察度和对刺激的反应速度。随着技术发展，近几年还使用人脸识别系统来测定和预警疲劳驾驶。驾驶疲劳一般通过驾驶员个人主动调整和车内疲劳预警系统来预防和解除，良好的道路环境设计和法律、法规要求也可以起到一定作用。

驾驶疲劳检测指标

the detection of driving fatigue

驾驶疲劳检测指标包括：

1. 生理指标

（1）眼动信号，可判断疲劳程度和睡眠阶段。

（2）面部表情信号，利用计算机视觉、图像处理技术、模式识别技术以及机器学习等来估计疲劳程度。

（3）脑电信号，被誉为检测人体疲劳程度的“金标准”。

（4）生化指标和心率，根据体温和血液中相关激素浓度等参数的变化，也可以估计人的疲劳程度。

2. 自我评估

驾驶员有能力在驾驶过程中正确评估自己表现绩效的受损程度，因此可以很好地意识到自己的疲劳水平。

长期以来，因驾驶疲劳导致的事故占全国交通事故相当大的比例。在道路交通安全管理工作中，驾驶疲劳一直是一个难点，原因是驾驶疲劳具有隐蔽性，并不像酒后驾驶那样很容易被检测出来，所以，找到合适、精准的检测方法和指标对驾驶疲劳的检测有举足轻重的作用。探讨驾驶疲劳的检测指标、驾驶疲劳在生理和心理上的变化规律和特点、为今后探索驾驶疲劳测评方法的研究方向，也为我国研发实时的、车载的、快捷的无创的驾驶疲劳检测装置提供理论依据。

现有 DMS 疲劳驾驶预警系统（驾驶行为分析系统），是在车辆行驶过程中，通过内外双摄分别监控驾驶员和前方道路，全天候监测驾驶员的疲劳状态、驾驶行为等。当发现驾驶员出现疲劳、打哈欠、眯眼睛及其他不正常驾驶状态时，预警系统将会对此类行为进行及时的分析，并进行语音灯光提示，达到警示驾驶员、纠正错误驾驶行为的目的。同时，报警事件会通过移动网络实时上传至云端，实现车队对车辆和驾驶员的远程监管，提升车队驾驶安全。

驾驶期待

driving expectation

驾驶期待指驾驶员对将出现的驾驶刺激的反应倾向，这是在长期对同一种情况做出相同反应的基础上建立起来的。例如，在山区公路上行驶、临近自己期望的转弯口时，驾驶员会减速、鸣喇叭并偏中行驶。符合普遍驾驶期待的设计不仅使用方便而且可以减少交通事故的发生。例如，在接近高速路出口的路旁，每隔一段距离都树立醒目的出口方向及距离指示牌，这样驾驶员就可以准确判断自己与出口的距离，从容安全地驶出高速公路。

驾驶倾向性

driving tendency

驾驶倾向性是反映汽车行驶过程中操控者情感偏好等特征的动态测度，能反映驾驶员对目前交通状况的态度、体验以及表现出的与之相适应的决策或行为价值的偏好性。驾驶倾向性是促使驾驶员进行驾驶活动的动力系统，不同驾驶倾向的驾驶员在心理期望、生理信号、生理反应、行车状态、驾驶操作上有不同的表现。驾驶员的特性、车辆特性、天气和道路等因素都会对驾驶倾向性产生不同程度的影响。在驾驶过程中，由于驾驶情境会不断变化，因此驾驶倾向性也是动态变化的。驾驶情境的复杂性决定了驾驶倾向研究较为困难。驾驶倾向性可分为保守型、普通保守型、普通型、普通激进型、激进型五类。早期对驾驶倾向性的研究多用心理测量方式研究静态单一情境下的驾驶倾向性。随着大数据与智能算法的发展，近年来一些学者开始通过提取驾驶倾向特征建立模型，研究动态的驾驶倾向性。

驾驶员分心

distracted driving

驾驶员分心是指驾驶时注意力指向与正常驾驶不相关的活动，从而导致驾驶操作能力下降的一种现象。由于驾驶员分心导致的追尾碰撞事故时有发生。例如，在 G80 广昆高速公路上曾发生过一起因分心驾驶导致的追尾交通事故。案发时，一辆大货车在行车道正常行驶，后有一辆小货车驾驶员因转头和朋友聊天，发生意外，与前面的大货车发生了追尾。因车辆在高速公路行驶速度极快，冲击力强，导致车头右边严重受损，车上一名人员受伤。经最终认定，这起两货车追尾事故，小货车驾驶员负全责。在行车过程中不能分心，特别是夜间在高速公路行驶，一定要注意安全，文明谨慎驾驶。

驾驶员性能测量

driver performance measurement

驾驶员性能测量是对驾驶员驾驶任务中的事件、反应或步骤以及最后输出结果的测量。从安全角度出发的驾驶员性能测量是基于事故的发生率进行测量的，如不同类型的事故发生次数（撞到路边、前部、后部或侧面碰撞等）。

驾驶认知行为

driving cognitive behavior

驾驶认知行为是指驾驶员在驾驶过程中对周围环境进行感知、对车辆进行控制，以及执行预期任务过程的总称。在心理学中，个体的认知是指个体的感觉、知觉、记忆以及思维等内在心理变化，而行为主要是指个体的外在表现。从交通工效学的角度来说，驾驶认知行为主要包括感知、意图决策和控制。感知主要是指驾驶员的视觉感知、听觉感知和触觉感知。意图决策是指驾驶员的信息判断、加工和处理。例如，根据红绿灯的变化，决策是否继续行进，或是在面对突然发生的危机情况时，迅速准确避免危机等。控制是指驾驶操作，即驾驶员的外在行为表现。感知和控制是比较低阶的认知行为，而决策是比较高阶的认知行为。目前，大多数的驾驶认知行为模型都是基于 ACT-R 体系模型、ACT-Simple 框架、集成认知模型工具 CogTool 以及 Distract-R 这四种模型而构建的。其中，运用更为广泛、效果更佳的是 ACT-R 模型。ACT-R 是一种比较典型的认知体系理论架构，其研究基于神经生物学，研究目的在于最终揭示人类组织知识、产生智能行为的思维运动规律。

驾驶任务

driving task

驾驶任务是指一系列在驾驶过程中交互操作的任务。1985 年，有外国学者把驾驶任务分为以下三类：① 控制车辆正常行驶的一系列操作；② 监测周围环境与车辆的一系列操作；③ 驾驶员面对一些突发情况的决策过程。但是随着汽车等交通工具的普及与发展，交通工具所附带的功能也越来越多，驾驶员在驾驶时会执行和操作的任务也越来越多，所以，目前主要把驾驶任务分为主要任务和次要任务。驾驶员在驾驶过程中通常会执行各种任务，这些任务包括直接涉及驾驶的任务（主要任务）和不涉及驾驶的任务（次要任务）。通常，主要任务是指驾驶汽车并注意潜在的道路危险。次要任务是指那些会将驾驶员的个人注意力分散的车内任务。美国国家公路交通安全管理局（National Highway Traffic Safety Administration，NHTSA）曾将驾驶次任务分为与视觉相关的次任务，如查看短信等；与听觉相关的次任务，如听音乐等；与动作相关的次任务，如跟着音乐舞动身体等；与认知相关的次任务，如接打电话等。驾驶员在驾驶时同时进行多个任务会分散驾驶员注意力，增加驾驶员心理负荷，特别是在从事多项驾驶次任务时会占据驾驶主任务的多种资源（如视觉与认知资源等），从而影响驾驶员的危险感知能力，增大驾驶危险性。

驾驶失误

driving error

驾驶失误是指驾驶差错出现后未能予以恢复并且持续一定的时间，从而引发严重的恶性后果。从本质上说，驾驶失误是引发道路交通事故的根本原因。驾驶失误可以分为感知失误、操作失误和疏忽三类。感知失误指对驾驶情景评价发生偏差，例如，驾驶员对某些道路的宽窄预估感知发生偏差就可能导致车辆被卡住；操作失误是指不能实施原先计划的操作动作，例如，驾驶员将油门当成刹车等行为；疏忽是指原先计划的行动没有达到要求，例如，从事服务行业的驾驶员没有将顾客送达目的地。驾驶失误包括经常性和偶然性两种失误。驾驶失误的诱发因素分为两种：一种是影响驾驶员产生失误的因素；另一种是影响驾驶员差错恢复能力的因素。很多驾驶员的驾驶失误不是一蹴而就的，一般是由不良的驾驶错觉演变为驾驶差错，再演变为驾驶失误的，但有时候也会由不良驾驶错觉直接导致驾驶失误（见图 15）。由于不同驾驶员的行为方式、认知水平、驾驶技能、经验、所处的道路环境及所驾驶的车辆（如公交车、货运车与私家车）等都存在较大差异，所以引发驾驶员产生失误的具体原因也是复杂多样的。综合多项研究发现，驾驶员“注意不当”、感知错误、紧张、饮酒、疲劳、药物与疾病等因素是造成驾驶失误的主要原因。

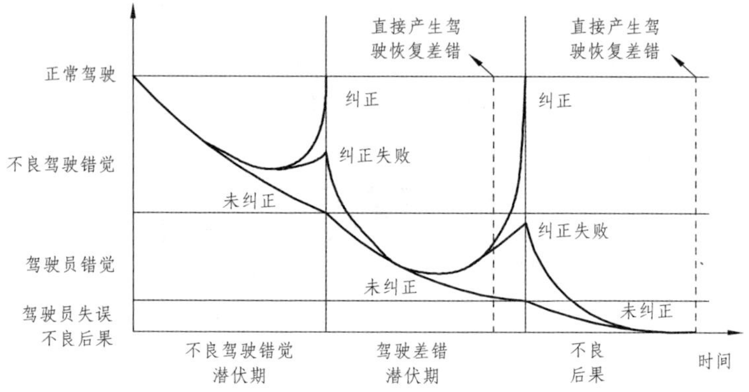

图 15　驾驶失误发展曲线

驾驶失误率

driving fault rate

驾驶失误率是指驾驶员在驾驶任务中完成驾驶行为的次数与驾驶失误次数的比率。由于可靠度与失误率互为补数关系，国外有学者提出感知、判断决策和动作阶段操作者的基本可靠度，结合道路交通系统特性及驾驶行为的分析，即可求出驾驶员感知、判断决策和动作阶段的基本失误概率。

驾驶实验车

driving experimental vehicle

驾驶实验车是可观测驾驶员心理活动及行为等各项指标的实验装备。驾驶员的操作受其生理状态、视力、警觉等影响，但这些变量很难观测到。安装在这种车辆上的传感器、计数器和记录器等（通常从外面看不到）可以测量驾驶员在转向、刹车等应激状态下的生理指标，如皮电反应和心律，并记录在运动的纸带上。当前对驾驶员的观测研究都比较细化，主要集中于对驾驶员的疲劳监测、行为监测、眼部运动观测等方面。

驾驶视觉探测

driving visual search

驾驶视觉探测是指对驾驶员眼部运动的观察。在驾驶行为中，视觉起着很重要的作用，即使是在报名驾校时，对报名人员也有着基本的视力要求。1972—1977年国外开展的一项交通事故致因的调查中就使用了驾驶员视觉探测，研究指出：认知因素导致事故的发生比例高达92.6%，而视觉在认知因素中起着关键作用。当前关于驾驶视觉探测的研究都不是单一针对眼部运动的研究，一般会结合驾驶安全进行综合研究。例如，从疲劳驾驶、分心驾驶、隧道段行车安全等多种情况综合探测驾驶员的视觉特性。目前可利用高速眼动追踪系统（如眼动仪等）记录驾驶员在驾驶过程中的注视时间、目标与频次、扫视时间、速度与广度等动态眼动数据来观测驾驶员的眼部运动。对驾驶视觉进行探测、研究驾驶视觉特性有助于以后针对不同的群体开启不同的教育与培训，但是目前的研究还需要进行更多的实践与验证。同时，驾驶视觉探测的研究也能对全自动驾驶车辆提供支持，可根据人眼视觉探测为机器视觉提供数据。

驾驶适宜性

driving suitability

驾驶适宜性是指已经从事或准备从事驾驶工作的个体所应具备的生理素质和心理素质的总和。生理素质要求驾驶员需要具备良好的感知能力、身体协调能力，以及能够在单调、枯燥的环境中持续工作等；心理素质则要求驾驶员注意力集中，情绪状态稳定等。驾驶适宜性既受先天因素的影响，也与后天培养有关，有学者依据驾驶员员所需的生理素质与心理素质，开发了驾驶适宜性甄别检测的成套装备，目前正在完善与发展阶段。驾驶适宜性检测有望在以后被纳入综合驾驶培训考核中。

目前已经有部分城市在机动车管理运行中运用了驾驶适宜性检测，主要使用对象为一些企业运输人员、多次发生交通事故或违法行为记满 12 分的驾驶员。

驾驶适应性

driving adaptability

驾驶适应性是职业适应性的一种，是指安全有效地从事驾驶工作所必须具备的基本生理、心理素质特征。驾驶适应性检测即为检测驾驶员驾驶适应性的技术。驾驶适应性检测是基于事故倾向性理论开发的。该理论认为，个体之间存在生理和心理特征的差异，有些人在本质上具有诱发事故的某些生理、心理特征，即具有事故倾向性。美国最早进行驾驶适应性检测，开始主要通过问卷和量表的方式；接着应用机械和计算机进行驾驶适应性检验；最新的检测方式是使用驾驶模拟器对驾驶适应性进行检验。《机动车驾驶员身体条件及其测评要求》（GB 18463—2001）中的驾驶适应性检测指标包括速度估计、复杂反应判断、操纵技能、夜视力、动视力及深视力六项，但目前在申领机动车驾驶证时，对该驾驶适应性测验不做强制性要求。

驾驶适应性检测

driving adaptability test

由于行车事故与驾驶员的心理素质（动作反应特征、注意力特征、智力水平、性格、安全意识水平、工作满足感等）和个性特征关系密切，驾驶适应性检查显得十分必要。该检测以选拔、淘汰、测查和教育为目的，可较早发现心理素质有缺陷而不适宜从事驾驶工作的人，有效防止交通事故的发生。

驾驶适应性检测最初起源于美国。1930 年，美国学者编制了初步的驾驶适应性问卷，日本后来有公安局引进了驾驶适应性检测与管理，发现交通事故有所下降。我国学者从 20 世纪 60 年代开始研究驾驶适应性检测，其中安徽三联事故预防研究所在推动我国驾驶适应性检测的发展和普及中做出了重大贡献。目前全国共有 100 多个地（市）建立了驾驶适应性检测站。

国家质量监督检验检疫总局在 2001 年发布的《机动车驾驶员身体条件及其测评要求》（GB 18463—2001）中明确规定了驾驶适应性检测的指标体系及检测规范，该规定不做强制性要求。目前除上海等少数地方规定所有想要考取机动车辆驾驶证的人员必须参加适应性检测外，全国大部分地区只需要进行体检即可。

驾驶室设计

cab design

驾驶室设计是为驾驶室制定的建造方案。驾驶室是驾驶员的工作操作空间，其基本功能是为驾驶员提供方便、安全、舒适的工作环境。驾驶室属于车辆的重要部分，其设计的好坏直接影响到车辆的性能与安全性。驾驶室的设计要使人感到愉快和舒畅，最终目的是保障车辆安全到达目的地。在进行驾驶室的设计时，设计师首先需要全面考虑座椅、脚踏板以及方向盘等多方面内容，以期达到与驾驶员的高度契合。目前驾驶室设计都运用人机工程学理论。人机工程学是研究人-机-环境相互作用的一门科学，如计算机辅助设计、人体模型仿真分析等先进技术都是人机工程学的内容。其次，驾驶室应保证汽车具有合理的外部形状，在汽车行驶时能有效地引导周围的气流，以减少空气阻力和燃料消耗。此外，驾驶室还应有助于提高汽车行驶稳定性和改善发动机的冷却条件，并保证车身内部良好的通风。最后，驾驶室的设计也应该注意美感，让驾驶员在驾驶过程中也能有美的体验与享受。

驾驶室微气候

the microclimate of cab

微气候是在特定范围的空间中（如汽车驾驶室）温度、湿度、风、阳光及其他热辐射等气候因素的组合。其中，气温是微气候环境的主要因素，直接影响着人的工作情绪、疲劳和身体健康。微气候在驾驶员行车过程中极为重要。影响人体热平衡的因素包括由机体自身新陈代谢产生的热量，以及人在外界温度环境下的散热。在正常情况下，只有体内的产热或得热与对环境的散热量取得相对平衡时，人体才能保持体温的恒定，否则人会感到不舒服，甚至生病。

若驾驶员处于高温的汽车驾驶空间中，持续的高温环境会使心脏负担加重，脉搏加速，导致热循环机能失调，造成急性中暑或热衰竭。热衰竭是由热疲劳引起的全身倦怠、食欲不振、体重减少、头痛、失眠、无力等症状。在 27 ~ 32 °C 下工作，需肌肉用力的工作效率下降，并且促使用力工作的疲劳加速；当温度达 32 °C 以上时，需要较大注意力的工作及精密工作的效率也开始受影响，高温作业环境不仅会引起人体不适，影响身体健康，而且还会使生产效率降低。事故发生率也与温度有关。据研究，意外事故率最低的温度为 20 °C 左右；温度高于 28 °C 或降到 10 °C 以下时，意外事故增加 30%。

若驾驶员在低温的汽车驾驶空间中，首先会影响人体四肢的灵活性，最常见的是肢体麻木，特别是影响手的精细运动灵巧度和双手的协调动作。手的操作效率和手部皮肤温度及手温有密切关系，手的触觉敏感性的临界皮肤温度为 10 °C 左右，操作灵巧度的临界皮肤温度为 12 ~ 16 °C，长时间暴露于 10 °C 以下，手的操作效率会明显降低。

只有在适宜的微气候驾驶空间内，驾驶员安全操作才会得以保证，以减少事故发生。

驾驶室效应

cab effect

驾驶员坐在驾驶室里，别人不容易看到自己，而自己却可以看到别人，具有一种穿上“隐身衣”的心理状态。所以，很多驾驶员更容易在驾驶时随心所欲，如随意从车内乱扔垃圾等。

驾驶台

driving platform

驾驶台是驾驶员控制和操作交通运输工具方向和安全的中心，如汽车驾驶台、船舶驾驶台、地铁驾驶台、航天驾驶台等。随着我国轨道交通的快速发展，需要大量的列车驾驶员，并对其进行相关培训。但对列车驾驶员的培训不可能完全在现场进行，大部分培训工作都需要在培训中心或实训基地完成，而且列车的型号在不断增加之中，也需要大量的培训设施。因此，研发一种低成本、多功能、多种型号列车兼容的通用桌面模拟驾驶台，实现多种列车类型的模拟驾驶培训，能使培训安全高效、短期内达到较好的效果，具有非常重要的意义。驾驶台示例如图 16 所示。

图 16　驾驶台

驾驶习惯

driving habit

驾驶习惯是指驾驶员因多次反复而巩固下来的操作行动方式，是驾驶员在长时间的驾驶活动中逐渐养成的、一时不容易改变的驾驶行为或驾驶倾向。

驾驶习惯主要分为不良的驾驶习惯和良好的驾驶习惯。

不良驾驶习惯的普遍表现：

（1）不重视养成出车前“三准备”的习惯（身体、技术、思想准备）。诸如体力、精力不充沛，注意力难以集中等，发生这些情况大多是因为驾驶员过于自信。

（2）“以自我为中心”的思维习惯。

（3）粗心大意的习惯。

（4）凡事“凭估计”的习惯。没有养成确实掌握各种动作要素的习惯，常以主观愿望或侥幸心理去代替辛勤的工作，如跟车、超车等。

（5）行车图快、遇事急躁的习惯。

（6）容易分心的习惯。

良好的驾驶习惯一般表现为：

（1）忠诚于本驾驶岗位安全职责。

（2）保持人体良好机能水平。

（3）遵守《机动车驾驶人安全操作规范》。在驾驶中形成良好的驾驶习惯是必要且必需的，良好的驾驶习惯也能让驾驶员更好地应对突发状况。

驾驶效能

driving efficacy

驾驶效能是指驾驶员按照指定的标准完成任务的效率。

驾驶心理学

psychology of driving

驾驶心理学是交通心理学的分支学科，研究驾驶员对交通环境信息的接受、处理和决策以及环境影响因素。主要涉及四个方面的研究：① 人-机界面，第二次世界大战时期，因机械电子设备广泛应用而成为设计中的一个关键因素。② 人-人界面，驾驶室的人际气氛会影响对系统的有效操纵。③ 人-程序界面，操纵程序是运输系统的重要构成部分。④ 人-环境界面，驾驶环境包括外部的物理环境和内部的心理环境两个方面。

驾驶兴奋

driving excitement

驾驶兴奋是指驾驶员进入驾驶情境时生理和心理都进入亢奋状态。我国交通法规明确规定禁止驾驶员酒驾与毒驾，其中有一部分原因就是驾驶员在喝酒或吸收毒品后会呈现亢奋的状态。处于此种情况会使驾驶员的注意力范围变狭窄，驾驶员变得更容易被激怒，易冲动，这就会增加发生交通事故的风险。驾驶员驾驶车辆时的心理状态也与年龄、驾龄、性格、性别等因素密切相关。部分驾驶员即使是在正常驾驶中也容易出现驾驶兴奋的状态。例如，有些新手驾驶员因为刚拿驾照就迫不及待地去试车，然后因为过于兴奋而发生车祸。为减少驾驶兴奋带来的驾驶危害，驾驶员需时刻注意保持警醒。

驾驶压力

driver stress

驾驶压力是指在驾驶过程中，由于威胁性刺激所带来的一种被压迫的主观感受。驾驶压力对驾驶员的影响较为复杂，适当的压力可能会帮助驾驶员集中注意力，但压力过大则会损害驾驶员的驾驶能力，增加交通事故发生的可能性。研究显示，复杂、恶劣、变化的驾驶环境带给驾驶员的压力较大。但驾驶员在驾驶时感受到的压力，不仅与驾驶环境相关，也与平时生活、工作中的压力密切相关。驾驶员在驾驶情境中所能表现出的驾驶能力与驾驶压力为倒 U 形关系。

驾驶意识状态

driving conscious state

驾驶意识状态是指在一定的时间和空间内，对当前的道路交通状态中各要素的观察、识别及对其含义的理解，从而确定这些要素随后状态的过程。良好的驾驶意识状态是驾驶员在动态交通环境中有效工作的保障。这与在静态交通环境中的任务有很大不同，主要区别在于：① 决策要在一个相当短的时间内做出；② 在做决策的过程中，状态不断变化需要及时进行分析。

驾驶意识状态主要分为三个层次：

（1）层次 1——识别道路交通环境中的要素。在汽车行驶时，驾驶员需要知道其他车辆和障碍物在哪里，它们的运动状态及自己车辆的运动状态。

（2）层次 2——理解要素的状态。理解要素的状态是基于对层次 1 中分散、不连贯要素的综合，层次 2 是根据相关操作目标，对要素意义进行理解，层次 2 以层次 1 的要素知识为基础，将不同要素组合起来。

（3）层次 3——确定要素的随后状态。确定要素的随后状态是一种驾驶能力，这要求驾驶员在非常短的时间内，结合层次 1、2，并根据对现有状态的认识和理解来确定要素的瞬时或随后状态。

驾驶意图

driving intention

驾驶意图是指将驾驶员适应道路后大脑对所加载的信号进行处理所得到的相应信息。目前的研究多是利用预测车辆轨迹来确定驾驶意图。例如，如果分析结果显示在未来几秒内，车辆很有可能穿过车道线，那么就可以假设驾驶员打算换道。“人-车-路”交通系统主要采用左后视镜平均注视次数、单次平均扫视时间、单次平均头部水平转角、转向盘转角、纵向加速度和自车与车道中心线距离 6 个参数作为驾驶意图识别指标，与 HMM 或 SVM 单一模型相比，HMM 和 SVM 级联算法识别驾驶意图的平均准确率达 95.84%，单次意图识别时间为 0.017 s（HMM 和 SVM 是一种识别方法，在机器学习领域用来进行模式识别，分类以及回归分析。）。

驾驶音乐

driving music

驾驶音乐亦称“背景音乐”“功能音乐”，是驾驶过程中驾驶员随时调控播放的音乐。自从 20 世纪 70 年代收音机被作为汽车的标准设备装入汽车后，人们就开始喜欢并习惯边开车边听音乐了。有调查指出，驾驶时听音乐是驾驶员最常进行的驾驶活动之一。音乐可以诱发出个体的情绪，不同的音乐可以诱发出个体不同的情绪。在心理学的一些治疗手段中，很多时候心理咨询师或医生在帮助来访者时也会辅以音乐进行调节，所以，音乐对人的心理是有重大影响的。科学研究的结果目前还不统一，还需要对不同的音乐产生的不同影响进行深入研究。驾驶音乐一般会让驾驶员产生镇静、警惕或振奋的作用。但是，驾驶音乐同时也会在驾驶过程中影响驾驶员的注意力以及警觉程度。有些驾驶音乐也可能会让驾驶员进入兴奋或抑郁的情景，或可能勾起驾驶员的其他记忆，在这个时候，继续进行驾驶任务就是很危险的。在 2016 年的一则新闻中指出，安徽一男子开车听音乐入梦乡酿成车祸，最终致 5 人受伤。

驾驶应激

driving reaction in emergency

驾驶应激是指驾驶过程中驾驶员对出乎意料的紧张性刺激的情绪认知和肢体反应。内部认知模式被阻断，且单位时间需处理的信息量超过了驾驶员认知资源的容量是驾驶员产生应激反应的主要原因。驾驶员应激反应特征主要表现为：① 皮肤电流等各项生理指标显著上升或下降；② 感知能力下降；③ 注意狭窄；④ 身体协调性下降；⑤ 判断能力下降；⑥ 动作准确性与稳定性下降；⑦ 极端情况下甚至出现感知、判断、操作失控的现象。进行驾驶仿真培训可以提升驾驶员的应激反应能力。图 17 所示为驾驶的应激机制。

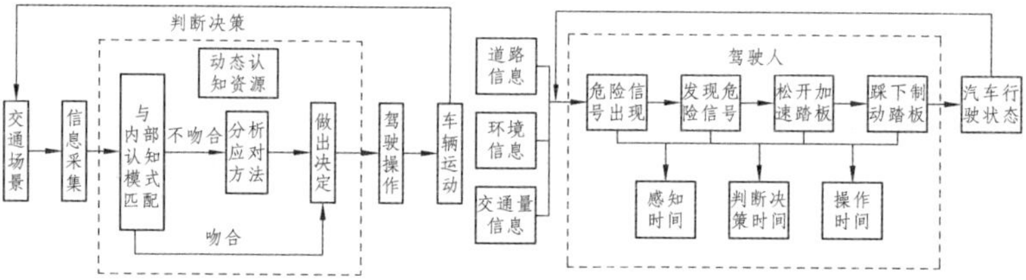

图 17　驾驶应激机制

驾驶员

driver

驾驶员主要是指交通工具的驾驶者，一般多指汽车的驾驶者。驾驶员也可以指一些其他设备的驾驶者，如飞机驾驶员等。按工作时间和工作持续强度可将驾驶员分为以下三类：① 驾驶员，驾驶员是指不以驾驶为职业而只是单纯具有驾驶技能的个体；② 道路运输驾驶员，道路运输驾驶员是指从事运输行业并且以驾驶为主要工作内容的个体，主要包含道路旅客运输驾驶员和道路货物运输驾驶员；③ 其他驾驶员，指除上述两类驾驶员以外的具有驾驶行为的个体。如，地铁驾驶员，高铁驾驶员。

驾驶员安全态度量表

Driving Safety Attitude Scale，DSAS

驾驶安全态度量表是测量驾驶员安全态度的工具。最新修订版的驾驶安全态度量表由 18 个题目组成，分为道路畅通与规则遵守、超速驾驶、激情驾驶三个维度，可以解释驾驶安全态度 63.24%的变异。量表各因素与总分的相关系数为 0.606 ~ 0.759，P<0.001。量表总的内部一致性系数是 0.928，各维度内部一致性系数为 0.876 ~ 0.884。

驾驶员驾驶安全态度会影响他们的亲社会驾驶行为和攻击性驾驶行为，进而影响他们的事故发生率。驾驶员安全态度对驾驶风格有一定的预测作用。对他人粗心的态度对安全型驾驶风格的预测作用较高；对违反速度驾驶的态度对焦虑型驾驶风格和冒险型驾驶风格的预测作用较高；对酒后驾驶的态度对愤怒型驾驶风格的预测作用较高。

附题：

（1）为了保持道路畅通，许多交通规则可以被打破。

（2）为了保持道路畅通，一些规则优势必须打破。

（3）保持道路畅通远比遵守交通规则重要得多。

（4）平稳驾驶要好过总是遵守交通规则。

（5）为了行驶在前面，打破交通规则有时也很必要。

（6）适当忽视交通规则很有必要。

（7）在驾驶中有时很冒险很有必要。

（8）为了及时赶到目的地，可以偶尔的打破交通规则。

（9）做一些违反交通规则和冒险的行为，并不会变成差劲的驾驶员。

（10）超速对于驾驶技术好的人来说是可以的。

（11）我认为交通环境良好的情况下超速是可以的。

（12）超速 5 ~ 10 km 是可以接受的，因为每个人都这么干。

（13）如果你是一个安全的驾驶者，在限速 80 ~ 90 km/h 的路上超速 10 km/h 是允许的。

（14）如果在一公里没有其他车辆的笔直公路上，可以以 100 km/h 的速度行驶。

（15）驾驶员在驾驶中可以增加快乐和刺激。

（16）在驾驶的时候，超速会带来兴奋。

（17）机动车不仅仅是交通工具，还会带来乐趣和刺激。

（18）驾驶可以增加刺激和激情。

其中，（1）~（9）题是测量驾驶员对道路畅通与规则遵守的态度，（10）~（14）题是测量驾驶员对超速驾驶的态度，（15）~（18）题是测量驾驶员对激情驾驶的态度。

驾驶员的乐观偏见

driver’s optimism bias

驾驶员的乐观偏见是指驾驶员认为自己不论是在一般驾驶中还是在特定的驾驶任务中都表现得比他人更熟练，并且更不容易发生事故的一种心态。驾驶员的乐观偏见是从社会心理学的“盲目乐观”的概念所拓展出来的。盲目乐观是指自己总是相信自己可以逢凶化吉，对一些可能的失败不去采取明智的预防措施，并且总是相信坏事不会降临到自己的身上，只会降临到他人身上。乐观偏见可以提升个体自尊、动机和表现，但是，驾驶员的乐观偏见一般是不利于驾驶员的驾驶行为的。首先，它可能让驾驶员在驾驶室中产生无懈可击的感觉，从而不严格遵守交通规则，如乱闯红灯，随意变道等，并最终引发交通事故；其次，这种乐观偏见倾向同时也会导致驾驶员采取更少的预防性驾驶行为，并更多地采取危险的驾驶行为，如驾驶时不系安全带、驾驶时接听移动电话、在开车时穿拖鞋或高跟鞋等。为了避免“驾驶员的乐观偏见”，驾驶员最重要的就是要在心理上、思想上对驾驶这件事提高警惕，不能盲目自大，随时保持“居安思危”的想法。有研究指出，问责制干预措施在减少乐观偏见方面是有效的。问责性干预包括让参与者对自己的能力评估更加“负责”，这是通过诱导他们预期自己以后对这些能力的评估来实现的。

驾驶员动视野

motional field of vision

驾驶员动视野是指驾驶员头部固定不动而眼球自由转动所能看见的空间范围。驾驶员动态视野与驾驶速度有关，在高速行驶过程中，驾驶员视野范围会缩小，视敏度降低，也因此降低了驾驶人对周围危险信息的感知能力。影响驾驶员动态视野的因素主要有：① 驾驶相对运动速度；② 驾驶员年龄，年龄较大的驾驶员动态视野衰弱时间较早，衰弱程度较深；③ 驾驶道路环境；④ 驾驶员的身心状况。动态视野行为阶段可分为感知阶段、判断阶段、动作阶段。感知阶段主要对三方面的内容进行感知：信息量、清晰度以及缺损性。感知阶段主要受环境以及视野本身两个方面所影响，视野本身即指驾驶员自身的视敏度或可视范围等。判断阶段也是主要判断三个方面的内容：速度、信息量以及选择性。判断阶段主要受感知阶段的影响，感知到的信息直接影响个体的判断，同时，判断阶段也受一些其他因素的影响，如，行车速度与路况信息等。动作阶段受前两个阶段共同影响，这个阶段主要涉及动作的准确性、协调性和快速性三个方面，驾驶员的最终操作行为直接影响整个行车安全。

驾驶员动态视力

driver's motional vision

驾驶员动态视力亦称“驾驶员动态视敏度”，是指驾驶员在驾驶过程中观察周围物体时的视力。例如，一个汽车驾驶员若想在高速公路上超车，必须观察邻近汽车的情况以确定是否能安全超车，这个观察过程就属于动态视力。在航空学上，动态视力是指在运动状态下观察从正前方接近的物体的视觉分辨能力。目前，有学者研究动态视力评估软件。该软件可准确测量受试者的动态视觉分辨能力及分辨速度，并且可以通过对环境等因素的有效控制减小对测量结果的影响。也有学者研究一种对动态视力的测试装置，该系统能够产生不同形状、亮度及颜色的视标图形，检测视力范围为 0.1 ~ 1.5，还能够产生不同的视标运动速度，其主要作用是对 DVA 和 KVA 动态视力检测。驾驶员行车中，确保安全所需的运动视力的最低阈值，是以交通标志的汉字高度为准，其视认距离在刚好满足停车视距的需要时，所应具备的运动视力则为其最低许用值，与车速有关。在实际驾驶中，动态视力一般要比静视力低 20%左右，在某些情况下甚至低 30% ~ 40%。

动态视力包括对两大类目标物的辨识：一类为左右、上下横向移动的目标物，另一类为相对驾驶员向前或向后的目标物。前者相应的动态视觉功能称为 DVA（Dynamic Visual Acuity），后者称为 KVA（Kinetic Visual Acuity）。DVA 动体视力和 KVA 动体视力都可以通过训练的方法来提升。如 DVA 动体视力的训练方法：在车上通过横向面的窗口向外看路上的广告并读取其中的信息，要习惯在移动中观察。KVA 动体视力的训练方法：驾驶员在开车时读取向自己迎面开来的车的车牌号，前提是训练中要保证自己的驾驶安全。这些训练坚持一段时间就可以收到较好的效果。

驾驶员反应

driver’s reaction

驾驶员反应驾驶员对引起自己刺激的环境的应对反应。驾驶员反应可分为生理反应和心理反应。人的反应能力主要体现在反应时间的快慢以及反应动作的准确性上。通常驾驶员反应迟缓或反应不准确都容易引发事故。影响驾驶员反应的主要因素为：

（1）情绪。良好的情绪，可以提高个体的驾驶灵敏度，面对突发情况可以及时反应。坏情绪会明显减慢驾驶员反应，例如，“路怒症”驾驶员很容易与其他驾驶员发生摩擦。

（2）年龄。动作反应速度在青年中期的时候达到发展高峰，然后随年龄增长反应速度开始减慢。记忆、认知能力等也随年龄发生变化，并可能影响驾驶反应。

（3）车速。车速越快，视野越小，注视点越向远伸，情绪和神经系统紧张度变高，人的反应时间延长；车速越快，车辆惯性越大，需要更早更及时的制动，驾驶员可能反应不及时。

（4）疲劳。疲劳驾驶同时影响个体的生理机制与心理机制，也会使驾驶员出现反应变慢，反应不及时的情况。

（5）疾病或药驾。疾病与药物的使用都可能会影响个体的生理激素与神经系统，从而使反应变慢。

驾驶员行为模式

driver behavior patter

驾驶员行为模式是指驾驶行为的基本形式（见图 18）。在交通活动中，驾驶员常被视为道路交通系统的信息处理者，主要是处理输入信息，并根据信息采取相应的控制活动，做出恰当反应。驾驶员驾驶汽车时，需要先观察道路、行人情况、感知仪表显示并理解其意义，做出决策，然后完成相应的操纵。汽车运转后，仪表显示会发生改变，驾驶员又要根据新信号，进行再一次操作。这一系列的操作就是驾驶员的行为模式。在心理学中，研究驾驶员的行为较常使用的方法是问卷法，其中 James Reason 等人编制的驾驶员行为问卷（Driver Behavior Questionnaire，DBQ）是一种比较常用的标准化问卷。目前，中国也有学者在 DBQ 问卷的基础上，通过利用因子分析、模糊 C 均值聚类分析的等方法，初步将驾驶行为模式量化。

关于驾驶员行为模式理论主要有以下四类：① 驾驶行为的环状结构模式，环状模式认为驾驶行为由定向、行动环与反馈三个环节所组成；② 驾驶行为的信息加工模式，是指用信息加工的观点和术语，认为人的行为过程就是信息的接受、编码、贮存、提取和使用的过程。可简单归纳为感知、记忆、控制和反应系统四个部分；③ 驾驶员危险平衡模式，该理论认为一个机动车驾驶员的行为可以被理解为一种自我调节的自动平衡控制过程；④ 驾驶员危险回避模式，该模式会综合考虑主观风险率和主观价值对驾驶行为的影响。

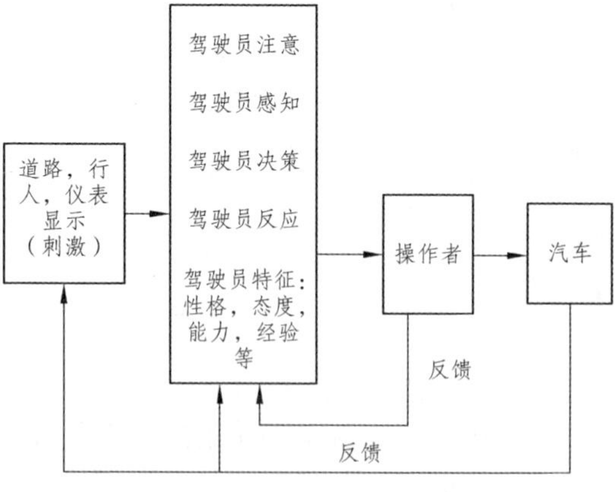

图 18　驾驶员行为模式

驾驶员行为模型

driver behavior model

驾驶员行为模型给出了驾驶员的认知过程和行为模式的理论框架。一般来说，驾驶员行为模型的结构包含三个方面：输入、信息处理和驾驶员行为。驾驶员行为模型可以分为描述性模型和功能性模型。描述性模型是指那些在静态层面上对驾驶行为进行描述的模型，该类模型是比较简单的理论控制模型。功能性模型是在规划、决策和动机等微观层面对驾驶员行为进行分析，探索驾驶员的认知行为和主动适应性，该类模型是比较深层次的控制模型。它不仅有助于更好地理解驾驶员行为，为找出新的安全措施提供理论依据，还可以用来预测驾驶员面对各种干预时的反应。常见描述性模型包括任务分析模型、层级模型和 Trait 模型；常见功能性模型包括自适应控制模型、基于计划行为理论的模型、信息处理模型、动机模型。

驾驶员急性疲劳

acute fatigue of driver

驾驶员急性疲劳是由于长时间连续驾驶车辆而引起的暂时性疲劳。急性疲劳会让个体的身心机能失调，使驾驶员驾驶技能下降。主要表现为：精神恍惚、注意力不集中、瞬间失忆、打瞌睡，腰酸背痛等。急性疲劳驾驶只是短暂的，所以缓解驾驶员急性疲劳只需要短时间的停车休息，如喝一杯咖啡或茶水，听两首舒缓或振奋人心的音乐。驾驶员感觉有点疲倦或有睡意时，一定不要再继续驾驶，最好立即休息。驾驶疲劳已经成为当前引发交通事故的主要原因之一。目前，针对驾驶疲劳的监测，很多学者进行了大量的研究。驾驶疲劳的监测技术一般可分为主观监测技术和客观监测技术。主观监测是通过一些量表来评定，如主观调查表、驾驶员自我记录表、睡眠习惯调查表、斯坦福睡眠尺度表和皮尔逊疲劳量表等，一般为自评与他评。客观监测可分为生理监测和心理监测两个方面：生理监测主要是对驾驶员的神经、脑电、眼睛的反应以及激素的变化等进行监测；心理监测主要是监测驾驶员的注意力、动作协调能力以及警觉程度等。客观监测一般更为精准，目前国内外所使用的方法主要有：监测脑电图（EEG）、监测心电图（EKG）、监测肌电图（EMG）、监视眼睑眨动、测量瞳孔、监视方向盘运动等。

驾驶员教育

driver education

驾驶员教育是职业教育的一种，对象是驾驶学员和驾驶员。目前我国驾驶员接受教育的主要单位是驾校，驾校一般只教授驾驶员基本的驾驶技能，所以当前我国驾驶员的教育还存在以下一些问题：

（1）驾校“超载”。驾校是驾驶学员进行正式驾驶前学习驾驶技术的一个地方，随着人民生活水平的提高，学车买车的人也越来越多，正因为如此，部分驾校来者不拒，即使超过自身负荷，且不利于学员学车也并不在意。按有关规定：“每辆教练车限额人数不超过 4 人，每名教练同时指导也不超过 4 人，小车学员学车时间累计应不少于 72 小时”，但部分驾校并没有满足某些条件。

（2）驾驶员对驾驶行为的重要性认识不足。有些只是掌握简单的驾驶技巧，为应付考试而学，上路经验不够，就出现了很多新手驾驶员出门就出车祸的事故。

（3）驾校忽视对学员的职业道德教育。很多驾校只是注重技术的教习，并不注重对职业道德的培训，甚至有的驾校师傅本身的职业道德就存在一些问题，对道德教育的忽视，也导致了很多驾驶员正式驾驶后出现乱停乱放等违纪行为。

进行驾驶员教育改革可以从以下几个方面入手：

（1）以人为本，注重培养驾驶学员安全责任意识，进行个人职业道德培训。

（2）针对不同学期的培训采取不同的对策。

（3）对于学员的考试内容等各个方面应该更加严格。

驾驶员警觉

driver's vigilance

驾驶员警觉指在一段时间内对一项任务持续注意的能力。驾驶员警觉的测量方法包括：① 自我评估；② 绩效测量；③ 生理测量（眼动指标、面部表情、脑电图）。影响驾驶员警觉的主要因素为：① 任务因素（任务持续时间，信号的模糊性，信号比率）；② 操作者的因素（性别，年龄，经验，人格）；③ 环境因素（噪声，温度）。对警觉的研究最初起始于 20 世纪 50 年代，最开始是从睡眠问题入手，主要研究在清醒和睡眠两个不同状态下的区别。目前测量个体的警觉度比较有效且客观的方法就是测量脑电图（EEG）。EEG 是使用电生理指标记录大脑活动的方法，是大脑神经网络中相当数量的神经元（主要是椎体细胞）进行同步放电时，在头皮上测量得到的微弱电位差，即脑电波。

目前，我国在这方面研究较多的是台湾交通大学，台湾交通大学脑科学研究中心一直致力于研究驾驶员的警觉度实时估计。最初通过回归模型来估计驾驶员警觉度状态。近年来，又建立了一套虚拟现实的驾驶系统，其主要原理是利用多台投影机模拟环绕式的驾驶场景，并配合 6 轴动态实验平台对被试者进行动态刺激，使得模拟实验更加符合实际情况。

驾驶员静视野

static field of vision

驾驶员静视野指驾驶员头部和眼球不动时所能看到的空间

范围。驾驶员静视野包括水平视野和垂直视野。视觉机能正常的人，两眼的总静视野在垂直方向约为 110°～130°，在水平方向约为 180°。在进行驾驶室设计时会综合考虑驾驶员静视野，避免驾驶员视野盲区过多。

驾驶员静态视力

static vision of driver

驾驶员静态视力也称为“驾驶员静态视敏度”，是指驾驶员和观察物处于相对静止的状态时分辨物体细节的能力。可通过视力表进行检测。我国规定驾驶员两眼的视力均应在 0.7 以上。视敏度与视网膜物像的大小有关，而视网膜物象的大小取决于视角的大小。视角是指物体的大小对眼球光心所形成的夹角。同一距离，物体的大小同视角成正比；同一物体，物体距离眼睛的远近同视角成反比。视角大，在视网膜上物象就越大。分辨两点的视角越小，视敏度越高，视力越好。有研究发现，静态视力的好坏与屈光系统和黄斑以及视网膜后的神经通路有直接关系，当黄斑及视网膜后的神经通路完好时，影响静态视力的最主要因素就是屈光系统。而对于无眼部器质性病变者，静态视力主要受离焦的影响，不受眼动系统的影响。另外，静态视力高者动态视力亦高；反之，静态视力低者动态视力亦低。常规眼科检查的视力为静态视力，但静态视力无法满足驾驶员在驾驶过程中对视觉敏锐度的需求，所以在驾驶员的视力检测中有必要增加动态视力的检测。

驾驶员立体视觉

cubic vision of driver

驾驶员立体视觉指驾驶员对三维空间各种物体远近、前后、高低、深浅和凸凹的感知能力，主要由双眼视差造成。立体视是由零视差（立体视锐度）、交叉视差、非交叉视差三个系统构成。目前最常用的立体直觉测试是颜少明、郑竺英编著的《立体视觉图》。该测试在自然光线下进行检查，被检查者戴上特制的红绿眼镜，红色在右，绿色在左，检查距离为 40 cm。立体视觉检查包括立体视锐度、交叉视差、非交叉视差 3 部分。立体视锐度定量测定：视差 40″ ~ 800″，正常立体视锐度正常值为不大于 60″。交叉视差定量测定：视差 30′ ~ 150′，正常值不少于 100′。非交叉视差定量测定：视差从 30′ ~ 150′，正常值不少于 100′，均要求在 5 min 内查完。立体视锐度大于 60″者被视为立体盲患者。已有研究发现，车辆事故与立体视觉不良有关。有研究表明随年龄增长，立体视觉日趋减弱，异常检出率增高，饮酒者比不饮酒者更容易出现立体视觉异常，而且立体视觉异常的机动车驾驶员事故发生率高于立体视觉正常者，车辆事故与立体视觉不良有关。

驾驶员慢性疲劳

chronic fatigue of driver

驾驶员慢性疲劳指疲劳持续时间不少于 6 个月无法解释的，自认为不疲劳的疲倦状态。美国 CDC 将慢性疲劳分成了 3 个等级：① 延期疲劳（Prolonged Fatigue，PF）：指不能解释的疲劳持续 1 个月左右；② 慢性疲劳（Chronic Fatigue，CF）：指疲劳持续大于等于 6 个月；③ 慢性疲劳综合征（Chronic Fatigue Syndrome，CFS）：1987 年美国 CDC 将一组慢性持久或反复发作的脑力和体力疲劳为主要特征的症候群正式命名为 CFS，其中以抑郁、焦虑等症状为核心的心理疲劳是必备条件，心理创伤是引起不能解释原因的慢性疲劳的主要危险因素。

国内目前检测慢性疲劳使用的是苗雨等对多维疲劳量表（Multidimensional Fatigue Inventory 20，MFI-20）进行修订形成中文版疲劳量表，MFI-20 问卷调查表包括综合性疲劳（General

Fatigue)、体力疲劳（Physical Fatigue)、活动减少（Reduced Activity)、动力下降(Reduced Motivation)以及脑力疲劳(Mental Fatigue）五个维度。

驾驶员模拟训练

simulated training of driver

驾驶员模拟训练指驾驶员在与实际驾驶环境类似的环境中进行驾驶练习，以提高驾驶员的动作技能和心智技能，使驾驶员可以应对各种交通情况。现代汽车模拟驾驶装置（系统）通常由三部分组成，即座舱、视景呈现系统和控制台（监控台）。视景呈现系统又分屏幕式、投影式与实景式三种。使用模拟训练有以下特点：① 利用模拟系统进行训练，可以实现一人指导，多人操作，训练效率高；② 由于模拟系统具有正负反馈、分析功能，练习者可以及时发现和纠正错误操作，提高训练成绩；③ 操纵装置具有全真仿形的特点，可对驾驶动作技能起支撑作用的基本功的训练均可在模拟器上完成。驾驶员模拟训练的方法主要有：集中训练法、穿插训练法和循环滚动组训法。

驾驶员年龄差异

age difference of driver

驾驶员年龄差异指不同年龄的驾驶员在驾驶心理行为方面的不同。一般来讲，年轻驾驶员的交通事故率较高，25 岁以后，随着年龄的增加，交通事故率下降，30 ~ 60 岁变化不大，超过 60 岁又开始上升。这是因为新手驾驶员更容易高估自己的驾驶技能，缺乏道路安全意识，且年轻驾驶员对风险认知的判断低于高龄驾驶员（60 岁及以上）。而高龄驾驶员也存在感知能力降低，手脚不灵便的问题。

驾驶员疲劳

driver’s fatigue

驾驶员疲劳指驾驶员在驾驶过程中，由于一直处于精神高度集中的状态，导致神经、感觉器官以及肢体的疲劳。有急性和慢性之分。主要表现为注意力不稳定，感觉迟钝、操作无力、功能失调、技能下降等。驾驶员疲劳主要是由睡眠不足、长时间驾驶，固定姿势及药物、酒精作用等引起的。疲劳驾驶极易导致交通事故发生，危害不容忽视。保证充足睡眠、养好饮食习惯、缩短驾车时间、加强休息锻炼等措施可以有效预防疲劳驾驶。目前驾驶员疲劳检测方法大致可分为 3 类：基于车辆行驶行为的检测方法、基于人体生理信号的检测方法及基于机器视觉的检测方法。在基于车辆行驶行为检测方法中，通过监测车辆加速度、车身偏角、转向盘转角、车轮转向角及车辆行驶曲线等信息的变化来推测当前驾驶员是否处于疲劳驾驶的状态。以人体的生理信号来进行疲劳监测，是通过让驾驶员佩戴相关生理信号采集装置，记录行驶过程中驾驶员的脑电图、肌电图、心电图等生理信号，进一步对信号进行分析处理后提取能够直接反应疲劳状态的生理特征值来检测驾驶员的疲劳状态。在基于机器视觉的检测方法中，通过摄像头监测驾驶员面部特征变化来判断驾驶员的疲劳状态。

驾驶员情感

emotion of driver

驾驶员情感指驾驶员在行车过程中对出现的各种刺激物的主观感受或体验。驾驶员情感以是否符合自身需要为标准，有积极情感和消极情感之分。积极的情感可以明显提高人的活动能力，使人的头脑更加灵活，手脚操作更加协调，使驾驶员在车辆行驶过程中的驾驶行为更加科学合理，达到规范要求，还能主动避免过激行为的发生，从而减少车辆安全事故的发生。消极的情绪和情感会削弱人的活动能力，起着“减力作用”，表现为精神不振、心灰意懒。如果驾驶员在驾车过程中情绪和情感处于消极的状态，那么驾驶员的活动能力也会受到较大的影响，进而在驾车过程中不能够保证精神集中，也不能够有效地操纵车辆，容易会引起严重的交通事故。有研究发现，可通过车载音乐等外在因素对驾驶员的情感进行调节，将不利于驾驶的情感诱导为有利于驾驶的情感。

驾驶员情境意识

situation awareness of driver

情境意识是指驾驶员对整个道路环境中的车辆状态、交通标志及信号、路况信息、天气状况等诸多要素的知觉、理解及预测。目前，驾驶员情境意识研究分为三个角度：一是心理角度，侧重于把情境意识作为一种单纯的内部认知现象，它主要分析“驾驶员”；二是工程角度，侧重于通过不同的车载技术及道路基础设施来研究情境意识，它主要分析“人工制品”；三是系统工程角度，侧重于从驾驶员、人工制品以及它们之间的相互作用关系来研究情境意识，它主要分析“社会—技术系统”。对驾驶员情境意识的研究主要有以下方面：① 建立基于驾驶员危险知觉的情境意识模型；② 探索影响情境意识获得和维持的因素，如年龄、驾驶经验或工作记忆等；③ 根据我国道路环境及交通规则，开发驾驶员情境意识测量技术，以提高我国的道路交通安全性。

驾驶员情绪

driver mood

情绪是人对客观外界事物的态度、主观体验以及相应的行为反应。情绪反映的是客观事物与主体需要之间的关系，如喜、怒、忧、思等。驾驶员情绪则为在驾驶过程中驾驶员的情绪。驾驶员的驾驶行为会受到自身情绪的影响。有研究显示，负性情绪会导致驾驶行为控制能力减弱，产生超速、强行超车等危险驾驶行为；负性情绪也可能导致个体察觉反应冲突所需要的时间变得更长。驾驶员在驾车过程中，随着外界环境和自身状态的变化，情绪也会不断变化。情绪会通过影响驾驶员影响道路交通。在驾驶员情绪方面目前研究最多的是路怒症。

驾驶员情绪状态量表

Driver's Profile of Mood States，DOMS

驾驶员情绪状态量表由朱国峰和何存道在2002年参考美国心理学家 McNair 等人于 1971 年编制的情绪状态测评量表（POMS），结合汽车驾驶员的职业特点编制。该量表由愤怒、疲劳、精力、紧张、慌乱等 5 个分量表组成。每个分量表分别包括若干个描述不同情绪状态的形容词，如紧张的、愤怒的、精力充沛的，等等，共 34 个形容词。各分量表的项目混合排列，每一项目采用 5 级评定，即 0 ~ 4 级（一点没有 ~ 非常明显）。量表的 Cornbaeh 信度参数为 0.863。情绪状态是指在某种事件或情境影响下，人在一定时间里表现出的情绪。情绪状态直接影响驾驶员对道路交通信息的接收、判断和反应过程。

驾驶员人格

driver personality

人格是指个体在遗传素质的基础上，通过与后天环境的相互作用而形成的相对稳定的和独特的心理行为模式。驾驶员的人格与驾驶行为有一定相关性，从而可以影响整个交通系统。心理学对驾驶员人格进行了大量的研究。20 世纪 30 年代法默（Farmer）和沙内提（Charnberti）提出的事故倾向理论认为，某些人具有易发事故的长期、稳定的人格特质，即事故倾向性。研究显示，我国73.4%的交通事故是由6%～8%的事故倾向性驾驶员造成的。此外，驾驶安全性低的驾驶员更富有抽象思维、外向，但易冲动、爱幻想、多疑，而驾驶安全性高的驾驶员更为敏感、爱思考、冷静。

驾驶员色觉视野

color sense field of vision of driver

驾驶员色觉视野指驾驶员的视网膜受光波刺激引起颜色感受的范围。视觉的适宜刺激为波长380～780 nm的电磁波，即可见光谱。不同波长的光引起不同的色调感受，光的物理强度引起明度的视觉经验，光的纯度引起的色觉反应是饱和度。位于视网膜中央部分的视锥细胞中含有感光色素——视紫蓝质，专门感受强光和颜色刺激。视网膜的不同部位对色调的感受性是不同的，视网膜中央凹能分辨各种颜色，从中央凹到边缘部分，视锥细胞减少，视杆细胞增多，对颜色的辨别能力逐渐减弱，先丧失红、绿色的感受性，再丧失黄、蓝的感受性，最后成为全色盲。

色觉缺陷包括色弱和色盲。色弱表现为对红色和绿色的分辨能力较差。色盲又分为红绿色盲和蓝黄色盲。红绿色盲者在光谱上只能看到蓝色和黄色两种颜色，蓝绿色盲者把整个光谱看作红和绿两种颜色。全色盲的人把整个光谱看成没有明暗的灰带，没有色调感。因各种交通信号灯、标志，以及车内仪表等均用色彩表示，颜色的分辨能力就显得非常重要，具有色觉缺陷的人（即全色盲、局部色盲或色弱）不宜从事驾驶工作。

驾驶员身体素质

physical quality of driver

驾驶员身体素质即驾驶工作需要的胜任条件和健康状况，

对驾驶能力、驾驶适应性、安全行车具有重要意义。主要包括：① 身高：如果驾驶大型车辆和无轨电车，驾驶员身高应>1.55 m，小腿长度方能满足机器本身的要求，而驾驶其他车辆者身高应>1.50 m；② 视力：双眼视力各不低于 4.9，水平视野不得小于 135° 。且没有色盲、色弱等；③ 听力：两耳低频纯音气导听阈应小于 25 dB；④ 血压：采用正常标准，收缩压不小于 140 mmHg 和（或）舒张压不小于 90 mmHg；⑤ 肺活能正常（特别是需要在高原地区进行驾驶工作等应满足此项要求）；⑥ 年龄：应大于法定年龄 18 岁；⑦ 健康状况：没有影响驾驶的疾病。另外，驾驶员的复杂反应、速度估计、操作机能、动视力、夜视力、深视力与驾驶员安全驾驶有高度联系。

驾驶员生理心理调查

investigation of driver's physiology and mentality

驾驶员生理心理调查指对肇事者在事故前后过程中身心状态的调查，是事故现场调查内容的一种。调查内容包括驾驶员的身体和精神状况，如身体条件、情绪、是否疲劳、是否饮酒等，还包括交通环境对当事人交通行为的直接和间接影响因素。

驾驶员视距

sight distance of driver

驾驶员视距指汽车以可能达到的速度行驶时，驾驶员能看到的车前面的距离。可分为停车视距、会车视距和超车视距。停车视距是指驾驶员发现前方有障碍物，使汽车在障碍物前停住所需要的最短距离。在停车视距检验时，小客车停车视距采用的驾驶员视点高度为 1.2 m，载重货车停车视距采用的驾驶员高度为 2.0 m，视点前方路面上障碍物顶点高度为 0.10 m。会车视距是指在同一车道上有对向的车辆行驶，为避免相碰而双双停下所需要的最短距离。会车视距一般取停车视距的两倍。超车视距是指快车超越前面的慢车后再回到原来车道所需要的最短距离。在超车视距检验时，小客车采用的驾驶员视点高度为 1.2 m，载重货车采用的驾驶员视点高度为 2.0 m，视点前方路面上障碍物顶点高度为 0.60 m，即对向车辆（小客车）的前灯高度。驾驶员视距受以下因素影响：① 路旁障碍物，路旁堆积物、停放的车辆等会造成驾驶员行车中的“视线盲区”，导致撞车事故；② 弯道，道路平曲线的曲率越大，视距不足，易出交通事故；③ 眼高，驾驶员在驾驶座上眼睛距离地面的高度，一般以小客车驾驶员的平均眼高为设计标准，我国为 1.25 m；④ 车速，车速越快，视距越小；⑤ 夜间行车，驾驶员视距变短，注意力高度集中，易产生疲劳。有学者提出了基于视频的驾驶员视距动态测量方法，即在行车过程中，利用车内安装的摄像头拍摄前方道路视频，并实时对视频进行处理，将道路区域与视频中的其他区域区分开来，并得到道路区域最远点，摄像头到道路区域的最远点之间的水平距离即为该点的驾驶员视距，从而实现驾驶员视距的实时检测，在驾驶员视距较差的路段及时对驾驶员进行提醒，减少交通事故的发生。

驾驶员视力疲劳

vision fatigue of driver

驾驶员视力疲劳指驾驶员在驾驶过程中因长时间使用双眼且处于紧张状态，导致一定程度的头晕、眼胀、眼花的现象。据试验表明，在行驶的汽车中，随着车速的提高，视野会逐渐变小。当车速达到 100 km/h 时，明视野会变窄至 10° ~ 15°。因此，在高车速小视野的状态中行车，眼睛反应能力降低，视力下降，易疲劳，易发生危险。另外，在以下情况下也易产生视力疲劳：① 汽车挡风玻璃质量差，光线传播不均衡；② 道路线形单调，直线多；③ 夜间道路照明不良，会车时强光刺激；④ 长时间在黑暗中行驶。

驾驶员做好眼保健需要：

（1）养成良好生活习惯，减轻眼睛“负荷”。驾驶员大多数喜欢用抽烟或嚼口香糖、槟榔等来提精神、驱疲劳。殊不知，这种不良习惯对视力是有害的。吸烟能引起视幻症。甜食在消化吸收和代谢过程中会产生大量的酸性代谢产物，从而造成血钙减少，引起眼球房水和晶状渗透压改变，使晶状体变凸，影像模糊，导致近视。

（2）改善膳食结构，加强眼睛营养。食物中缺乏维生素 A，便易导致夜盲症、眼干燥病等。缺乏铬和钙元素，则易患近视眼。而缺乏维生素 B，则可能引起球后视神经炎。这些眼病均可导致视觉功能不同程度地下降。因此，要多吃粗粮、蔬菜、水果，如动物的肝脏、玉米、胡萝卜、菠菜、西红柿、南瓜、柑橘等。

（3）讲究卫生，预防眼疾病。平时每天以热水、热毛巾或蒸汽熏浴双眼 1 ~ 2 min，反复 5 次，以促进眼部的血液循环，防止眼睛生病；眼睛流泪或发痒时勿用手揉，要用软而干净的手帕擦拭。

（4）加强锻炼，提高视力，包括运转眼球，按摩眼睛等，极目远眺等。

驾驶员视线

sight line of driver

驾驶员视线驾驶员眼球中心点与目标点之间的直线。车辆驾驶员的理想高度一般为 1.1 ~ 1.2 m。在机动车行驶过程中，常会出现一些影响驾驶员视线的东西，人们称之为视线盲区。视线盲区可分为固定、人为和随机三种。

（1）固定视线盲区。这主要受公路线形以及路旁建筑物体影响形成。如暗弯、陡坡和房屋等都具有相对的稳定性，短时间内不会出现很大变化，驾驶员在行车过程中，只要严格遵守交通规则，不开“英雄车”“赌气车”和酒后车，就能够避免固定视线盲区带来的不利影响。

（2）人为视线盲区。驾驶员在行车过程中，由于受某些因素的影响，无法集中精力，从而形成了人为的视线盲区。如疲劳驾车，开病车，带情绪驾车或在开车过程中与人谈笑、聊天、吸烟、吃零食或在超车、倒车、调头及转弯时选择地点不当或操作失误等都会人为地增大视线盲区，从而导致车祸的发生。

（3）随机视线盲区。车辆在行驶过程中，由于道路情况复杂，有些不安全因素随时都会出现，如在通过村庄街道时可能会从巷口窜出人来，车辆正在行驶可能会有人从车头横穿公路等。由于随机视线盲区具有不确定因素，往往使驾驶员防不胜防，一旦遇到紧急情况，就会措手不及，诱发大事故。

目前有三种主要的驾驶员估计方法：利用计算机 X 射线图像处理技术的视线估计方法，根据基于 AAM 模型的头部姿态估计方法中延伸而来的视线估计方法，以及基于统计模式识别技术的视线估计方法。驾驶员视线估计，视线追踪、减少视线死角是学者们的研究重点。

驾驶员视线诱导设置

sight-line-indication planting

驾驶员视线诱导设置指用来提醒驾驶员道路线形变化，诱导驾驶员视线的设施。驾驶员视线诱导设置可使正在高速行驶的驾驶员消除不安全感，并起到诱导视线的作用。主要包括路旁的雾灯和绿植。雾区路段的视线诱导设置主要有：① 高亮度级反光；② 雾灯，一般布设在高速公路；③ 主动发光诱导。在适宜的位置种植合适高度的连续性绿植是帮助驾驶员行车的有效方法，例如，在直线路段或平曲线转折点附近有坡顶时，宜在中央分隔带或路旁植树，起诱导视线的作用。在高原地区，通常使用公路线形诱导标志来指示曲线路段道路线形变化，线形诱导标志通过驾驶员直接视觉刺激，提供道路性轮廓的提示，诱导交通流的交汇运行，使其根据线形适当调整行车方向。在日本，视线诱导标志设置标准中明确规定，设计车速在 50 km/h 以上的路段必须设置视线诱导设施。

驾驶员视野

visual field of driver

驾驶员视野指驾驶员在行车过程中头部不发生转动能看到的空间范围，常以角度表示。按状态可分为静视野和动视野。正常人双眼静视野范围：在垂直方向约为 130°（视水平线上方 60°，下方 70°）；在水平方向约为 120°（两眼内侧视野重合约 60°，外侧各 30°）。为了减轻人眼的疲劳，人-机系统设计中常以人眼的静视野为依据。动视野范围是车速为 40 km/h 时，双眼总视野约 100°，车速为 75 km/h 时，双眼总视野约 65°，车速为 100 km/h 时，双眼总视野约 40°，因此在高速行驶时，要及时发现并躲避突然闯入的人或物比较困难。汽车视野按方向不同可分为前方视野、后方视野和侧方视野。另外，夜间行驶需要夜间视野。根据视野的性质分可分为直接视野和间接视野。直接视野包括前方地面视野、交通灯视野、A 柱障碍角、仪表板视野、直接后方视野，间接视野主要是指间接后方视野。《汽车驾驶员前方视野要求及测量方法》（GB 11562—2014）和《机动车辆间接视野装置性能和安装要求》（GB 15084—2013）对汽车视野有明确的规定。汽车视野安全在整个主动安全性中具有非常重要的地位，直接影响到汽车的行驶安全性、乘坐舒适性和操作方便性。

驾驶员态度

driver attitude

驾驶员态度是指在驾驶过程中影响个人行为选择的内部准备状态或反应的倾向性。态度是决定行为的重要因素，并且是通过学习而成的。驾驶员的驾驶行为与其驾驶态度具有相关性，有研究发现，经常出现超速、酒后驾驶等交通违法行为的驾驶员往往在态度上无视相关交通法律，而通过安全教育、法律宣传等方式，可以改变驾驶员对于此类行为的态度，进而有效地降低相关驾驶行为，减少交通事故的发生。

驾驶员心境

mood of driver

驾驶员心境是指驾驶员的情绪状态，具有微弱而持久的特点，这种情绪状态与安全驾驶有关。一种心境可以持续很多个小时，甚至很多天，在这段时间里，心境会影响驾驶员各个方面的行为。心境不具有特定的对象性，即不针对任何特定的事物，是一种带渲染性的情绪状态。心境与生物节律、身体健康有密切关系。例如，当体温处于一天中的低点时，人也倾向于感到情绪低落；当体温处于高峰时，则会有一个积极的心境。健康状况的不同会引起驾驶员不同的心境，同时心境也会影响驾驶员的健康状况，如果心境开朗，会让人感到身体健康，心境不佳，则会觉得一切都令人生厌。从某种意义上说，心境是健康的晴雨表。心境有积极和消极之分。积极的心境使人振奋乐观、朝气蓬勃。在乐观快活的心境下，即使遇到巨大困难，也不会使人灰心丧气。消极的心境使人颓丧悲观。此外，愤怒的心境使人易于激怒，路怒症就是在这种心境下产生的。这些消极的心境都不利于驾驶任务的顺利完成。

驾驶员心理

driver psychology

驾驶员心理是指驾驶员的个性心理特征以及在驾驶工作状态下的精神活动。包括驾驶员在驾驶环境下的认知、情感和意志过程。

驾驶员心理负荷

driver's psychological burden

驾驶员心理负荷指驾驶员在单位工作时间内的心理承受量，一般表现在思维、情绪、判断和认知等方面。人的信息处理能力是有限的，驾驶员在常规驾驶以外剩余的心理容量决定了是否能对偶然刺激做正确处理。过大或过小的心理负荷都会使驾驶员的警觉性下降。有研究者通过测量眼睛的开闭、运动和生理学表现形态来研究驾驶员的负荷问题，这种方法最根本的前提条件是眼睛的生理学表现形态能够充分提供机动车驾驶员的警觉状态的信息，眼睛的视觉表现行为能够被测量。这种方法是目前比较好的预测行车中驾驶员的警觉状态的方法。研究表明：一般情况下，人们眼睛闭合的时间为 0.2 ~ 0.3 s，如果在驾驶时，眼睛闭合时间达到 0.5 ~ 3 s 时，则很容易出事故。

驾驶员心理选拔

mental selection of driver

驾驶员心理选拔指以各项心理测试为基础，确定符合驾驶需要的驾驶员的活动。对驾驶员进行心理选拔，可以有效地预防交通事故的发生。主要使用两类测验：① 一般心理特性测验，包括简单动作反应速度、观察判断能力、空间知觉能力、注意力等；② 个性测验，包括性格类型、气质类型、安全态度等。

《中华人民共和国军用汽车驾驶员选拔卫生标准》(GJB 2262—1995)规定，军队汽车驾驶员职业适宜性测评项目为 5 项，分别是：瑞文推理测验、选择反应时测验、场依存性测验、深度知觉测验和动作稳定性测验。反应时间、速度估计、注意、个性、智力等都是心理选拔需要考虑的方面。

驾驶员心理训练

mental training of driver

驾驶员心理训练指运用心理学的原理与技术，利用一定的手段和方法，结合驾驶训练的要求，有目的、有计划地提高驾驶员心理素质的活动。驾驶员进行心理训练可以更好地适应驾驶环境的需要。驾驶员心理训练主要有感知觉能力训练、生物反馈训练、自我暗示和放松训练等。心理训练的基本任务包括：① 形成心理的稳定性、可靠性；② 提高职业心理素质；③ 发展心理耐力。

心理训练的内容一般包括：① 以提高驾驶员知觉、判断认知水平为目的的训练；② 以提高驾驶员反应速度、熟练技巧水平的训练；③ 以提高驾驶员注意特性为目的的全面品质为目的的训练；④ 以提高驾驶员情感、意志优良品质的训练；⑤ 以提高驾驶员气质、性格优良特质为目的的训练等。

驾驶员心智游移

driver's mind wandering

驾驶员心智游移指驾驶员在清醒状态下，意识不由自主地被与当前驾驶任务无关的想法所占据，是源自驾驶员内部认知带来的驾驶分心。心智游移具有三个特征：① 心智游移发生时，个体意识不再受个体主观意志的控制，表现为注意力失控；② 个体心理和精神的活动转向对内源性信息的加工活动，其内容大部分来源于长时记忆；③ 个体意识无法控制心智游移的发生，其具有不确定性。当驾驶过程中出现心智游移现象时，驾驶员的外部特征会有明显变化，主要体现在瞳孔直径和眨眼次数的变化规律上，且驾驶员对车辆的控制能力会降低，体现在车道偏离、方向盘和车速控制能力降低。有研究发现，女性、经常在城镇与城市道路驾驶、驾驶经验少的驾驶员更容易发生驾驶心智游移，在畅通道路上行驶、等红绿灯、堵车这些场景容易发生心智游移。生理因素（疲劳、睡眠不足）、心情（心情不好）、气温（天气太热）、驾驶时长（连续驾驶超过 5 h）、交通（堵车、等红绿灯）是引起驾驶心智游移的重要原因。驾驶心智游移的内容以家庭、工作、情感等与个人相关的事为主。它是引起交通事故的一个重要原因。国外研究者发现在跟车任务中，平均 5 ~ 6 min 就会发生一次心智游移。

驾驶员信息系统

driver information system

驾驶员信息系统也称为“路车信息系统”，是一种监测、处理和显示车内外各种参数和信息的综合系统，可以为驾驶员提供前方信息。为便于维护驾驶员信息系统，应对自动控制综合系统或电气部分的工作状态进行监测，以便随时掌握其工作情况。若出现故障，还要能够进行自诊断处理。其主要功能为：① 对车辆进行检测，若出现故障能及时警示；② 提供路况信息，规划最佳路线，提高交通的便捷性和舒适性。驾驶员信息系统的特点是：能处理和显示大量的信息，精度和可靠性高。

驾驶员信息需要

driver information needs

驾驶员信息需要指驾驶员要根据环境、道路交通标志、信号以及车内仪表等提供的信息来进行车辆的控制。信息的获取可以通过视觉、听觉、触觉以及嗅觉等。当环境信息过少时，信息负担小，常常会使高级神经活动处于“抑制”状态，昏昏欲睡，很容易发生事故。但目标密度过大，即“信息过载”时，驾驶员会本能地降低速度，以使输入的信息可以重新达到激活神经活动的量。

驾驶员性别差异

sexual difference of driver

男性和女性在有关驾驶方面的心理和行为的不同。日本心理学家宇留野藤雄发现：① 有行车前喝酒、强行超车、驾驶时旁视等行为多为男性，女性较少；② 男性对超速行驶不在意，女性很重视；③ 连续行车时间较短时，女性肇事率低，但随着时间增加，女性反而更容易出现交通事故；④ 遇到紧急情况时，男性试图摆脱，女性则显得慌乱无措；⑤ 女驾驶员在超车道上行车采用低速；⑥ 男驾驶员的反应时间更短；⑦ 两性在学车时间上有差异；⑧ 女驾驶员的身高、体重、坐高、握力均不如男性。还有研究表明，女性面对突发应激情景处理能力不如男性。当应激源为行人突然穿越时，女性的应对能力明显不如男性。不过，尽管女驾驶员的生理、心理条件不如男性，但驾驶习惯却比男性好很多。首先，女性较男性更心细，驾驶准备工作也细致周密，且饮酒吸烟者较少，容易集中精力专注在驾车这件事上。此外，女驾驶员系安全带的比例明显高于男性。而且女驾驶员的驾驶态度要比男性更好，发生酒驾、闯红灯、逆行、超速等违章行为的比例比男驾驶员低很多。这些女性驾驶员的优点都有利于行车安全，从而能减少严重事故的发生。

驾驶员性格

character of driver

驾驶员性格指驾驶员对待事物稳定的态度和惯常的行为方式。研究表明，优秀的驾驶员一般具有：① 高度的责任感和安全意识；② 法律观念；③ 情绪稳定；④ 虚心好学。容易出现事故的驾驶员一般有以下特点：① 不随和；② 情绪不稳定；③ 过度紧张。性格可简单分为内向型与外向型。一般来讲，外向的驾驶员自信心、感知能力、应激能力更强，动作比较敏捷，但也容易受情绪影响，做出冲动行为，不够细心。内向型的驾驶员对细节的把控能力更强，更能控制情绪，但容易出现突发事故。国内外对驾驶员性格与交通安全的关系进行研究的结果表明，内向型性格对于安全行车更为有利。内向性格的驾驶员发生交通违章和事故的频率比外向型性格驾驶员要低，这是因为内向个性的谨慎、有条理、避风险和严于自我监督等特点，影响到驾驶风格，对于保证行车安全较为有利。内向与外向两种性格的驾驶员发生事故的原因也有所不同。内向性格的驾驶员感知较为迟钝，动作反应敏捷性稍差，在遇到危急情况时容易出现延误性错误而导致事故；外向性格的驾驶员则喜欢冒险，易冲动，倾向于超速行驶或强行超车等驾车风格，容易诱发事故。经过研究发现，经常发生安全事故的驾驶员，其性格的协调性往往比较差，情绪稳定性不高，而且做事时经常以自我为中心，做事比较冲动。

驾驶员选择反应时

choice reaction time

对于驾驶员来讲，各种基本能力中，反应力是尤其关键的一项，面对突发事件，紧急路况，迅速快捷的反应无疑是避免事故的最好途径。按照我们日常道路规定的限制速度 60 km/h 计算，1 ms 对应的驾驶距离是 0.017 m，如果在道路行驶的过程中遇到了突发情况，驾驶员因为某些干扰因素延长了刹车反应时，哪怕仅仅是 0.1 s，也会将刹车距离延长 1.7 m，而这足以酿成一场惨祸。统计数字表明，40%的撞车和撞人事故都是在 0.1 s 的瞬间发生的。驾驶员视觉信息通道的最大信息接收速度为

4.6×106 bit/s，听觉为 8000 bit/s。在驾驶汽车时，需要处理的外界信息每时每刻都在发生着变化，对于那些接收信息速度较慢的人，很可能遇到超过他们信息处理能力的情况，从而引起交通事故的发生。据日本的一项研究认为：从驾驶员发现危险情况到做出判断至少需要 0.2 s 的时间，另一项研究指出驾驶员视觉简单反应时为 0.25 ~ 0.3 s。

驾驶员药物损伤

driver drug injury

驾驶员药物损伤是指驾驶员使用某些药物对驾驶能力产生的极坏的影响。例如，精神药物会导致驾驶员的意识状态异常，不利于安全行车。精神药物主要分为抑制剂、兴奋剂和致幻剂。抑制剂是指对中枢神经系统产生抑制作用，使身体技能降低的药物，如酒精和鸦片等。当血液中酒精含量大于 0.15%时，会引发个体异常意识状态，使一个人的某种行为倾向更容易表现出来，常有以下表现：① 思维和知觉变得迟钝；② 近期记忆受到破坏；③ 自我意识下降；④ 注意力只集中在当时的情境中而不计后果。因此，驾驶员禁止酒后驾驶。兴奋剂指对中枢神经系统产生兴奋作用，增强身心活动效率的药物，主要有苯丙胺类、可卡因和尼古丁等。使用兴奋剂的驾驶员在药物兴奋后，会出现疲劳、抑郁，焦虑，妄想和不可控制的烦躁和攻击行为等，易出现交通事故。致幻剂是指能产生幻觉（包括视觉、听觉和其他感觉系统的幻觉）的精神药物，也称迷幻剂，如大麻，麦角酸酰二乙胺等。致幻剂使用者通常会感到时空感和自己身体形象扭曲，超越自我感，欣快感交织着焦虑和惊恐等。

驾驶员夜间视力

night vision of driver

驾驶员夜间视力是指驾驶员夜间行驶时的视力。夜间视力主要是位于视网膜的杆体细胞中的视紫红质在起作用，视紫红质在弱光作用下，分解为视黄醛和视蛋白，并使视杆细胞去极化，产生神经冲动，把信息传向大脑，产生暗视觉。例如，进到黑暗处的最初几分钟看不清物体，但几分钟后，杆体视觉的感受性明显改善，渐渐能看清周围得的事物。夜间行车时，车灯照射下会产生耀眼现象，使驾驶员在随后无灯暗区暂时看不清前方状况（因为视紫红质在明亮的光线下容易被分解，使杆体细胞失去感光能力），从停止灯照射到暗区内识别目标这段时间为夜间视力的恢复时间。夜间视力不同，驾驶员夜间行车速度也不同，随着夜间视力的下降，行车速度会降低。夜间视力功能障碍者是夜间交通肇事的原因之一。受以下因素影响：① 照明条件，照明越好夜间视力越好；② 车速，车速越快，视力越差；③ 年龄，20 ~ 30 岁的人夜间视力更好；④ 天气因素。

驾驶员在夜间行驶时一定要注意：

（1）尽可能避免强光照射。若遇强光直射时，因每只眼的暗适应是独立的过程，应迅速闭上一只眼睛，以免受到强光直接照射而破坏全部暗适应能力。

（2）平时必须非常熟悉驾驶操作装置，夜间驾驶室内不要用灯照明。如驾驶室需要照明时，最好使用弱光，时间尽可能短，以免因车内外亮度差别太大而破坏暗适应。或用红光，因为红光不分解视紫红质，用红光照明既可使锥体细胞保持一定的视力能力，又能保护杆体细胞的暗适应能力，具有保护夜间视力的作用。

（3）平时要有意识地进行暗适应锻炼，可在黄昏或月夜进行投篮球、打排球等体育锻炼，以提高夜间视力。

（4）夜间一般通过对比度才能看清物体，所以，夜间行车时，车的挡风玻璃必须清洁，提高前方物体对比度。

（5）夜间两车交会时，双方驾驶员都应严格遵守交通规章和行车职业道德，不要长时间开大灯照射对方，使之失去夜间视力。

（6）开夜车时，不要吸烟。吸烟造成的一氧化碳增多和缺氧可使夜间视力降低。

驾驶员知觉

perception of driver

驾驶员知觉指驾驶员将来自感觉器官的信息转化为有意义的对象，并借助过去的经验对这些信息进行组织和解释，反映道路环境的整体形象和表面联系的心理过程。可以用镶嵌图形测验来鉴别，分为场依存型驾驶员和场独立型驾驶员。前者在知觉中容易受环境因素的影响，后者不易受环境因素的影响更容易把简单图形从背景中分离出来。驾驶员的知觉在很大程度上依赖于从小到大养成的习惯和应付环境的思维方式，一经形成，有较大的稳定性，通过训练，可以在一定程度上改变。

知觉对信息的加工可以分为自下而上的加工和自上而下的加工。自下而上的加工又称为数据驱动加工，是指知觉者从环境中一个个细小的感觉信息开始，将他们以各种方式加以组合，形成知觉。自下而上的加工也称概念驱动加工，指知觉者的经验、期望、动机等引导着知觉者在知觉过程中的信息选择、整合和表征的建构。知觉的特性包括知觉的对象性（也称选择性）、整体性（也称组织性）、理解性和恒常性。知觉的对象性是指区分出边界，把知觉图形从背景中分离出来，依赖于注意的选择作用和个体的早期感觉经验。知觉的整体性是指将知觉对象感知为一个有组织的整体，遵守以下原则：① 临近原则：在空间上彼此接近的刺激物更容易被知觉为一个整体；② 相似性原则：在大小、形状、颜色或形式上相似的刺激物更容易被知觉为一个整体；③ 连续性原则：倾向于依照简单和连续性原则将刺激组织成个体熟悉的某种模式；④ 闭合原则：知觉有将缺口加以“弥补”而成为一个连续、完整的形状的倾向；⑤ 好图形原则：

单纯的、规则的、左右对称的图形容易被知觉为一个整体；⑥ 同域原则：处于同一地带或同一区域的刺激物更容易被视为一个整体。知觉的整体性和个体的知觉经验有直接联系，驾驶员的知觉系统可以通过培训而日趋精细，从而完成通常情况下非常困难的物体识别和知觉组织任务。知觉的理解性是指个体根据自己的经验对知觉对象加以解释并赋予其意。知觉的理解性可以帮助驾驶员从背景中分离出知觉对象，有助于形成整体知觉，从而扩大知觉范围，使知觉更加迅速。知觉的恒常性是指当知觉对象的刺激输入在一定范围内发生变化的时候，知觉形象并不因此发生相应的变化而是维持恒定，包括大小恒常性、形状恒常性、明度恒常性和颜色恒常性。驾驶员的视空间知觉包括单眼线索和双眼线索。单眼线索包括：对象的相对大小、遮挡、质地梯度、明亮和阴影、线条透视、空间透视、运动视差和眼睛的调节，双眼线索包括十周辐合和双眼视差。驾驶员的听空间知觉分为单耳线索和双耳线索。单耳线索不能优先判断声源方位，但可以有效判断声源的距离。双耳线索包括时间差、强度差和位相差。时间差是声源方向定位的主要线索，强度差是高频声源方向定位的主要线索，位相差是低频声源定位的主要线索。近几年对驾驶员危险知觉研究较多，危险知觉指驾驶员对交通情境中的危险进行识别并做出反应的能力。危险知觉包括危险识别、危险评估和行为反应 3 个部分。

驾驶员职业生命周期

driver professional life-cycle

驾驶员职业生命周期是指以驾驶员的心理、生理和驾驶技能的成熟度为基础，将驾驶员从开始接触驾驶行为直到其退出驾驶的整个过程划分为：培训期、实习期、熟练期、成熟期和衰退期等。研究发现，随着驾驶员生命周期的进行，驾驶的能力呈倒 U 形曲线。在刚开始的培训期和学习期逐步上升，在成熟期达到巅峰，而后伴随年龄的增大进入衰退期，生理机能下降，各方面机能减弱，直至退出驾驶。当前，基于驾驶员的生命周期，需进一步提出针对不同生命周期的安全教育，并明确不同阶段的驾驶员对培训的需求。

驾驶员注意缺乏

driver inattention

驾驶员注意缺乏指驾驶员在驾驶活动中，由于心理活动或意识缺乏对安全信息的指向和集中，致使操作失误，造成驾驶任务失败。驾驶员注意缺乏可以分为驾驶员注意受限、驾驶员注意非优先、驾驶员注意忽视、驾驶员注意粗略、驾驶员注意偏离。驾驶员注意偏离又可以分为非驾驶相关（在驾驶和非驾驶相关活动之间转换）和驾驶相关（在驾驶相关活动之间转换）。

驾驶注意

driving attention

驾驶注意指驾驶员在同一时间内，心理活动或意识对一定对象的选择和集中，即众多事物呈现在驾驶员的视野中，驾驶员只能对其中一小部分感知得较清晰，对其他部分的感知则较模糊。注意具有选择性和集中性。注意的选择性是指只对某些刺激发生反应，而对其他刺激不发生反应；注意的集中性是指人的相关心理活动不仅指向而且持续地、深入地集中于一定刺激，与集中性相联系的是注意的强度和紧张度。驾驶注意可以使驾驶员从外界获取的众多感知刺激中选出那些有意义的、重要的、符合需要的刺激，并在意识中进一步加工，转换成更持久的工作记忆做出反应。另外，只有在注意状态下，驾驶员才能对自己的行为和活动进行调节和监督。

注意的种类根据功能可以分为选择性注意、集中性注意和分配性注意。集中性注意主要包括警觉和搜索。

根据产生和保持注意时有无目的性和意志努力程度的不同可以分为不随意注意、随意注意（例如，刚开始学车的新手驾驶员，通常需要集中精力才能较好的驾驶汽车）和随意后注意（例如，开车多年的熟练驾驶员，对驾驶行为已经熟悉，产生了自动化的行为，就不需要特别的注意了）。

根据注意指向与集中的加工方向，可以分为内源性注意和外源性注意。

在驾驶过程中，警觉对驾驶员尤为重要，驾驶员需要警惕地注视、倾听随时可能出现的刺激信号，以避免交通事故的发生。注意的特征包括注意范围、注意稳定性、注意分配和注意转移。驾驶员要想扩展注意范围，应具备以下条件：① 丰富的驾驶知识和经验；② 了解注意对象的特征；③ 交通秩序良好。

注意的稳定性是衡量驾驶员注意品质的重要指标之一，其与注意对象的特点以及驾驶员的积极性有关，例如，相较于多变的道路，行驶在单调畅通的道路上驾驶员更容易出现注意力不稳定，另外，驾驶员持有积极的态度，有浓厚的兴趣，相较于态度消极，缺乏兴趣的驾驶员，更容易保持注意稳定。

注意分配的难易程度与同时进行的几种活动的复杂程度、熟悉程度和自动化程度有关，同时进行的几项活动越不熟悉，越不习惯，注意分配就越困难，在同时进行的几种活动中，必须每一种都是相当熟悉的，且其中一种是自动化了或部分自动化了的，这几种活动如果能够建立联系，形成一定的反应系统，注意分配会更容易实现。

驾驶状态意识

driving situation awareness

驾驶状态意识是指在一定的时间和空间内，通过对道路交通状态中各要素的观察和识别及对其含义的理解来确定随后要素状态的过程。良好的驾驶状态意识，是驾驶员在动态交通环境中有效操作的保障。要注意两点：① 要在一个相当短的时间内做出决策；② 在做决策的过程中对不断变化的状态进行分析，决定驾驶任务的具体内容。

驾驶姿势

driving posture

驾驶姿势指驾驶员驾车时的坐姿。基本要求：在驾驶座椅上坐稳，背靠座椅背，腿能将踏板踏到位，手臂能伸屈如地操纵方向盘。姿势正确能让驾驶员可具有良好的视野，便于观察道路情况和仪表盘，进行准确及时的操纵，减轻疲劳程度。在一般道路上行车时，车速较慢，可将座椅靠背稍微立起一些，抬高视点；在高速公路上行车时，车速较快，注视点较远，可将座椅靠板往下放一些。人们也一直在研究什么样的座椅才能让驾驶员更加舒适，更能适应未来的人机交互。

监测驾驶

tactical driving

监测驾驶指驾驶员为了保证与其他车辆安全互动所进行的操作，如超车、变更车道等。监测驾驶依赖于情景意识三水平模型中的第一水平和第二水平。在第一水平上驾驶员对环境中的各个要素产生知觉；在第二个水平上，驾驶员需要把自己以往的相关经验和交通环境中关键的要素整合起来。

减力情绪

Force reduction effect of mood

减力情绪通常是指愤怒、烦闷、忧愁、悲哀、痛苦、沮丧、热躁、不安、不满、牢骚、犹像、恐惧、颓唐、绝望等情绪，以消极性为特征。这种情绪会降低人的生活信心，压抑人的心情，减弱人的斗志，使驾驶员在行车过程中精力难以集中，反应迟钝，不利于行车安全。

将就心理

improvised mind

将就心理指对于非原则性问题，人们具有大事化小，小事化了，不予深究的心理。在交通出行方面，将就心理一般会发生在赶时间的出行人员身上，主要包括上班族、学生，他们预留的通勤时间短，希望尽快到达目的地。因此，对于通勤路上出现的小问题，他们可以不予追究，例如，被人轻轻撞了一下，或者是掉了五元钱，因为这些事情是非原则性问题，相较于上班或上学迟到，他们宁愿选择大事化小，小事化了。将就心理也是有一定限度的，如果遇到突发事件影响通勤行程，可能会产生焦虑感，导致情绪暴躁甚至行为失控，引发人际冲突和摩擦。准确把握旅客的将就心理，有益于提高交通出行服务质量。

交叉口可视距离

visual distance of intersection

交叉口可视距离是指为了保证车辆安全进入交叉口，驾驶员应在进入交叉口之前的一段距离之内观察清楚交叉口内的状况，及时采取应对措施，避免出现视盲区，引起交通事故。常见的视距有“识别视距”和“视距三角形”。识别视距是指驾驶员应当能在一段距离内识别到交叉口的存在（即识别到代表交叉口的信号和标志）。视距三角形是指多条相交道路上的可视距离构成的三角形，一般认为在该视距三角形内不能出现任何阻挡驾驶员视线的障碍物，防止交通事故的发生。

交叉口特性

intersection characteristic

交叉口特性是指交叉口具有的特殊性质，具有延误交通和提高通行能力的特点。主要可以分为交叉口行人通行特点、交叉口交通流特性、交叉口交通环境等特点。交叉口作为行人与各种交通工具汇集的地点，从各个不同方向汇入的行人和车辆导致该地点交通量大幅增加。在车辆与行人的“抢行心理”互相作用下，加上交通环境的形成特点，极易引发交通事故。目前根据针对交叉口特性的研究，设计出了交叉口的疏散路线模型。研究结果表明，较未考虑交叉口特性的模型相比，考虑交叉口特性的模型更加节省疏散时间。

交叉路口

intersection

交叉路口简称交叉口，通常指的是两条或多条道路相交的地方，根据不同的交叉方式，被分为平面交叉与立体交叉。作为行人和车辆汇集、疏散的重要地点，为保障交通的正常运行和安全，常在交叉口设置交通信号控制（如信号灯、交通标志等）。平面交叉口中包含三岔口、多岔口和环形交叉口，其中环形交叉口指的是环绕中心岛的环形车道之间形成的无信号交叉口。当前研究多注重研究合理设计交叉口、交叉口速度设计、交叉口信号控制设计、如何缓解交叉口拥堵现象等，为加强保障交通安全通行进行考虑。

交叉摩阻

intersectional friction

交叉摩阻是指由于平面交叉，造成人、车受阻的现象。在道路平交路口或人行横道上，两股互相交叉的车流或人流因存在实际的或潜在的冲突点，引起人、车交通受阻与延迟。

交会摩阻

medial friction

交会摩阻指对向交通流彼此妨碍自由运行的阻滞现象。例如，在双车道公路上正翻修一侧路面或发生交通事故的情况下，上、下行车流受阻，拥挤在单向车道上通行。又如部分尚未改建的路段容易形成瓶颈，使车流受阻，降低车速等。

交通安全

traffic safety

交通安全是铁路、公路、水路和航空等运输领域中关系到人民生命财产安全的重要问题，习惯上仅指公路运输和城市交通的安全，即人们在道路上进行活动、玩耍时，要按照交通法规的规定，安全地行车、通行，避免发生人身伤亡或财物损失。

儿童交通安全是家长们最为关注的，除了学龄前及中小学教育对儿童交通安全进行普及教育之外，不少地区也举办了生动的体验教育课程，或修建专业的体验馆，针对儿童或小学生的特点，在特定的场馆内设计丰富多彩的体验活动，参与者以步行者和驾驶者的身份进行体验，从而正确理解交通安全知识，并培养在危险状态下的应变能力。

保障交通安全主要从工程措施、执法管理、安全教育三方面采取措施。工程措施包括改进车辆设计、改善道路设计和修建安全设施；执法管理包括制定和执行交通法规、加强对驾驶员管理、严格管理车辆控制车辆进入道路的数量、限制车速按车流分布规律组织交通以及纠正违法，维护正常交通秩序等；安全教育主要有学校教育和社会教育两种形式。

未来应加强研究如何更加有效地预防交通事故。

交通安全干预

traffic safety intervention

交通安全干预是对交通安全进行干预，以保障交通安全。针对特定的参与交通的对象（行人或驾驶员），采取一系列方法以促进交通安全的措施，如改善道路交通条件、制定相应的交通政策、进行交通安全的宣传等。例如，自从出现校车事件之后，国内开始研究校车交通安全的立法干预，意在通过立法来保障和干预校车的行车安全和学生的人身安全。

交通安全规划

transportation safety planning

交通安全规划是指以主动交通安全为原则，将交通安全水平作为主要规划目标和评价指标，在交通系统规划、设计、施工、运营、维护全周期过程中，综合考虑区域特征、路网特征、出行特征、交通组织、车流特征、道路状况、车辆状况、驾驶行为等各种安全影响因素，围绕安全目标制定并实施相应的策略和方案，从而在源头上降低事故发生的潜在性和在运营中降低事故发生的风险。主动交通安全规划的总体目标具体指从整个交通系统的角度出发，从城市、区域和道路系统规划着手，提高整个道路交通系统运行的主动安全性，减少交通系统中不必要的出行，降低道路交通事故发生的概率，减轻交通事故后果的严重程度，提高道路交通系统的运行效率，最终形成道路系统与交通参与者、车辆之间的和谐。交通运输是国民经济发展的基础，而交通安全则是交通运输正常运转和快速发展的前提条件，制定交通安全规划对于预防道路交通事故具有重要的战略意义。

交通安全评价

traffic safety assessment

交通安全评价是对某一地区、路线、路段或地点的交通安全程度的评估，是对交通事故发生情况的客观描述，会对人们的道路规划、设计与运行管理观点产生重要的影响。交通安全评价一般从事故多发点、不同路线、不同区域三个层次来进行，最终形成道路安全性能的综合评价系统。目前，道路交通安全的评价方法有很多，有综合评价法、专家经验法、多元回归分析法、绝对数法、事故率法、事故强度分析法、概率-数理统计法、模型法、时间序列分析法和灰色评价方法等。交通安全评价方法具有一定的适用范围，在选择时要注意它的实际应用性。道路交通安全评价是一个值得探讨的永恒课题，通过评价可以发现问题，并针对问题提出解决办法，只有这样才能实现交通安全、快捷和畅通。

交通安全气候

traffic safety climate

交通安全气候是指驾驶员在特定的时间点对于交通状况的态度和感知。厄兹坎（Ozkan）和拉尤宁（Lajunen）根据交通气候的定义开发了交通气候量表（Traffic Climate Scale，TCS），量表含三个因素，分别是外部情感需求、内部需求和功能，其中外部情感需求中测量了参与交通时的情感投入；内部需求因素测量了认知和社会需求，调查了成功参与交通的个人技能和能力；功能因素评估了功能性交通系统的感知需求。该量表具有较高的信度和较好的内部效度。国内学者经翻译引进后证明，该量表可以用于测量中国驾驶员群体的交通气候，可以有效地评估驾驶员行为、危险驾驶行为和交通事故的动态。

交通安全设施

traffic safety device

交通安全设施作为道路交通的基础设施，在维护和保障交通安全领域中起着不可忽视的作用。常见的交通安全设施有交通标志、标线、隔离栏、护栏、视线诱导等。通过在交通环境中增加交通安全设施，对交通参与者进行正确的交通引导，可以起到规避可能发生的危险事故、维护大众的交通安全的作用。交通安全设施是为了保障行人和车辆的安全而设置的，并非越多越好，当前研究多从如何合理设计交通安全设施，以达到良好的安全保障方面来展开。研究中也往往需要考虑不同类型道路上所需交通安全设施，如在高速路、农村道路、旅游公路等不同类型道路的安全措施。

交通安全文化

traffic safety culture

交通安全文化是道路文化的形态之一，是所有交通活动的参与者以交通设施、交通管理、交通行为、交通技术为支点，创造的物质财富和精神财富的总和。交通安全文化包括口头文化、书面文化、听觉文化、视觉文化、外向型文化和内向型文化。交通安全文化在一定程度上可以预测驾驶员的驾驶行为和可能发生的交通事故。

交通安全文化量表

traffic safety culture scale

交通安全文化量表是用于测量个体对于交通安全文化感知程度的一个量表，主要测量了参与交通的个体对交通安全的重要性和优先性的看法，通常也可以用来表示个人和相关交通部门为加强交通安全所采取的行动和承担安全责任的程度。近年的研究证实，交通安全文化可以预测驾驶员的驾驶行为和发生事故的数量。因此开发测量交通安全文化的量表对于预测和防范交通事故具有一定作用。2012 年开始开发的交通安全文化量表，最终分为 6 个维度，分别是：口头文化、书面文化、听觉文化、视觉文化、外向型文化和内向型文化。但是由于初始问卷的个别维度仅有两个条目，引起学者们对其信效度的质疑。后有学者通过对 8 个国家的交通安全文化的研究，进一步完善了这一量表，补充至 27 个题目。2018 年国内学者对其进行了中文版修订，并验证其在国内驾驶员中具有良好信效度。

交通安全心理学

psychology of traffic safety

作为隶属于交通心理学的分支学科，交通安全心理学是一门研究交通安全与个体心理因素之间关系的学科，主要研究对象是参与交通行为的人，包括驾驶员心理、行人心理、乘车人心理等，同时也研究交通安全管理心理有关内容，包括交通管理心理、安全教育、事故心理及事故处理中的心理学等。交通安全心理学的研究结果主要应用于如何采取科学、有效的方法来预测和防止交通事故的发生，并采取安全心理素质教育的方法来提升交通行为参与人员的素质，有力保障交通安全。

交通安全意识

traffic safe consciousness

交通安全意识主要指参与交通的人具有良好的大众意识、自尊自爱意识、遵章守法意识等。具有交通安全意识的人把自身和大众融为一体，把自己的行为不单纯地看作一种个人行为，而是对社会和大众有影响的大众行为。不自尊自爱的人很难把大众的利益摆在首位。一个懂得珍惜自己的生命和权利人，才会体会到他人生命、权利的重要，才知道怎样规范自己的行为，以使他人不受损害。具有遵章守法意识的人具有良好的自觉性和责任性，把他人和自己的生命、财产安全时刻放在心上，督促自己遵章守法，安全行车、走路等。交通安全意识的超脱境界，是自尊自爱意识、大众意识、遵章守法意识的完美结合，是社会主义精神文明高度发达的象征，是每一位交通参与者努力的目标。培养交通安全意识，重视交通安全教育，对保障道路畅通有序，科学预防交通事故，创造平安和谐交通环境具有重大的现实意义。

交通标线

traffic marking

通常在道路上会看到很多带有交通提示的线条、文字等，这些都是交通标线。它以规定的文字、箭头、线条、凸起路标等，划设在路面上或其他设施上，用于引导交通参与人员视线，确保车流、人流在正确的道路上行进，导流交通方向，更好地促进交通组织，加强交通纪律和秩序。

交通标志

traffic sign

从广义来讲，交通标志是一种以线段、符号、图形和文字等为基本元素，通过视觉的方式向交通参与人员传达特定指示信息，以便于进行有效的交通管理、警告和引导交通正常进行的安全设施。同样，交通标志也是道路规划、设计、建设中十分重要的内容，在车流的组织和分流中起到至关重要的作用，为实现车辆和行人的快速有效、通行顺畅的移动和疏散提供重要保障。

交通冲击

traffic blow

交通冲击又称“行车冲击”，指交通流因偶然事故被阻隔而等候的现象。例如，道路前方发生肇事、坍方、雪崩，导致车速剧降，密度骤增，车辆排队等。此时，常由交警指挥疏散车辆，绕道行驶，另与有关单位联系迅速排除障碍以恢复正常交通。

交通岛

traffic island refuge

交通岛也称交通渠化岛或交通安全岛，可以分割交通流向，引导车辆行驶，保障行人及非机动车安全有序通行。交通岛分为三种类型：导流岛、分隔岛、安全岛。导流岛的功能主要是控制和指导道路车辆按有序行驶。分隔岛主要功能是分离同向和对向的交通。安全岛往往设置在人行横道或非机动车道附近，能给过路的行人或非机动车辆提供保护。《城市道路交叉口规划规范》（GB 50647—2011）对交通岛设置有明确规定。图 19 为非机动车独立进出口道交通组织及布置形式。

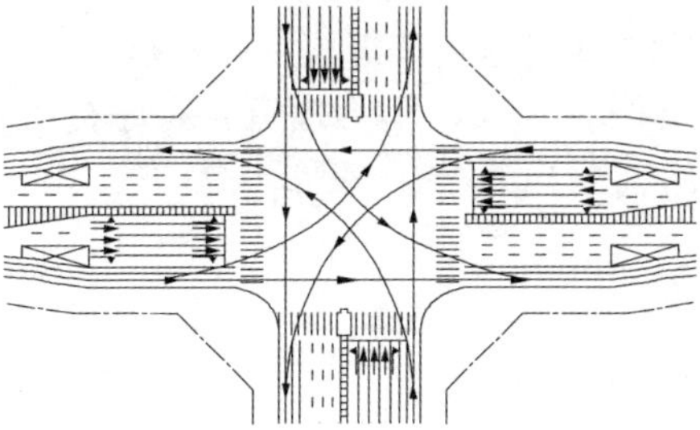

（a）非机动车与机动车相同的交通组织及布置型式

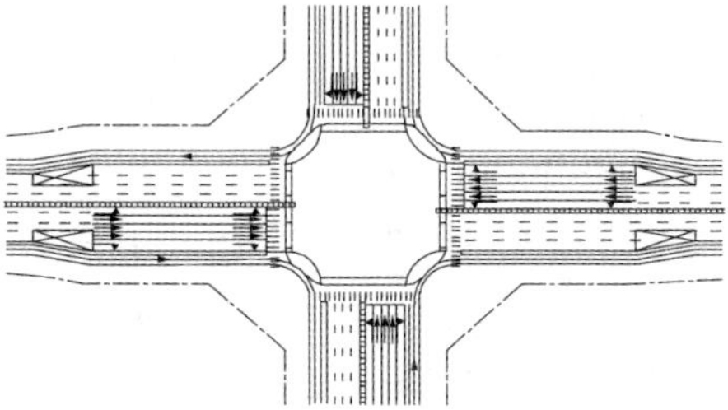

（b）非机动车与行人相同的交通组织及布置型式

图 19　交通岛图示

交通道德

traffic morality

道路使用者自觉遵守道路交通法规的行为规范，是文化素质和精神文明的体现。交通道德就是道路交通长期发展形成的起协调、平衡作用的机制，是一种特殊的社会意识形态，是以善恶评价的方式调整人、车、路与环境之间关系的行为规范，以及与此相应的交通实践活动的总和。交通道德是社会公德、职业道德和个人品德的重要组成部分，是公民道德在道路交通领域的具体体现，是道路交通参与者自身行为的支配力量。例如，行人过斑马线时应遵守红灯停、绿灯行；发生交通事故时，主动协助事故负伤者；人、车不抢道，有序行驶；乘公共汽车不争先恐后，给老弱病残孕让座等。

交通灯信号相位

traffic signal phase

在信号控制交叉口，每一种控制状态会对各种进口道不同方向显示不同灯色的组合，这就称为一个交通信号灯相位。每一个信号灯位相对应着固定的通行权。常见为红、黄、绿灯并配上一定的方向箭头指向，红灯表示禁止通行，黄灯表示警示，绿灯表示准许通行，加上箭头则清晰明了地指出了信号灯所对应的具体方向。

交通仿真

traffic simulation

交通仿真是通过计算机数字模型来反映复杂交通现象的一门技术，计算机动画手段能直观地表现出路网上车辆的运行情况。它不仅能复现交通流时间空间变化，为交通道路设计规划提供技术依据，还可以对各种参数进行比较和评价。交通仿真本身是一个复杂的系统工程，必须按一定的程序和步骤进行，包括问题分析、模型建立、数据采集、程序编制、仿真运行、输出结果处理等过程。交通仿真作为一项交通系统实验分析技术，已广泛地应用于交通工程的各个领域，如道路交通设计、智能交通系统方案设计与技术研发、网络交通流理论研究等诸多方面，是计算机仿真技术在交通工程领域的一个重要应用。

交通分流

traffic segregation

交通分流是指用交通信号灯道路标线标志、隔离墩和立体交叉等，使行人、机动车非机动车交通分流和分离，各行其道，以期交通安全、畅通、秩序井然提高通行能力所采取的措施。

交通分流是道路交通管理措施之一，其主要办法有：

（1）通过交通信号与交通标志指挥车流禁行、停车、直行或转弯。

（2）设单向行驶街道疏导车流，设置公交车辆专用车道，让公交车辆优先通行。

（3）在城市平交路口修建人行天桥或地道。

（4）用中央分隔带划分汽车行驶方向，通过变速车道调节车速。

（5）规定大量载货汽车夜间行驶，过境车辆绕行环路，不通过市区。

交通公害

traffic public hazard

交通公害是指由于交通行为的产生而造成的人类对于环境的危害，如大气污染、噪声污染、光污染和电磁波干扰等。随着国民经济的发展，道路交通运输行业也在急剧发展，汽车工业的繁荣导致国民汽车的拥有量和交通出行量迅速增加，交通公害日益严重。有关部门已经开始研究交通公害的防治方法，并已经初见成效。

交通管理

communication management

交通管理就是按照交通法规的要求、规定和道路交通的实际状况，运用教育、技术等手段合理地限制和科学地组织、指挥交通，正确处理道路交通中人、车、道之间的关系，使交通尽可能安全、通畅、公害小和能耗少。

我国早在周朝时就设有司险（即交通监督官）管理交通。欧洲的古罗马时代出现了世界上最早的单向通行方式，并有过限制马车进城总数量的规定。意大利古代城市庞贝的街道设有专用的人行道和行人过路用的跳石。这些都是交通管理的雏形。现代交通管理的基本内容是车辆检验，驾驶员考核，交通违章及交通事故处理，交通秩序的维护，交通信号指挥与控制，交通警卫，人行道、车行道及停车场所（见停放车）的管理，交通标志、道路交通标线、隔离墩、安全岛和护栏等道路交通安全设施的布设，交通的合理组织，交通法规的制定与执行以及交通安全的宣传教育等。在我国，城市交通由公安部门管理，其他交通由交通部门管理。

交通管理也包括对驾驶员和行人的管理。对车辆驾驶员的管理主要包括驾驶证管理、驾驶员教育管理、驾驶员驾车管理；对行人的管理主要包括对路段中的人行道、人行横道、过街地道和天桥等的管理。

交通管理心理学

traffic management psychology

交通管理心理学是交通心理学的一门分支学科，主要从道路交通管理系统和实际的交通管理中对参与交通人员的心理和行为规律进行研究和探讨。有研究指出，心理学在交通管理中的应用可以从几个方面进行：针对不同年龄阶段人群的心理特点进行交通教育宣传；根据特定的事故倾向性理论来甄选专职驾驶员；从心理学角度来优化交通环境设计。

交通管制

running traffic controls

交通管制即对道路交通进行管理和控制。拓展来说，是出于对道路安全的考量，对道路上的行车和行人进行控制和管理的措施。进行交通管制的情况包括集会、大型活动、道路建设、抢险救灾等，通常是临时性的。交通管制一般根据相应的法律规定进行管理，参与交通的行车和行人应当积极配合交管部门的指挥，保障良好的出行。

交通广告

traffic advertisement

交通广告以公共交通工具和交通道路为广告媒介，主要有交通工具内容的广告牌、广告宣传画、车站内的广告牌、公共汽车的车身广告等。交通广告包含以下四个部分：第一，设置于公共汽车站、电车站及地铁站等公共场所的固定型交通广告；第二，以车辆为载体的流动型交通广告；第三，安置于公共交通工具内部的交通广告；第四，交通道路沿线广告，如高速公路旁的大型路牌、铁路沿线的墙体等。

交通广告的优势在于：广告信息的到达率和暴露频次都达到较高的水准，能够使人印象深刻、刺激消费者购买欲望、弥补四大媒体的空白等；车外广告具有极好的地理选择性、成本低等传播优势。

但交通广告有其自身局限性：车身广告受众层次有局限性；广告篇幅有限，广告场地不能自由选择；广告流动性大，广告接触者心情不稳定，对广告内容只能是“概而知之”；广告效果难以测定。

交通行为

traffic behavior

交通行为指的是在参与道路交通时发生的行为，具体来讲主要是个体的一般社会行为在参与交通的过程中对交通运行的影响。

交通行为分析

traffic behavior analysis

行为分析是心理学的一个名词，指的是从个体行为的角度进行分解、分析，以客观的角度来看待人的行为。交通行为分析则是基于行为心理学的原理，通过分析交通行为来构建模型，进一步探索参与交通个体的行为趋势和规律，帮助管理部门制定有效的交通管理策略。

交通环境

traffic environment

交通环境指道路交通的周围空间、人工设施、天然景物、人员和车辆总体的境况。周围空间境况指机动车行驶产生的空气污染、噪声、振动以及高层建筑妨碍日照与电磁波干扰等情况。人工设施境况指道路车道数、路面种类、交叉口、交通信号、安全设施等。天然景物境况指地形、地貌、气象条件、绿化、自然与人工景观等。人员境况指驾驶员、乘客、行人的交通道德、交通管理水平等。车辆境况指机动车与非机动车是否各行其道等。良好的交通环境必须减少环境污染源、安全设备齐全、景观优美、人员遵守交通法规、车辆行驶有条不紊。

修建高速公路与城市主干道前，应进行环境调查与评价，调查项目包括：① 在维护居民健康方面，有大气性质、水质、噪声和地基沉陷等；② 在保护自然生态方面，有地形、地质、天然植被和野生动物等；③ 在保护名胜古迹、保证天然景观方面，如文化古迹的完整性等；④ 在其他方面，有日照数、电视信号接收有无隔断地段等。高速公路建设中对周边环境可能产生的影响包括地质环境的破坏、植被遭到破坏、噪声的污染以及生物多样性的影响。

交通环境的保护措施包括：路基施工保护，不能因为路基施工中的乱挖乱填而破坏到林地草地；施工便道生态保护，避免植被破坏而引起水土流失；高速公路建设期的拌和站环境保护；高速公路建设期的高边坡环境保护，对公路边坡进行绿化设计，一是确保边坡的护坡安全，二是让周围景观得到最大程度的恢复。从而保护好当地环境，促进可持续发展。

交通环境会对驾驶员的心理产生影响。比如在对驾驶员的视觉影响上来说，道理的交通标志、标线等交通设施需要采用合适的尺度来满足驾驶员在行驶过程中的视觉需要。道路的线性设计也必须合理，否则容易形成行驶单调感，诱使驾驶员昏昏欲睡，从而导致交通事故。而道路的采光和照明状态也会有影响，比如说隧道行驶中的“白洞效应”和“黑洞效应”就是照明影响视觉适应、不良的道路光照容易导致事故的例子。

交通环境对驾驶员听觉的影响包括噪声（如汽车的鸣笛）使驾驶员产生烦恼、焦急、讨厌的情绪。同时，路况较差时，行驶过程中的振动产生的共振会导致驾驶员视认知能力的下降，同时也会影响信息加工能力、运动操作能力和运动协调能力，造成交通安全隐患。

研究指出，通过建立完善、合理的交通标志、照明等交通设施，合理交通规划，减少噪声对驾驶员的影响，提高路况质量，减少道路对车辆引起的振动，可以有效提高驾驶的安全性，对减少和预防交通事故具有重要意义。

交通环境管理

communication environmental management

交通环境是作用于道路交通参与者的所有外界影响与力量的总和，它是规定和限定人们交通行动的各种外界或内在条件，包括道路状况、交通设施、地物地貌、气象条件，以及其他交通参与者的交通活动。道路交通环境包括地理环境、道路绿化、标志线、道路线形、执法环境。驾驶员需要在第一时间获悉气候条件变化，在了解基本情况后根据当前路况尽快制定合理的防范措施，从而对自己的出行计划进行相应调整。如果未做好各方面管控工作，将会出现不同程度的交通安全问题，对来往车辆及行人的安全均会产生较大的威胁，为此，道路交通管理部门需要做好各方面的管控及分析工作。

交通环境压力

traffic environment pressure

交通环境压力是指交通环境状况对个体所要求的处理能力与个体所能展现的能力之间形成的比例关系在个体心理上的反应。越复杂、越不熟悉的交通环境，其所需要占用的心理资源越多，要求个体所具备的处理能力越强。但研究发现，驾驶员的实际表现与交通环境压力并非线性关系。实际上，某一个体所能展现的对交通状况的处理能力（绩效）与其面对的环境压力呈现倒 U 型关系。适度的交通环境压力能够提高人的驾驶效率和表现；而过高的交通环境压力会让人身心疲惫，甚至崩溃；单调的交通环境则会让人感到乏味、走神、困倦。因此缓解交通环境压力，并非是要消除压力，而是要把交通环境压力控制在驾驶员驾驶效率最高的水平上。在道路规划中，往往会在道路两旁的种植绿化，从而能一定程度上避免驾驶环境过于单调。此外，不同个体对同一交通环境所感知到的压力往往具有差异性，受到其驾驶技术、生理心理状态、驾驶经验等多方面影响。

交通建筑学

traffic architecture

交通建筑学是结合交通心理、美学，对交通构造物进行建筑设计与艺术加工的学科。主要目的是优化道路交通环境，提高精神文明与文化素养，中国近年在高速公路与城市建筑中已充分应用这一学科。其内容主要包括：① 道路线形设计要与自然景观相协调，并注意视线诱导，绘制道路透视图；② 对于桥梁的环境、形式、栏杆、灯柱、隧道出入口、护栏样式以及交通岛、道路标志、道路照明支柱等交通设施来说，既要坚固实用，又讲求造型、装饰和色彩；③ 绿化道路沿线，既要形成道路景观，又要保护生态平衡；④ 安排城市休息园地、建筑小品，给人们进行娱乐交流的场所畅快身心。

心理学在交通工程建设方面发挥了重要作用，融入心理学知识是为了更好地适应未来以人为本的规划、设计与管理技术潮流。在这种形势下，应进一步加强对与交通建设有关的心理学知识和理论的应用。例如，在设计和安装交通信号灯时，交通工程师不仅要考虑它对通行能力的正面影响，也要仔细研究它对驾驶员的行驶过程中产生的心理影响，以及后续的不良影响，更好地推动交通建设的发展。

交通客观安全感

traffic objective sense of safety

交通客观安全感是指影响道路交通安全和参与交通人员切实人身安全的客观存在的因素。例如，车辆情况、道路情况、交通环境等。良好的交通客观安全感配合合理的交通主观安全感，可以有效提高交通安全性能。

交通量

traffic volume

交通量又称“交通流量”，即一定时间内，通过道路某断面或某车道的车辆、行人的数量。它是道路设计、交通管理与控制、交通规划的依据之一。交通量是随机变量，按不同用途以某一期间的平均值为代表，常用的有：① 平均交通量，分为平均日交通量（ADT）、周平均日交通量（WADT）、月平均日交通量（MADT）、年平均日交通量（AADT）；② 交通变化特征值，有高峰小时交通量、年最大小时交通量、年第 30 位最高小时交通量（将 1 年 8760 小时的交通量从大到小排列的第 30 个值）等。观测方法有人工计测法和计数器观测法。我国自 1980 年起每年刊行《国家干线公路交通量手册》。

交通流

traffic flow

交通流指车辆在道路上行驶所形成的车流。广义上的交通流不仅包含道路上的车流，还包括参与交通的人流。交通流的主要特点是：在不受纵横向的车辆或行人的影响下，交通流呈现连续流状态；在受到车辆、行人、交通信号控制的情况下，呈现断续流状态。有研究认为，在交通流中，车辆作为主体，其个体与个体之间存在间距。从间距来看，交通流的分布并不是一个连续的状态。反之，将这样的间距看作是一个两车之间形成的车域，则在宏观上可将交通流分布看作一个连续的状态。

交通流理论

traffic flow theory

交通流理论是研究交通流的理论基础，是综合运用各交叉学科（包含物理学、数学、力学等）的原理来解释和预测交通流的发生发展特性的一门学科。目前一共有 4 种理论：概率理论、排队理论、车路波动理论和跟车理论，主要是通过对于交通流的特性、预测的研究，帮助解决实际交通中出现的问题。未来的交通流理论从研究的内容来看，研究重点是宏观交通流。其研究的方法和手段也与在时俱进，目前的主流趋势是计算机模拟建模，和以神经网络、人工智能为代表的现代理论方法。

交通宁静化

traffic claming

交通宁静化是一系列设计方法、措施的总称，这些方法和措施的目的是控制街道、居民区的交通速度和流量，以降低机动车辆使用带来的安全隐患，改变驾驶员行为与改善街道上非机动车辆的使用环境，最终达到街道空间各种功能的协调发展。交通宁静化的措施有两类：交通量控制类和速度控制类。常见的代表性措施有减速带、环形交叉口、道路缩窄等。

交通评价

traffic diagnosis

交通评价又称“交通判断”，是对道路网规划的功能和效益等进行经济、社会和技术所作的评价，对交通服务的质量和水平给予定性与定量的全面评述。这是交通工程技术人员和交通规划人员必须具备的基本技能。

交通评价常分为交通现状评价和交通规划方案评价。前者是对已有结果的量度，后者是对未来效果的预估，供管理部门决策。

路网评价项目甚多，如：

（1）道路使用者：交通安全、便利。

（2）交通管理：交通量、通行能力、信号控制、环保。

（3）运营者：客货运输经济、行驶费用、燃料消耗等。

不同国家与不用城市项目多少也不同，如日本东京道路网评价为 18 项。

评价方法分定性和定量两种。前者因某些项目难以量化分析，按实际情况制定指标或定性评估，常用图解分析，达标矩阵（goals achievement matrix）。定量评价常用费用效益分析，以货币形式表现。综合评价除应用定性、定量分析结果外，还会考虑社会效益，以全面论证规划的可行性。

交通期望线

desire line

交通期望线又称为愿望线，主要应用于城市交通规划和分析，将城市的各交通区重心分别作为起始点（origin）和目的地（destination），两点所连成的直线为交通区之间的最短出行距离，线段的宽度表示交通区之间出行的次数。

交通强者

transportation strong

交通强者指道路使用者中，相对体积和动力大，总质量和速度也更大的一方。如机动车和非机动车之间，非机动车和行人之间，前者均为交通强者。

交通人类工程学

traffic ergonomic

交通人类工程学是人类工程学的一个分支，是运用生理学、心理学等相关学科知识，研究如何使驾驶员能够更良好适应驾驶工具与环境之间关系的方法。

交通人身安全

traffic safety

交通人身安全指道路使用者在交通活动中的人身和财产安全。人身安全在宏观上可以用交通安全和机动化程度的乘积表示：人身安全=交通安全×机动化程度。机动化程度是指一段时期内一个国家或地区所拥有的机动车总量，可以用每千人拥有的机动车数量表示。

交通弱者

the weak in traffic

交通弱者与“交通强者”对应，指因经济水平、身体状况、年龄或社会条件制约，较难使用汽车的人。如经济拮据无自用车，或虽有经济条件，但因残疾、年纪过大等原因不能开车，甚至无法使用公共汽车的均属弱者。另一方面，与交通强者相对的，行人与驾车者相比，或非机动车与机动车相比，前者易被碰撞，也属于弱者。

交通设施

traffic equipment

交通设施是为保证道路交通安全、畅通与环境顺适所设置的设施的总称。包括：

（1）路面防滑。用硅砂、矾土、沙等骨料铺撒，保持粗糙度，冰雪路面应有除雪设施。

（2）护栏。行车道、人行道、中央分隔带，尤其高路堤、桥头引道、弯道、陡坡路段设置混凝土或钢制护栏。

（3）防护设施。公路沿线凡有碎落塌方、泥石流、水面波浪等危险地段设相应的防护构造物。

（4）按国标设置交通标志与路面标线。

（5）重要交叉路口设立交或人行天桥、地下通道。

（6）设交通信号灯。

（7）重要路段安装路灯、反光标志、防眩板。

（8）交通公害管制。

（9）停车与休息。适当地点设公共汽车站、停车场，高速公路上设服务区。

（10）高速公路应设紧急电话、公路信息板、公路通信、监控、收费等设施。

交通生理

traffic physiology

交通生理是指在交通环境中人体组织（如大脑、小脑等）的机理以及反应能力，与年龄、性别、身高、体重等生理条件有关，主要表现为视觉、色觉、听觉、味觉、触觉、嗅觉、反应时间、失衡、失控以及种种不适感等。个体生理也会影响个体的心理，人在交通环境下同时会受交通生理与交通心理的相互作用。

交通生理主要表现为以下几个方面：

（1）视觉特性。在驾驶过程中，驾驶员的视力（精视力与动视力）、视野（静视野与动视野）、色觉（红绿色盲不可以进行驾驶）、黄昏视力与夜间视力（夜盲症患者需格外注意）、立体视觉以及明暗适应都会影响驾驶安全。

（2）听觉特性。听觉虽然在驾驶任务中的作用没有视觉大，人们容易忽视其作用，但是它可以起补充视觉盲区的作用，所以在驾驶时最好不要有戴耳机等行为。

交通失控

wild traffic

交通失控是指当驾驶员遇到危险需要及时停车时却没有停下来，或者没有及时减速、让道等，从而发生交通事故。例如，在寒冷的冬季，路面积雪结冰会给道路畅通和行车安全带来严重的不良影响。冰雪使路面附着系数大大降低，使汽车打滑、制动距离明显延长，甚至刹车失灵、方向失控，从而造成严重的交通事故。在上坡道失控时，要尽量用手制动和用脚制动停车，可将车门打开，用侧身后视的方法操纵方向盘，控制车辆向安全处倒行，待到平地时再设法停车。在下坡道失控时，应立即利用天然障碍给车辆提供相应的阻力，以消耗车的惯性力，例如可将车辆顺势转入路旁的草丛、田地上以减少车轮的滚动，也可以使用抢挡的方式，以增加发动机的牵制作用，再运用手制动器阻止传动机件的旋转。

交通事故

traffic accident

交通事故是指道路上通行的车辆、人员因当事人违反交通法规，造成人身伤亡或财产损失，依法承担责任的事故。人员指参与交通的自然人；物资系民用车辆或货物、建筑物；当事人中至少有一方在行车；道路是法定的公路、城市道路（不包括厂矿、单位等内部不供公用的道路）；违法指主观过失以及中国民法通则“无过错赔偿原则”所列情况。但自然灾害的事故除外。

1. 交通事故分类

各国对事故分类与处理不同，我国分四类：轻微（轻伤 1～2 人），一般（重伤 1～2 人），重大（死亡 1～2 人），特大（死亡 3 人或以上）。轻伤指需治疗 1 天以上，重伤指可能致残或需大手术，死亡指当场或经 7 天抢救无效。当事人责任按公安部规定与调查，分为全部、主要，同等、次要责任四种。原因多由驾驶员违章或失误，少数由道路条件差或车辆故障引起。

2. 交通事故的处理程序

（1）维护现场，抢救伤员。

（2）查明情况，认定责任。

（3）处置责任者调解损害赔偿。

3. 减少事故的措施

（1）增加安全与功能设施。

（2）提高交通管理水平。

（3）健全法规，严格执法，普及安全教育。

（4）改进急救措施。

交通事故变动现场

the variational scene of the traffic accident

交通事故变动现场指与交通事故发生时的原始状态相比较，发生了全部或部分变化的事故现场。

交通事故成因

cause of traffic accident

交通事故成因是指特殊环境下，人、车、环境之间等因素之间失调，造成交通事故，分为客观因素和主观因素两个方面。客观因素主要包括：道路、气象等原因；从主观上看，行车状况、驾驶员疏忽大意、操作失误、违反交通道路法律法规等，都可能导致交通事故。

交通事故处理

traffic accident handling

交通事故处理是指对车辆在道路上因过错或者意外造成的人身伤亡或者财产损失事件的处理。交通事故处理的依据是《中华人民共和国道路交通安全法》和《中华人民共和国道路交通安全法实施条例》。一般分为：轻微事故、一般事故、重大事故和特大事故。正常的处理过程分为以下几步：受理报案（立案）、现场处理（抢救伤者和财产、现场勘查和证据收集）、责任认定（根据事故成因判定责任）、裁决处罚（根据相关规定进行相应处罚）、损害赔偿调解（召集双方当事人进行调解）、向法院起诉（限期内调解无效后进行）。

交通事故率

traffic accident rate

交通事故率指一定时期内全国、某地区或某条路、某路段和某个交叉口的事故次数、伤亡人数与人口、登记机动车辆数、道路运行里程的比率。交通事故率既表示综合治理道路交通的水平，又是交通安全度的评价指标。交通事故率反应交通管理水平，是道路交通安全评价的重要指标。

国际上常用的交通事故率指标有：① 公里事故率；② 机动

车事故率；③ 十万人事故率。

事故率计算方法很多，何种方法较科学尚有争议。我国仍用事故次数、受伤人数、死亡人数、直接经济损失款额四项指标与上一年度同期对比，表示事故率的升降。

1. 提高驾驶员安全素质的对策

提高驾驶员安全素质是交通安全管理的一项重要工作。我国每年因驾驶员的违章和失误而造成的交通事故死亡人数约占80%，因此，对驾驶员的安全教育和严格考核是减少交通事故伤亡的重要措施。

管理部门应重点从下列措施来提高驾驶员的安全素质：

（1）对驾驶员安全行车进行正面教育，使驾驶员认识到遵守交通规则和正确驾驶车辆有利于交通安全。让驾驶员在严格学习和考核中，加强公德意识的培养，特别是让违章的驾驶员认识到自己的不安全行为，将对他人和自己的生命安全构成严重威胁。

（2）对驾驶员的再学习应予以高度重视。通过培训教育，提高驾驶员在复杂条件下的事故隐患预测能力，掌握识别不安全因素的有关知识和经验，为减少或消除行车中的危险情况奠定良好基础。

（3）对营运车辆驾驶员采取严格的控制措施。为此，国家应制定统一的行车记录单，以备执法人员核查。对每天驾车超过一定时间的驾驶员必须停车休息，否则对个人和所在公司进行严厉处罚。并对酒后驾车、超速行车的驾驶员进行严格监控，严重者终生禁驾。

2. 提高交通事故求援与救护技术

交通事故发生后，救援机构及时到达事故现场进行处理、救护，对减少人员伤亡损失是十分有益的。此方面的措施主要体现在事故的实时监测、事故发生地点的准确定位、各部门信息系统相互沟通、交通事故求援与事故现场受伤人员快速救护、技术装备的合理配备、救护车在紧急情况下畅通无阻等。

3. 重视交通事故人员伤亡的调查与分析

对交通事故人员伤亡的特点、特征及其普遍性规律、肇事驾驶员的安全水平应予重点调查和研究。国家应建立行之有效的调查统计系统，包括保险、医疗、交通、车辆部门、警察部门。把所有交通事故调查数据集中到国家主管部门的统计分析中心，且与其他相关部门进行资源共享，其中包括交通事故人员伤亡的调查统计系统，并确保数据的客观性和准确性，这样有助于总结交通事故伤亡规律，为预防和减少事故伤亡提供可靠的依据。

4. 重视人与道路环境相适应的问题

探讨和掌握人与交通环境的协调特性，依此改善交通环境（包括社会环境、自然环境），对提高交通参与者的适应能力和减少交通事故人员伤亡有积极作用。在道路建设方面，应充分考虑人与道路相适应的安全问题。这主要包括人对道路几何条件、光线照明条件的适应性以及安全设施的有效性等方面。对各种道路交通条件是否符合驾驶员安全行车进行系统地研究，采取有效措施。如有些发达国家对事故多发路段采用不同颜色，警示驾驶员安全行车。另外，道路的行人通道标志标线应醒目，以便引起驾驶员特别注意。

5. 从车辆技术性能方面保护交通参与者

据统计，我国车辆正面碰撞和侧面碰撞造成的死亡人数超过总死亡人数的 50%。可见，加强车辆安全技术的应用，是减轻交通参与者人身伤害的有效技术措施，如强化车辆的安全技术标准、制定更严格的车辆检验制度、为车辆配备制动防抱死系统和安全测距装置以及对驾驶员不安全状态进行实时监控等。此外，为有效减轻交通事故对驾乘人员的伤害，在车辆上尽可能配全安全带和安全气囊。正在蓬勃发展的智能交通系统（ITS）把人、车、路有机地结合在一起，使道路交通发展到新的水平。我国在这方面应加强国际合作，加快车辆安全智能化技术的开发与应用，最大限度地减少事故车辆对驾乘人员和其他交通参与者的伤害。

交通事故损害赔偿

damage compensation for the traffic accident

交通事故损害赔偿是指发生交通事故后对相关人员的损害赔偿。针对道路交通事故损害赔偿纠纷，我国制定了《中华人民共和国侵权责任法》《中华人民共和国道路交通安全法》等法律及相关司法解释来予以规范。交通事故损害赔偿依据相关的法律、法规有相应的标准，包括人身损害赔偿标准、财产损失赔偿标准，很多时候也会附带精神损害赔偿标准。人身损害赔偿标准根据《最高人民法院关于审理人身损害赔偿案件适用法律若干问题的解释》第十七条、《中华人民共和国侵权责任法》第十六条的规定，包括以下项目：医疗费、误工费、护理费或护理误工费、社保补缴费、重新入职损失费、重新找工作短期生活费、暂时失业费。住院生活或采购费、返乡跨省交通费、县内交通费、跨县交通费、护理住宿费、住院伙食补助费、住院跑腿费、起诉取证跑腿费、差旅费、因伤服药输液对人体产生的危害或缝合伤口费、各类复印费、衣物报废或财产损失费、必要的营养费、残疾赔偿金、残疾辅助器具费、被扶养人生活费、康复费、后续治疗费、丧葬费、死亡补偿费、受害人亲属办理丧葬事宜支出的交通费、住宿费和误工损失等其他合理费用、精神损害抚慰金。财产损失赔偿标准，以交通事故造成的直接损失和间接损失来确定赔偿数额。精神损害是一种外人无法计量的无形伤害，一般会综合各种情况考虑。

交通事故统计分析

statistics and analysis of traffic accident

交通事故统计分析指的是针对已经发生的交通事故进行统计分析研究，即运用研究分析，探究事故发生原因、影响因素与事故之间的关系，了解事故发生发展的根本和规律。通过事故统计分析，可以有效促进交通安全。

交通事故心理

psychology of traffic accident

交通事故心理是指与交通事故有关的人员从交通事故发生前一瞬间、发生时到事故发生后的心理活动。我国《道路交通安全法》指出，交通事故是指“车辆在道路上因过错或者意外造成的人身伤亡或者财产损失的事件”。社会心理学研究认为，个体心理活动对个体行为产生直接影响，就驾驶员员而言，主要表现为驾驶员的心理对驾驶判断、反应、控制以及承受能力等的影响。

掌握并运用驾驶员的交通事故心理可减少和排除事故诱发因素，加强对突发事件的应变能力，指导正确判断责任方，以及对逃跑肇事者的追捕、事故的善后处理等。为提高驾驶安全系数，主要建议为：① 开展心理训练，提高驾驶员心理素质；② 开展安全宣传，增强驾驶员安全意识；③ 把住驾驶入口关，严格驾驶适性管理；④ 立足以人为本，采取人机工程学措施等。也有学者试图通过构建驾驶员心理品质与道路交通事故之间的关联模型来反映机动车驾驶员的心理品质和安全驾驶的关系。还有研究指出交通事故心理可能也受个体的生理节律所影响。国外研究生理节律的研究人员指出，个体从出生开始，自身的情绪、智力以及体力总是呈现周期性的变化，所以有研究对驾驶员的各个时期进行研究与观察。研究发现驾驶员在情绪低潮期与临界期极易发生事故，在我国的调查研究中也发现了类似的情况。目前，我国已经有一些地方运用计算机计算临界值来提醒驾驶员。

交通事故心理学

traffic accident psychology

交通事故心理学是交通心理学的分支学科之一，以交通事故发生中的心理原因、环境因素等影响因素为主要研究内容，并从心理学的角度来提出解释和预防。

交通事故原始现场

the original scene of the traffic accident

交通事故的原始现场指没有遭到任何改变或破坏的交通事故现场。交通事故原始现场可以为交通事故原因的分析和交通事故责任的鉴定提供客观的依据。

交通事故责任认定

confirmation of traffic accident responsibility

交通事故责任认定指公安机关在查明交通事故原因后，根据当事人的违章行为与交通事故之间的因果关系，以及违章行为在交通事故中的作用，对当事人的交通事故责任加以认定的行为。

交通事故中人的间接因素

human indirect cause of traffic accident

交通事故中人的间接因素指的是影响驾驶员进行安全驾驶行为的客观条件或状态。比如酒驾、药物、疲劳和缺乏驾驶经验等，主要表现在心理、生理和交通经验等三个方面。

交通事故中人的直接因素

human direct cause of traffic accident

交通事故中人的直接因素指导致事故发生的最直接的原因，例如超速行驶、违章变道、疏忽大意等。

交通视觉干扰

traffic vision disturbance

交通视觉干扰指对于交通行为中的驾驶员的有效知觉产生干扰的交通环境中的视觉因素，如广告牌、商标、霓虹灯等。交通视觉干扰将降低驾驶员对交通标志的视觉能力，延长驾驶员的反应时间，容易造成交通事故。

交通视频监控系统

traffic video monitoring system

交通视频监控系统是视频监控系统在交通领域的应用，该系统通过利用安装在交通路线上的视频监控设备，通过录像、拍照等方式，提供道路交通信息。监控设备所识别出的行人、车辆等信息，以便交通指挥人员及时掌握交通动态，为公共交通调度提供更多及时的帮助。交通视频监控系统作为一种保障交通行车组织及公共安全的重要工具，在国内外已被广泛应用。交通视频监控系统可进行车牌识别、车速测量、逆行警告、流量统计等，系统获取的交通信息具有及时性、直观性和可逆性。同时，交通视频监控系统能够支持智能手机或平板式计算机等移动设备查看视频画面，也支持将监控画面调入视频会议。因此，该系统在处理交通事故、梳理交通路线、处理交通突发事件，以及辅助侦破刑事案件等领域都有广泛应用。交通视频监控系统具有不同类别，有用于道路交通的，也有用于轨道交通的，国内已有学者对轨道交通视频监控子系统的开发与实现进行了研究，设计了一套高性能轨道交通视频监控系统，并具体阐述了系统的具体实现，对于轨道交通监控系统的改进与完善有积极的促进作用。

交通违章

traffic violations

交通违章是指所有交通参与者违反相关交通法规。交通违章者主要包括以下人员：

（1）交通慢行参与者。交通慢行参与者主要是指行人及非机动车。影响该类人员违章的主要原因为守法意识淡薄、图方便、从众心理等。

（2）机动车驾驶员。影响机动车驾驶员违章的主要原因为习惯心理、违章成本低、省时间、侥幸心理等。

生活中较为常见的是机动车违章驾驶，当前，在我国机动车违章查询有 4 种方式：

（1）到各市、各区县交通支大队的办公大厅通过触摸查询终端查询。

（2）登录各市公安局公安交通管理局的对外服务网站，找到车辆违章查询，输入车牌号和车辆发动机号，点击查询即可。

（3）拨打声讯电话查询。

（4）通过编写手机短信查询违章。

交通违章处罚一般程序：调查取证，告知处罚事情、理由、依据和有关权利，听取陈述、申辩或者举行听证，作出处罚决定。

随着科技的发展，违章抓取的技术也越来越先进。例如，电子眼从 1997 年开始投入使用后逐渐在全国普及，其对机动车的违章抓取准确率也在日益提升。同时为了避免产生更多的交通违章，有关部门也采取了很多措施。例如，梧州、滨海等地针对乱闯红灯的行人和非机动车采取电子投屏批评警告的手段。

交通现状评价

evaluation of present traffic

交通现状评价即对现有交通设施的服务状况所作的评述。评价的基本标准是衡量交通供应与交通需求的匹配程度，尽可能以一系列定量指标描述。

评价主要内容有：各种运输方式（包括公路、城市道路、铁路、水路、航空等）的最大运能和实际运能；道路交通和公共交通的服务指标（如密度、长度、面积、车速，延误、饱和度、准时性、排队长度换乘次数、方便程度、舒适程度安全程度等）；创造的经济效益与社会效益以及对环境的影响（交通噪声、交通污染、交通振动等）。评价要素的基本特点是可量化、可测度、可互比、多学科、多手段、多目标，务必要做到公正、客观、全面、详细。

交通现状评价的目的是确定存在问题及其原因；检验有关政策、工程、管理手段实施后的效果；筹划继续改曾的途径和方案。

交通心理控制源量表

traffic locus of control scale

厄兹坎（Ozkan）和拉尤宁（Lajunen）在 2005 年开发了驾驶员交通心理控制源量表（T-LOC）。该量表共 16 个项目，分为自我（相当于内控）、其他驾驶员、车辆和环境、命运（相当于外控）4 个维度。“自我”指造成事故的原因是自身因素；“其他驾驶员”指个体将造成事故的原因归因于其他驾驶员造成的；“车辆和环境”指造成事故的原因是外在因素；“命运”指将造成事故的原因归因于命运或运气不好。T-LOC 具有良好的信效度，是国际上使用比较广泛的测量交通心理控制源的工具之一。

交通信号控制系统

traffic signal control system

交通信号控制系统是地面道路交通管理系统中对路口、人行道等地方采用信号灯控制的系统，是融合了计算机、互联网、交通工程学、通信技术、自动控制技术的多门学科理论的交通信号控制系统。该系统有较好的控制功能，可以把相互冲突的交通流在时间与空间上适当分离，以保证车辆流畅、安全地通行。例如，交通信号控制系统可以对路口红绿灯进行控制；可以实时查询路口交通状态，并对其进行监控；可以对故障信号灯进行定位；可进行远程登录控制；可实现多用户的管理。目前主要是采用 AITS100 交通信号控制系统，它包括数据库服务器、交通信号管理服务器、网络通信设备、路口交通信号机。随着多年的研发，交通信号控制系统取得了一定的进展，成果包括英国的 SCOOT 系统、意大利的 UTOPIA 系统、澳大利亚的 SCATS 系统、美国的 RHODES 系统和 OPAC 系统、法国的 PRO-DYN 系统，各个系统既有其优点也有其劣势。对于系统的不足，学者指出，未来城市交通信号控制系统的发展需要结合先进的智能控制技术、信息融合和处理技术以及交通管理技术，得到高质量的数据和模型。近年来，智能交通系统（Intelligent Transport Systems，ITS）在全世界内被认同，该系统融合了 AI 技术、电子传感技术、自动控制技术、计算机处理技术、数据通信传输技术等，具有实时、精确度高的特点，是一种综合交通运输管理系统。1990 年，ITS 由美国智能交通学会（ITS）提出并向全世界推广，经过不断地研究、改进与应用，目前国际 ITS 领域有三大系统，分别是“智能车辆-公路系统”（美国）、“尤里卡”联合研究开发计划（欧洲）和“先进的动态交通信息系统”（日本）。其中交通信号控制是 ITS 研究的一个重要方面。

交通信息发布系统

traffic information issuing system

交通信息发布系统是将交通信息直接提供给出行者的一种交通系统。该系统主要由指挥调度中心、信息处理中心、信息交换平台、通信网络和信息发布终端组成。其中，指挥调度中心和信息处理中心的交通信息会发布到信息交换平台，该平台是一个重要信息中转站，接收信息后，将信息发布到各类信息发布终端。交通信息有多种发布方式，包括车载终端、电子站牌、站场查询终端、交通广播、交通电子屏、短信服务平台、Web 网站等。随着互联网技术日渐发达，通过互联网发布信息成为一种高效的信息发布方式。信息具有及时性、有效性，人们能从任何一台移动电子终端上浏览发布的交通信息。交通信息可实时监控，该系统可在容易发生拥堵的地点（如城市快速路、主干道等地点）设置大型室外可变情报信息板（VMS）。该信息板的更新频率为两分钟，几乎可以实时更新路况信息。随着交通信息发布系统的不断发展，不得不提的是现代交通诱导技术，该技术不再强调单一的发布信息，而是实时采集路况信息，利用大数据分析等技术，将分析后的信息流数据发布给驾驶员，以诱导驾驶员避开拥堵路段，自行选择畅通的行驶路线。现代交通诱导技术具有实时发布的特点，有利于城市交通的畅通。

交通延误

traffic delay

交通延误指行车延误，即机动车在行驶过程中，由于某些脱离驾驶员掌控的因素而造成出行时间上的损失，通常以秒/辆为单位。交通延误是评价道路和交通管理设施效果，以及交通服务水平的重要参考指标之一。从交通延误可以看出交叉口的运行状态，交叉口运营状态良好，则延误较低；反之则较高。交通延误迫使机动车频繁地启动、停止、加速、减速，导致更大的耗能和尾气排放。交通延误在直观上可以分为减速延误和停车延误；从成因的角度来看又可以分为正常延误和非正常延误；从地点上分又可以分为路段延误和交叉口延误。交通延误有三种常用的获取方式：① 利用点样本法通过实地交通调查获得；② 利用理论课程中的相关公式模型计算得出；③ 通过交通仿真软件获取。

交通拥挤

traffic congestion

交通拥挤是指在一定时间内，由于交通需求的增加，通过道路中的车流量大于道路的交通容量时，道路上的交通流无法畅行，超过部分交通流滞留在道路上的交通现象。拥挤程度可以用车辆等待的信号周期数或排队长度来描述，如拥挤、非常拥挤、严重拥挤、死锁等。交通拥挤产生的原因主要有以下几点：道路设施发展与交通需求增长失衡；交通结构不合理，各类交通工具比例失衡；城市功能整体协调的失衡；忽视交通供需平衡的社会经济政策对交通流量的逆向调节；滞后的交通管理与迅猛发展的交通现状不相适应。

解决交通拥堵的措施主要有以下四个方面：

（1）技术措施，具体为交通规划、道路建设和交通结构优化。

（2）经济措施，具体为确定合理的收费区域和收费时间、确定合理的收费对象和收费费率、确定合理的收费方式和收入分配方案。

（3）政策措施，具体为公交车优先政策、总量控制。

（4）管理措施，具体为优化时空资源利用、城市交通管理模式由经验型管理到科学化管理、增强依法治理交通的法制意识和现代交通意识。

当拥挤已经发生时，要根据当时当地的具体情况，及时采取适当的疏导措施。总而言之，交通拥堵是一项复杂、涉及面广而急需解决的热点问题。影响城市交通拥挤的因素很多，随着社会经济的发展和城市建设，新的问题和因素会不断出现，须不断跟踪进一步研究。

交通噪声

traffic noise

交通噪声是最普遍的环境噪声形式，是交通工具运行时所产生的集合声能量，主要指机动车辆在城市内交通干线上行驶时产生的噪声，主要包含路面、轮胎、发动机、变速器、制动元件等所造成的噪声组成。路面滚动轮胎的行驶噪声是交通噪声的最大来源，其噪声随着车速增加而增大。交通噪声的污染程度同机动车辆的种类、数量、速度、运行状态、相互距离、鸣笛、道路宽度、坡度、干湿状态、路面情况及风速等多方面因素有关。噪声污染的危害主要有：降低听力、影响人的休息和情绪、干扰语言交谈和通信联络。

根据来源的不同，城市道路交通噪声主要分为动力性噪声、非动力性噪声和轮胎路面噪声三方面。动力系统的噪声主要指机动车辆与车速、发动机转速有关的进、排气噪声、发动机表面辐射噪声、传动系统噪声、车体震动噪声等。非动力系统噪声包括鸣笛、刹车等噪声。轮胎路面噪声是指轮胎与路面相互作用产生的噪声。

交通秩序

traffic order

交通秩序定义涉及两个方面的内容：① 指道路状况井井有

条；② 指人们为维护交通顺畅与安全所需遵守的交通法规。良好的交通秩序一般包括行车有序和停车有序。良好的交通秩序有利于交通安全、道路通畅以及提高社会运输效益，同时，交通秩序也体现了一座城市，一个国家的整体素质以及社会治安等各个方面。

交通秩序混乱是目前城市交通管理的重点、难点和热点问题。交通秩序的管理主要涉及以下五个方面：① 对机动车、非机动车行驶秩序的管理；② 对行人、乘车人和候车人的秩序管理；③ 对非交通性障碍的管理；④ 道路交通安全违法行为处理；⑤ 道路治安管理。

道路交通秩序管理一般遵循以下六个原则：① 右侧通行原则；② 各行其道原则；③ 状态控制的原则；④ 安全与畅通相结合原则；⑤ 平等与优先相结合原则；⑥ 处罚与教育相结合原则。

交通秩序混乱的主要表现为：机动车随意停放、交通慢性参与者违法横穿各个路段、交通参与者不严格遵守交通法规等。完善交通秩序方法有：① 注重加强交通设计，科学组织交通管理；② 建设城市道路交通管理信息系统等。

聚众堵塞交通或者破坏交通秩序，抗拒、阻碍国家治安管理工作人员依法执行职务，情节严重的行为将会被定为交通秩序罪。

交通主观安全感

traffic subjective sense of safety

交通主观安全感是指个体从主观角度来评判交通安全的影响因素时感受到的情感体验。即个体对于参与交通行为可能受到保护或伤害程度的主观感受和判断。学者认为，交通安全感过高和过低都会导致驾驶员产生失误的判断。过高的交通主观安全感会让驾驶员容易忽视危险；过低的交通主观安全感会让驾驶员感到更多的恐惧，容易引发交通事故。从交通心理学进入学者的研究视野起，交通安全意识就成为研究的重点。交通主观安全感和交通客观安全感这两个概念随之提出，一开始没有非常清楚的界定，直到后来才慢慢有了区分。

交通阻塞

traffic jam

交通阻塞指交通需要量超过道路通行能力出现的车辆堵塞现象。分两种：① 自然阻塞，交通量大的平交路口、瓶颈路段、大桥等早、晚高峰时常发生排队等候通行；② 事故阻塞，发生交通肇事，如汽车对撞占据道路空间。其量化指标有排队长度，排队时间和疏散时间等。

运用计算机技术、信息技术、通信技术、电子控制技术和材料科学把车辆、道路和使用者紧密结合，以有效地解决交通阻塞问题。

（1）车载塞车预测系统：日本推出车载塞车预测系统，装置有预测系统的车辆经过某一区间时，信息中心会收集其通过这一区间所需时间，并据此统计各路段交通状况。随着提供信息的车辆的增多，样本数据信息精确度也会因此而提高。如果有更多的车辆装载塞车预测系统，就可以对车辆进行有效的分流，从而减少城市塞车的时间。

（2）公交车辆卫星调度系统：公交车辆卫星调度系统可以改善城市交通阻塞，提高公交运营效率，为进一步发展全面的智能化交通系统奠定基础。

（3）智能化停车系统智能化停车：系统由停车诱导系统和智能停车管理系统两个子系统组成。停车诱导系统将通过各种方式向驾驶员提供停车场的位置、使用状况、路线选择以及相关道路交通状况等信息，诱导驾驶员最有效地找到停车场的系统。

（4）彩色防滑路面：彩色防滑路面在欧洲国家被广泛使用，

大量对比数据证明它的应用不仅有利于交通阻塞的疏导，而且也是预防和控制道路交通事故的有效手段。彩色防滑路面通过道路颜色的不同提示驾驶者在规定的路面上行驶，从而避免了不同车辆的混行。提示驾驶员前方的危险路段，并通过提高路面的摩擦力，从而起到很好防滑效果。驾驶员驶入上述路段可以提前降低速度，在紧急情况下，缩短刹车距离，避免恶性交通事故。

交通阻塞税

congestion tax

交通阻塞税是对交通量超过一定通行能力的道路上行驶的汽车征收的税金。有的国家在交通量大的路段，在指定时间内，除特殊用车外不准个人轿车通行，以保持相对的通畅，如欲通过则可以收取道路阻塞税。例如，新加坡为防止某地区交通阻塞施行区域牌照制（Area Licensing Scheme，ALS），即高峰时间，只准有特定牌照的公共汽车通行，私人轿车欲通过须缴纳道路阻塞税且需坐满四人；挪威在奥斯陆主干道上施行环行通行费稽征系统，其目的是减少驶入市中心轿车量，并筹措修路资金。

侥幸心理

fluke mind

侥幸心理是当事人的一种心理预期，是驾驶员对个别经验的错误总结形成的不良心理。在交通中，侥幸被解释为一种趋利避害的冒险性投机心理。这种心理倾向驱使驾驶员自觉或不自觉地违犯交通法规，因为交通违章有时带有巧妙性、投机性、避开性，所以有些违章常常漏查。驾驶员在经历了某些违章行驶而并未发生什么不良后果后，就会在驾驶中失于谨慎、盲目抢道、逆行、超速行车等，久而久之将会强化这种侥幸心理，违章驾驶越发胆大。

侥幸心理主要表现在以下三个方面：一是在完成较困难或较危险的动作时，对可能发生的危险因素注意力减弱，或需要分配注意力时没有及时分配；二是出于偷懒的心理简化操作过程，在简化过程中往往出现愉快的表象，因为完成复杂的规定程序往往要付出更大的努力，因而减弱了对复杂的客观环境的判断；三是臆测判断，即根据不充分的推测而随意进行的判断。

侥幸心理在驾驶过程中的具体表现有：

（1）汽车穿越十字路口、窄路、险桥或事故多发路段时，驾驶员对可能出现的复杂情况估计不足，自认为会平安无事而侥幸通过，结果导致违章肇事。

（2）行车前喝酒，认为少喝点也许没事，但端起酒杯往往不能自控，致使酒后开车而违章肇事。

（3）有的驾驶员明知车辆有问题，但因赶路心切而不停车检修，认为离目的地已不远了，估计不会有问题，结果发生了事故。

（4）超速行驶，在交叉路口观看有无电子眼、交通警察，乘交通警察不注意时闯红灯。

（5）在禁停的路段乱停车。

侥幸心理是发生交通事故的诱因之一，只有克服侥幸心理，充分认识到侥幸心理可能带来的危害性，才能确保安全行车，减少和杜绝交通事故的发生。如何减少侥幸心理是未来需要攻克的难题。

角色意识

role consciousness

社会总是要求人们扮演一定的角色，因此从出生开始，每个人都在社会中扮演了自己的角色。个人充当某种角色在一定程度上是出生即有的，比如家庭关系中父母、子女等角色是无法改变的。在社会生活中，根据不同的职业，人们也会充当不同的角色，例如：担负着教育重任的教师，需要保卫国家保卫人民的军人，还未步入社会的学生。对自己角色的认知则是角色意识，角色意识不仅仅是指充当某个角色，而是如何去充当某个角色，与个体的意志品格、心智能力、涵养、生活态度息息相关。角色意识包括角色认识、角色期待和角色实现。角色认识是对自己的角色是否符合社会标准的自我认知与评价；角色期待是他人对自己角色的要求和希望；角色实现是在前两者的基础上，对自我角色价值的实现。我们每一个人都是社会人，每一个人都有自己的角色要充当，因此角色意识非常重要。例如，驾驶员要有驾驶角色的意识，知道驾驶员应该遵守交通规则，不疲劳驾驶、不酒驾，驾驶时保持高度集中的注意力，不应该“开小差”，应时刻为自己和他人的安全着想。

紧急避险行为

emergent action of dodging damage

紧急避险行为是指为了国家、公共利益，或本人或者他人的人身、财产和其他权利免受正在发生的危险，在迫不得已的情形下采取的牺牲另外相对较小的合法权益的行为。《中华人民共和国刑法》第二十一条明确规定：“为了使国家、公共利益、本人或者他人的人身、财产和其他权利免受正在发生的危险，不得已采取的紧急避险行为，造成损害的，不负刑事责任。紧急避险超过必要的限度不应有的损害的，应负刑事责任，但是应当减轻或者免除处罚。”根据我国《民法通则》第 129 条规定：“因紧急避险造成损害的，由引起险情发生的人承担民事责任。如果危险是由自然原因引起的，紧急避险人不承担民事责任或者承担适当的民事责任。因紧急避险采取的措施不当或者超过必要的限度，造成不应有的损害的，紧急避险人应当承担适当的民事责任。”

案例：刘某驾驶大货车顺着国道往北出城，车辆驶至城乡结合部，刘某见行人车辆渐少，遂加快行驶速度。此时，突然发现前面有一行人王某横穿公路，眼看就要撞上王某，刘某慌乱之下猛打方向盘，避开王某，但由于车辆方向急转，失去平衡，一下子便侧翻在地，车辆、货物均有受损。刘某遂要求王某赔偿，王某不肯。在多次要求赔偿未果的情况下，刘某诉至法院请求法院判决王某赔偿其所受损失。

本案很显然符合紧急避险的情形。王某未先确定路面安全即横穿马路，属于引起险情发生的人，因此其必须承担本次事故的责任。但是，刘某在险情发生前没有尽到机动车驾驶员的“高度注意”义务，对险情的发生也有一定的过错，也应承担本次事故的责任。综上，此次交通事故应当由机动车驾驶员刘某与行人王某按各自的过错程度承担同等责任。

景观序列

landscape sequence

景观序列指将景观内包含的各要素按照一定空间和时间的规律进行组织和整合，通过这样的排序将景观形成自然和人文上有韵味的设计。原本在景观设计中，只有空间序列，后来将空间序列和景观理论结合派生出了景观序列这一名词。通过景观序列的设计，可以将不同类型的元素有效地联结起来，通过各种不同的编排展现出来，帮助景观设计实现自然和艺术的结合，也使得观看者在欣赏景观时体验到不同的美感和设计感，因此在景观设计中十分重要。也就是说，景观序列具有两层含义：其一是景物之间有序展开，具有时间和空间的特点；其二是观赏者的观赏心理，随着景观的变化做出的反应。

景观序列的展开方式通常有三种：双景式、三景式和多景式。而景观序列的空间秩序则包含：轴线、节奏韵律以及动静结合。此外，景观序列是按照两种类型进行的，规则形式和不规则形式，规则给人一种威严庄重的感受，而不规则体现的是流动和变化的特点。各有其长。通过几者的相互结合，将景观形成一个有序的整体。我国自古以来的园林的建造都离不开景观序列的巧妙设计。以许昌园为例，采用景观序列的设计，通过内外环辅路、主次游览路线等，将内外联系起来，结合平台、绿色景观、建筑等，将时间和空间的变化一一展开，凸显了园林的特色。

景观隐喻象征

landscape metaphor

景观隐喻象征是指以隐喻和象征的手法对景观进行设计和表达，也指运用微小或细节的部分，通过隐喻和象征的手法委婉地表达景观的内涵。隐喻和象征都是对于景观的含蓄表达，其中隐喻侧重于临时性，象征则代表长期存在于某种文化当中。隐喻象征的设计手法能够有效地体现地域文化的内涵，是景观设计的一种常用手段。我国自古的园林设计就多用这样的手法来体现良好的园林氛围。例如在寺庙园林中，不同的植物都有其相应的象征，菩提象征佛祖本身也代表了世界，莲花则意味着佛祖的诞生，银杏树代表了吉祥等，这些都是景观隐喻象征手法在园林设计中的应用。不同时代和不同文化下对于事物的理解不同，相同的东西可能在不同文化下代表的是不同的含义。因此，在景观设计中运用隐喻和象征的手法要针对地域文化的特色，因地制宜，达到景物与整体景观的融合，符合本土的文化气氛。古代的景观应用隐喻和象征，多是借物象征另外的一种事物。现代的景观则更多的是营造一种氛围，符合观赏者的观赏需求，让其欣赏到景观中的“弦外之音”。

静态交通

static traffic

静态交通指驾驶员在出行中有意识地主动停放车辆的行为。交通现象是由动态交通和静态交通共同组成的，静态交通是动态交通的继续。例如：出租车为乘客上下车的停车、货运车辆为装卸货物的停车、私家车临时路边停靠等。另外静态交通还包括各种停车场。静态交通规划包括停放车供需预测、停放车管理和政策等。目前，可利用大数据系统和技术进行静态交通管理，建设“智慧停车平台”，实时收集周边停车泊位信息，并及时向用户发送，引导驾驶员便捷停车，实现信息共享，优化杂乱环节，并且使停车资源得到充分利用，也使得静态交通管理实现信息化。

就近心理

proximity psychology

就近心理是指用最小的代价换取最大的收益的一种心理，是人类在长期的进化史中出现的一种心理。在地铁站台的楼梯口往往是聚集人群最多的地方，因为这是乘客花费体力最少就能上车的地方，但聚集过多可能造成拥堵；人们为了抄近道不走人行道，而横穿绿化带，所以城市的绿化带常常被踩出一条小路；行人为了抄近道选择走高速公路，视危险于不顾；在高速公路上，错过下车的路口，却选择危险的倒车行为。这些行为虽然在一定程度上节约了距离和时间成本，但不仅有违社会公德，且具有危险性。因此，在道路交通领域，应尽量避免不良的就近心理。

K

开“英雄车”

impulse drive

开“英雄车”是指驾驶员盲目自信，争强好胜，好出风头，追求高速开车的快感和刺激，特别是遇到他人超车时，不顾车况、路况，危险驾驶的行为。在汽车驾驶中，就性别而言，男驾驶员安全意识更差，经常高速行驶，爱超车，开“英雄车”、“赌气车”，对超速行车往往采取不在乎的态度；驾驶时带酒气、爱分心。上述驾驶行为不仅会给道路交通带来一系列的安全隐患，而且还会影响正常的道路交通秩序等。

可变交通标志

variable traffic sign

可变交通标志又称“可变标志”是指交通道路上的图形、文字或色彩等内容可以根据实时的和交通安全管理的需要动态改变的标志。可变交通标志具有结构复杂、可靠性低、成本高昂的特点。

从显示技术看，在20世纪六七十年代时多使用折叠式、卷轴、转鼓等技术，随着科技的进步，80年代以后开始以使用发光二极管和光纤。目前比较常见的驱动方式有机械的、光电的、磁电翻转的等。

可变信息板

variable traffic information board

可变信息板又称“可变情报板”，指用图形、色彩、文字或其组合方式为道路交通使用者提供实时的交通信息的显示板。在法律允许范围内也可显示某些交通标志以起到可变标志的作用。

日本是最早在城市交通中使用可变情报板的国家之一。根据显示的方式可将其分为以下三类：

（1）反光型，其原理是通过反射车灯等外部光源显示信息，形式有折叠板、卷轴、转鼓、磁翻板矩阵等。反光型的成本较低，但是操作不简洁，而且会因为夜间光线等问题而导致道路交通使用者无法发现信息。

（2）发光型，其自己本身带有电源，形式包括氖灯、灯泡阵列、光纤格栅、LED 固定格栅或矩阵等。

（3）混合型，是综合上面两种形式。例如将磁翻板与光纤结合使用。将两种形式结合使用可以在白天使用反光型，防止发生眩目与反光等现象发生，在晚上使用发光型，也可节约电能源。

可变信息板的显示形式主要有三种：

（1）图形式，该显示形式方便理解，不拘泥于文字可以让文化程度不高或语言不通的人群也能看懂。而且，图形式不占据较长时间的视觉资源，在视觉环境较差的情况下也能使用。但如果图形过于复杂，反而可能适得其反。

（2）文字式，该形式简洁明了，可准确传达信息，但可能囿于空间有限，能表达的内容不多。

（3）图文混合式，结合使用可以让信息既明确又准确。

可变信息板的设置应该综合考虑以下内容：

（1）应该放置在距离交叉路口的 100 ~ 200 m 处，这样驾驶员在看到信息之后有充足的时间思考。

（2）在设计字体大小与颜色时应该综合考虑驾驶视距与车速等内容。

（3）信息要表达得既简单明确，又通俗易懂。

可读距离

legibility distance

可读距离是指驾驶员在行车过程，对道路交通标志能清晰辨认的距离。标志的文字、符号、图案易读程度称为判读性，其醒目程度与距离称为诱目性，两者结合称为辨认性，亦即可读距离。

快速公交

Bus Rapid Transit，BRT

快速公交简称 BRT，一般指“快速公交系统”，它利用改良的公交车辆，运营在公共交通专用道路上，是一种新型城市客运系统，介于快速轨道交通与常规公交之间，既保持了轨道交通的特性，又具备普通公交的灵活性。快速公交系统主要由以下几个部分组成：快速公交专用道；快速公交系统的线路；路口优先通行技术；新型大容量快速公交车辆；快速公交系统的车站与枢纽；快速公交收费系统；快速公交运营保障体系。

快速公交系统快速公交具有以下优点：客运能力大；成本低；见效快，建设周期短；速度快、准确性高；灵活性好；充分考虑乘客的需求；安全性高；污染小、耗能少；有利于城市土地开发；充分利用现有公交运营管理经验。随着社会经济水平的改善，我国居民对公共交通服务的要求越来越高。由于快速公交具有快速、高容、舒适、节省等特点，我国应充分研究和发展快速公交系统。

L

亮度梯度

brightness gradient

亮度梯度是指亮度随距离变化的程度，会影响视觉舒适度。

林崇德

Lin Chongde

林崇德，1941 年 2 月生，浙江人，北京师范大学资深教授，中国心理学会前理事长，中国著名心理学家、教育家，现任教育部人文社会科学委员会委员兼教育学•心理学学部召集人，教育部高校心理健康教育专家指导委员会主任。先后获得全国劳模（2000 年）和全国“十佳师德标兵”（2001 年），全国优秀教师（2006 年），全国优秀科技工作者（2012 年），国家杰出科技人才（2014 年）和北京市人民教师（2017 年）等光荣称号。

林崇德教授长期致力于思维理论研究，他围绕着人类智力的研究，开展了大量有关中小学生智能促进的研究，创新或创造性心理学是其重点课题之一。这些研究有力地推动了我国教育改革，提高了教育质量，也形成了他颇具特色的理论体系。“教书育人”是林崇德挚爱的事业，他始终践行着“培养出超越自己、值得自己崇拜的学生”；他的“严在当严处，爱在细微中”的育人理念被教有界和学术界广为称赞。美国《肯特信使报》将他与美国大教育学家斯波克（Benjamin Spock）相媲美，我国核心期刊《中小学管理》称他为“基础教育的播火者”。

20 世纪 90 年代以来，我国心理学发展日新月异，大量的专业术语及释义需要进行总结和规范。在此背景下，林崇德教授与杨治良、黄希庭教授共同主持编制了迄今国内收词数量最多的一部心理学专科辞典《心理学大辞典》，该辞典创造性收录了“交通与环境心理学分卷”，为我国交通心理学学科规范化发展产生了不可磨灭的作用。

临界车速

critical speed

临界车速是指道路某一路段交通量达到实用通行能力时的汽车平均车速。交通量少，平均车速则高，反之车速降低。当达到最大交通量（即实用通行能力）时，其平均车速则称为临界车速；通常交通流以其为界限，比它快速的车流称为自由车流，迟缓的则称为阻塞车流。发达国家城市道路的临界车速在 50 km/h 左右，我国约为 35 km/h。观测此值对确定道路等级，拟定通行能力有作用。

流动景观

flowing landscape

流动景观即不断变化的一切可视景观，包含自然和人文景观等。当前在研究高速公路设计时通常会考虑到流动景观的设计。通过考虑植物景观、水景观、光与影景观灯，结合时空的变化，会对整体的景观产生一种随着时间不断变化的感觉。增加空间层次感，扩大景深，丰富了景观的整体内涵，使其不再单一，具有动态性。通过设计不同的流动模式，满足不同的景观需要。例如，苏州留园形成的就是一个水平流动的景观空间，将东部庭院、西部田园、背部山林和中部山水，通过水平流动的景观设计巧妙结合在一起，各部分之间相互独立又存在紧密联系。此外，除了水平流动之外，还有一种是三维流动，通过台阶或者坡道将二维的景观发展成为三维的景观，形成一个生动立体的景观。

流动景观可以促进人文交流，舒缓单一景观可能产生疲倦感，通过流动变化的景观，可以缓解城市僵化的问题，丰富城市的文化气息。当前除了常见的实物景观之外，景观设计师也将声音作为流动景观的一部分，即将音乐、周围的人和人产生的声音共同构成声音景观。由于音乐具有变化性，声音具有传播性，因此非常适合将其纳入流动景观中，未来的城市交通景观设计可以考虑声音景观这一要素。

路侧干扰

roadside disturbance

路侧干扰是指道路两侧会对于行车速度产生干扰的因素，包括行人、非机动车、动物、树木等。部分公路在建设时，对于路侧的开发较低，在设计和修建时没有进行封闭处理，导致路边产业迅速发展，对道路产生严重干扰，影响车辆正常通行。车辆在驶过某一路段时选择减速通行，就证明这一路段存在路侧干扰现象。当前已有学者进一步研究了路侧干扰对车辆运行速度的影响，调查了三条典型双车道车辆的运行速度，并得到了单个路侧干扰因素影响下车速的变化。进一步完善了双车道公路车辆运行速度的预测模型，明确了双车道限速的范围。

路侧净空

roadside clear zone

路侧净空也称路侧（安全）净区，指从行车道的最外侧边缘直到障碍物之间的距离范围。常见障碍物包括道路周边的沟渠、绿化带、建筑物等，设置路侧净空是为了车辆的安全性考虑。在这一区域内，车辆如果失控可以在一定范围内及时调整回正常行驶方向。对于路侧的安全设施建设从 20 世纪 60 年代就已经开始，当时各国的公路建设发展迅速，引起了大家的重视。20 世纪 70 年代国外设计出“宽恕型道路”，化解驾驶员在驾驶过程中出现的一些过失，降低事故的发生率和严重性。路侧净空的宽恕设计需要考虑四个要点：设计速度、设计平均日交通量、边坡坡度和平曲线半径。2002 年，美国路侧发生事故的比例占全年总比例的 31%，由此可见路侧安全越来越重要。而我国当前对于路侧危险和防护的研究尚在初级阶段，未来应进一步明确我国路侧净空的现状，结合实际进行设计、建设。

路径跟踪

path tracking

路径跟踪是交通控制领域的热点问题，对无人交通工具来说尤为重要，如无人驾驶汽车。路径跟踪控制是在平面坐标系中设定一条理想的几何路径，然后根据一定的控制算法，使车辆从所处位置开始到指定目的地。路径跟踪控制和车速控制两者一起构成了无人驾驶汽车的路径跟踪控制问题。无人驾驶汽车路径跟踪控制问题实际上就是一个控制方向盘的问题，也可以称为车辆的横向控制。其主要目的是根据车辆前方参考的目标路径计算出一个合适的方向盘转角，使得智能车能够平稳、快速、准确地沿着目标路径行驶。无人驾驶汽车路径跟踪控制的另外一个研究问题是车辆车速控制，也可以称为纵向控制。其主要目的是通过协调控制车辆的驱动系统和制动系统来实现对无人车纵向速度的准确跟踪。

日益增多的汽车带来了许多问题，如交通拥堵、能源消耗以及汽车安全性问题。无人驾驶汽车完全排除了人为因素的干扰，可以极大地解决交通安全问题，而稳定可靠的路径跟踪系统是无人驾驶汽车实现产业化的必要条件，它能使无人驾驶汽车能平稳无误差地沿着已规划好的目标路径行驶。未来，无人驾驶汽车的发展将会是多学科、多领域的综合性应用，相信无人、更好、更高效的路径跟踪技术将会不断涌现。

路径规划技术

path planning technique

路径规划技术能让车辆根据存储在其内部的地图信息，或者根据外部环境所提供的一些引导信息，规划出一条路径，在没有人工干预的情况下，沿着该路径到达指定的目的地。一般的连续域范围内路径规划问题，一般步骤包括环境建模、路径搜索、路径平滑三个环节。其中环境建模是路径规划的核心环节，将实际的物理空间抽象成算法能够处理的抽象空间，这样便于计算机进行路径规划时所使用。路径规划在很多领域都具有广泛的应用，如应用于高新科技领域，机器人的自主无碰行动；应用于日常生活领域，GPS 导航；应用于物流管理中的车辆路径规划（VRP）；应用于通信技术领域的路由问题等。凡是可拓扑为点线网络的规划问题基本上都可以采用路径规划的方法解决。随着科学技术的不断发展，路径规划技术面对的环境将更为复杂多变，要求路径算法要具有迅速响应复杂环境变化的能力。总之，路径规划技术是虚拟装配技术、移动机器人技术、智能交通系统研究中的一个重要领域，也是计算机科学、运筹学、交通工程学、地理信息学等学科的一个研究热点，具有广阔的应用前景和科研价值。

路径规划

route planning

路径规划是指在一定条件下，汽车在具有障碍物的环境中，规划出一条从起始位置状态到目标位置状态无碰撞的最优路径或次优路径。根据路径规划的目标范围，一般将路径规划分为全局路径规划和局部路径规划。全局路径规划主要是对局部路径规划起到导向和约束作用，使车辆沿着导航系统提供的一系列期望局部目标点行驶。全局路径规划不算复杂，前提是有拓扑级地图。全局路径规划在搜寻最优路径的算法上，可分为图搜索类算法、随机采样类算法、智能算法等。局部路径规划又称避障规划，是指汽车根据自身传感器，感知获取周围环境信息，实现车道保持、动态避障等功能，自主规划出一条无碰撞的最优路径。局部规划要求算法具有较高的实时性。局部路径规划的算法包括人工势场法、模拟退火法、模糊逻辑法、神经网络法、动态窗口法、强化学习法等。

路面狭窄效应

road narrowing effect

路面狭窄效应是一种由心理因素造成的路面狭窄现象。当汽车在两侧有护栏的道路中间行驶时，驾驶员因害怕碰撞护栏而有意识地与护栏保持一段心理安全距离，从而在无形中使道路有效利用宽度减小。除了道路护栏，道路两边的树木、路灯、隔离带、标识标牌以及路边停车等都会产生类似的“路面狭窄效应”。在道路宽度比较小尤其还有会车出现的情况下，“路面狭窄效应”对道路安全的影响是很明显的。在设计建造道路时，要考虑到路面狭窄效应，预留出一定的余地或者采取其他手段，使道路侧边的规划既起到保护、绿化等作用，又不对驾驶员构成心理威胁。

路权

right-of-way

路权即交通参与的权利，是指人和车辆根据交通法规的规定，一定空间和时间内在道路上进行道路交通活动的权利。路权可分为上路行驶权、通行权、先行权、占用权。在不同的交通主体都享有通行权的情况下，还要进一步明确哪一方向有优先通行的权利。如在人行道上，行人便享有优先通行权，车辆经过时应当减速慢行或停车让行。

路容

road appearance

路容即道路容貌的泛称，指道路线形、路基、路面、桥涵、绿化、信号、标示及其附属设施所呈现的整体景象和状态。其观察角度有：从驾驶者和乘客的角度、沿路侧或从高处俯视的角度。好的路容可增进驾驶者和乘客的舒适和安全感，减轻旅途疲劳，同时使道路融于环境之中，成为自然景观的一部分。

公路路容美化不是一个简单的过程，而是一项复杂的综合工程。必须对公路空间线形、线路与周围自然景观和沿线建筑物的协调等要全面考虑。优美、舒适、安全的线路主要体现在线形的组合上，即平面线形和纵断面线形的组合。这个组合必须考虑实际行驶在公路上驾驶员的视觉问题。视觉问题与物理问题不同，难以量化，而且由于每个驾驶者也各不相同，只能由设计者去实现预期的设计效果。

为了适应公路外观和整体性的需要，在公路用地范围内，要进行综合绿化处理。行道树是路容美化的一个主要方面。种植大量的树木可以防止水土流失、稳定路基、减少灰尘。道路附近正确的植树在冬季可以防止路面积雪，因为在树木下部之间强力吹刮的风，能把雪带过路床。在城镇道路两旁进行绿化可防止噪音、调节气候、净化空气等，对增加城镇的市容美观具有重要作用。林区设计规程中明确规定，在公路两旁大力进行绿化，能够稳定路基、美化路容、增加行车安全、积累木材资源。

另外在公路两旁植树造林具有方便交通，节省人力物力，管理方便等特点，并且有一定的经济效益。总之绿化不仅能美化路容，提高道路的景色格调，而且对保持良好的道路交通环境，诱导驾驶员的视线，遮蔽道路两侧不调合的环境，吸收、沉落汽车排出的气体、尘土等具有重要作用。

路网模型

road network model

路网模型是一种概念数据模型，它是数据库设计和建立的基础和核心，能描述真实世界道路网络。路网模型的基本要素有节点、角点与路段。节点指道路交叉口、道路尽头或道路属性改变的地方的点；角点指描述多义线道路几何形状的点；路段则描述了节点与节点之间的联系。道路网络模型是交通规划、建设、管理与服务的基础。一个好的路网模型的建立与应用，不但可以方便道路网络基础数据的管理、网络分析，同时能够提高数据处理效率，节约存储数据空间，为道路网络信息相关分析、智能交通服务提供一种高效数据结构，也有利于提高道路网络的一些相关查询应用服务的算法效率。常见的电子地图路网模型一般是由基于桌面 GIS（地理信息系统）的路网模型改进得来。随着城市道路网络的日益复杂和交通需求的不断提高，基于道路中心线的网络模型正积极向面向实际车道的三维道路网络模型方向发展。

路线设计

route design

路线设计指确定路线空间位置及各部分几何尺寸的工作。包括路线平面设计、路线纵断面设计和路线横断面设计。三者相互独立又相互关联，要综合考虑驾驶员员的心理与视觉汽车动力性能和自然条件等因素。其成果直接影响道路使用质量和工程造价，是整个道路设计的先导。

公路路线设计应遵循的原则：

1. 路线设计要统筹环境的协调发展

环境直接关系到一个国家当前及未来的发展，是国家发展的重要影响因素。因此，在进行公路路线设计时，要充分考虑地区的环境，从维护环境的角度出发，处理好公路路线设计与环境之间的关系，科学设计公路路线，将公路施工对当地环境的影响降到最低水平，维护好当地的生态环境，这符合当前社会经济发展的要求，也符合环境保护的要求。

2. 路线设计应适应施工地的地理环境

在公路施工时，通常会面对多种地理环境，施工环境复杂，要求设计人员统筹好地理环境与公路施工的关系，从公路施工整体出发，做好公路路线设计的评价标准。

3. 公路路线设计的关键问题

1）公路直线路段的设计

两点之间，直线最短。为有效控制公路施工成本，在公路路线设计中，通常重视公路直线路段的设计，公路直线路段的设计在降低施工成本的同时，还能够极大拓宽驾驶员的视野，对于防止交通事故具有积极意义。在公路路线设计中，要注意舒适度和人性化。

公路路线的超高设置直线长度要在科学的长度范围内。此外，在公路直线路段设计时，要综合多方面因素，充分考虑经济、安全、环保等因素，合理设计公路直线路段，一般要求直线路段的长度要严格控制在公路设计时速的 20 倍以下。

2）公路缓和曲线的设计

公路缓和曲线的长度要以公路行驶轨迹和公路运行顺畅为

根本前提，加强公路缓和曲线的美感设计，在确保公路在以往的公路路线设计中，对公路缓和曲线固定段位通常设置公路超高。公路超高的设置会给公路桥梁的设置、设计施工带来一定程度的影响，不利于施工的进行。最好将公路超高设置在桥头，这样可以有效缓解桥梁扭曲变化，提高公路的使用质量。

公路建设在经济活动中发挥着至关重要的作用，它对于提高人们生活水平，推动经济发展有着积极意义。在公路路线设计过程中，要充分考虑多种影响因素，统筹好公路与环境、安全、美观以及舒适等方面的关系，此外，还要加强对公路路线各项指标的检验，不断优化公路路线设计，切实做到公路设计的安全、环保以及人性化，提高运行安全。

路线走向

route direction

线路走向是路线起点、中间各控制点和终点的连线所行经的方向。分段用方位角表示。上述各点一部分由主管部门按道路网规划确定，另一部分由选线人员综合考虑公路性质、沿线自然条件、环保等因素确定。

旅客决策

passenger decision

旅客决策指个体产生出行需求以后，对出行方式的选择。个体在出行前会根据需求，选择适宜的交通工具，选择交通工具的类别与个体经济情况、出行距离、出行目的、出发地点等有关系。个体可以选择某一种交通工具，也可以选择几种交通工具的组合。例如，一位经济水平一般，但有紧急情况需要赶往外地的旅客可能会选择时间在凌晨的、价格更低的飞机；一名携带婴幼儿的旅客很有可能会选择高铁出行，因为高铁具有平稳、快速、舒适度高的特点。旅客决策与客观条件和主观条件有关系，在面对多种方案时，不一定能做出最佳的理性选择。

旅客期望

passenger expectations

旅客期望指旅客心目中认定的客运服务应达到和可达到的水平，是一种对服务质量的期望。旅客期望的服务按照水平高低可分为合格的服务、宽容的服务和理想的服务。其中理想服务是旅客期望的最高水平，有一定的区间，如果旅客感受到的服务水平落在该区间内，旅客会感到满意，如果旅客感受到的服务水平高于该区间，旅客会感到惊喜和意外，觉得自己受到了超出预期的待遇。合格的服务是指旅客感受到的一般的服务，旅客不会感到满意，觉得服务水平较低，但也勉强能接受。宽容的服务则介于理想的服务与合格的服务之间，虽然不那么理想，但也不是那么糟糕。评价服务的一个重要指标是满意度，满意度与旅客期望有很大的关系，当旅客的期望得到满足，更容易产生高的满意度，旅客的出行体验也会变得更佳。因此，客运服务应该不断改进服务方法，提高服务质量，进而提高旅客的满意度。

绿道

greenway

绿道是景观设计中的一种形式，指的是一种线性的绿色开放式空间。常见于河边、山脚周围建造或自然形成的林荫小道，主要用于行人观赏风景，健身等。这一概念起源于 20 世纪 70 年代，原意指的是人与自然景观相互交叉的人行道。当前许多城市为了满足市民休闲和健身的需求，纷纷开始修建绿道，发展至今出现了一些问题。以北京市二环路的绿道为例：部分绿道之间连通性强但是连接点弱，绿道的通行口设计不够人性化影响整体；由于空间限制，部分绿道仅留存通行功能，缺乏开放的休闲空间；绿道的景观设计和搭配不够丰富等。未来的绿道建设，应合理考虑市民的需求，结合人流特点进行规划，也可进一步参考景观设计进行搭配。当前绿道已经进入智慧绿道的发展，结合当下的互联网技术，通过开发网站和移动客户端等，可实现信息的发布和市民的监督管理，树立良好的智慧绿道的形象。

绿灯损失时间

green loss time

绿灯损失时间指当绿灯开启时候，之前排队等待的车辆启动和加速所用的时间。在设计绿灯时间时，应该根据路段情况将绿灯损失时间也考虑进去，才是合理的设计。

绿信比

split

绿信比即一个周期内某一信号相位的有效绿灯时间与信号周期总时间之比。用公式可表示为：$\lambda = g / C$。其中 λ 是指绿信比，g 代表一个周期内某一信号相位的有效绿灯时间，C 则表示同一周期内该信号相位的有效绿灯时间。

M

冒险动机

risky motive

冒险是一种风险系数很高的活动，通常会造成身体上的伤害甚至是死亡。动机是指为满足某种需要而进行某种行为的念头或想法。冒险活动通常是由于唤起了冒险动机。心理学表明人的行为受动机支配，动机来自人在客观和主观上的某种需要。在驾驶过程中，驾驶员有着冷静、冲动、冒险等各种各样的行为表现。驾驶员的冒险行为受冒险动机所支配，而冒险动机又来自驾驶员在客观和主观上的某种需要。当驾驶员的安全需要与节省时间、节省精力、舒适等其他需要相冲突时，就可能低估客观危险性因素，从而导致思想上敢于采取较为冒险的行为。总而言之，驾驶员产生冒险动机的原因有两个：一是由于驾驶员经验不足或错觉等原因，低估了客观情景和自己行为的危险性；二是与安全相冲突的某种需要过于强烈，需要的意识越强，冲突越凸显，冒险动机也就越强烈。驾驶员的动机对行车安全极其重要，对驾驶员冒险动机的研究有利于我们找到驾驶员冒险行为的根本原因，即驾驶员的需要冲突，据此采取针对性措施，使驾驶员的不同需要得到充分的满足，从而使驾驶行为更符合驾驶安全需要。

冒险个性

adventure personality

驾驶员个性特征与交通安全有着一定的联系，特别是驾驶员的冒险个性是驾驶员事故倾向性的危险因素。具备冒险个性的驾驶员容易引发交通事故，成为交通肇事逃逸者，通常表现在驾驶时渴望刺激，无视交通规则，公开或隐蔽地抵制交通管理，喜欢用冒险动作使对方避让自己，如超速行驶、强行超车、闯红灯等。通过了解驾驶员的个性特征，特别是肇事驾驶员的个性特征，能为我们提高驾驶员安全行车提供理论参考。但不同的个性都有其两面性，驾驶员要充分了解这些特性并利用自己的特点，避免交通事故的发生。相关部门应该加强驾驶员的心理健康检查，采取及时有效的心理干预措施，进而减少因驾驶员个性因素而发生的交通事故。

明适应

light adaptation

人从亮度小的部位转移到亮度高的部位，或者从黑暗的地方进入明亮的地方时，眼睛都不能一下子看清物体，需要经过一段时间适应后才能看清，这种从暗处到亮处的适应叫明适应。明适应时间较短，一般只需几秒钟到一分钟，通常对视觉影响不大。但眼睛的明适应对交通安全具有一定的影响，人们根据人眼的这种特性，采取了一些相应的措施。隧道出口与服务区的最小净距离对保证行车安全具有重要意义。隧道出口与服务区最小净距离是建立在满足驾驶员对隧道出口“明适应”的基础之上的。在制定隧道照明方案时，也会把驾驶员视觉特性纳入考虑范围。隧道在昼间照明时，驾驶员在出口段行车时将遭遇明适应问题，无法看清前方道路环境信息，应在隧道中加强缓和照明，并在出隧道之前加强缓和照明段长度。隧道夜间照明时，内部照度较高，在进入隧道时会遭遇明适应，要实现平顺过渡，应逐渐增加照度至合适值。

N

内燃动车组

diesel multiple unit

内燃动车组是指至少由 1 辆或至少由 2 辆以内燃机为动力的动车和 1 辆或 1 辆以上的拖车（非动力车）组成的列车组。国际上有 3 种类型的内燃动车组：一是动力分散式动车组，它以车底架下悬挂的 300 ~ 540 kW 轻型高速柴油机为动力，动力装置不占客室空间，增大了载客面积；二是准动力集中式动车组，它以功率稍大的高速柴油机（760 ~ 1 470 kW）为动力，每列动车组有两台柴油机，分别设在车组两端的头车动力室内，形成推挽式牵引；三是动力集中式动车组——前后两端为不载客的动力车，中间挂数节客车，其形式更接近于普通旅客列车。现代内燃动车组在技术性能上已能满足速度和乘坐舒适性的要求，具有灵活方便、排气污染小、寿命周期成本低等特点。

能见度

visibility

能见度别名为“可见度”，气象学的能见度又称“能见距离”，单位以米或千米表示，它指视力正常的人在当时天气条件下，能从天空背景中看到和辨认出目标物轮廓的最大水平距离；夜间则是能看到和确定出一定强度灯光的发光点的最大水平距离。能见度受许多因素的影响，当照明水平较高、视觉对象与背景的对比度较大、视觉对象细节较大或呈现的时间较长时，其能见度水平较高；大气透明度越好，能见距离也越大；它还受观察者本身的生理、心理因素的影响，当人在视觉疲劳时，其水平会降低。能见度对交通运输的影响很大，当能见度低时，容易导致驾驶员视线不清晰，引发交通事故。有关资料显示，大雾天和浓雾天气最易发生重大交通事故及特大交通事故。能见度在交通心理学研究中具有重要意义，研究能见度，不仅能让驾驶员在低能见度时采取相应措施，如降低车速，停止行驶，启用照明设备等，以确保交通安全，预防事故的发生，还能为低能见度天气下的道路交通安全管理提供理论指导。

P

排队理论

queuing theory

排队理论是用于研究顾客以某一种随机的方式到达服务设施的理论。排队系统主要分为三个部分，分别是输入过程、排队规则、服务机构。

（1）输入过程：顾客是按照一定的规律到达服务设施的过程，当顾客到达服务设施时，我们会从顾客的组成、顾客到来的方式、顾客到来间的间隔对顾客进行区分。每个顾客到达服务设施的过程是相互独立的。

（2）排队规则：顾客在排队过程中所要遵守的方式和规则，一般有以下三种：损失制、等待制、混合制。损失制是在没有空闲服务台时，顾客不会等待，而是直接离开；等待制是在没有空闲服务台时，顾客需要自行排队等待服务；混合制为前两种的组合。

（3）服务机构：主要包括服务设施的数量和服务服从的分布，服务设施又分为单线服务和多线服务。多线服务时还会衍生出串联服务和并联服务。排队模型适合应用于道路收费系统的建设中。有研究发现将排队模型运用到收费系统后，可以帮助收费站进行评估和设计，并进一步优化收费系统。

排他性行为

exclusionary practices

排他性行为是指在某种特殊情况下，对某种稀缺的资源进行占用和使用的一种行为。例如高速公路拥堵时，应急车道是绿色通道，是留给救护车、消防车或其他特殊车辆的通道，但是有的车会占用应急通道，并将其堵塞，这都属于驾驶员排他性行为。发生交通危险时，有的乘客可能独占逃生资源，这是一种乘客排他性行为。在发生突发事件时，管理者有秩序地疏散会减少乘客的排他性行为，因此应急预案有非常重要的作用。

碰撞规避系统

collision avoidance system

碰撞规避系统是自动驾驶汽车的一部分，是防止汽车发生碰撞的一种智能装置。在汽车正常行驶时，该系统处于非工作状态。当它发现可能与汽车发生碰撞的车辆、行人、或其他障碍物时，会发出警报，提醒驾驶员刹车。如识别到驾驶员未立刻作反应采取减速制动措施，那么碰撞规避系统将自动启动紧急制动装置，比如关闭车窗、调整座椅位置、锁死方向盘、自动刹车等，进而避免交通事故发生，保证车辆和人员的安全。目前，汽车已经成为人们出行的一种重要的交通工具，汽车的安全也就成为大家关心的话题，而碰撞规避系统将大幅提升自动驾驶车辆的安全性。

疲劳驾驶

fatigue driving

疲劳驾驶是指驾驶员在疲劳状态下行车。疲劳时，人的生理机能和心理机能会出现一定的失调，疲劳后继续驾驶车辆，会感到困倦打瞌睡，四肢无力，注意力不集中，反应迟钝，判断能力下降，还会出现动作呆滞，操作不当等不安全因素。驾驶员疲劳驾驶是造成交通死亡事故的重要原因之一，因此，疲劳后严禁驾驶车辆。我国《道路交通安全法实施细则》规定连续驾驶机动车不得超过 4 h，停车休息时间不得少于 20 min。疲劳驾驶的原因是多方面的，主要有驾驶员的睡眠质量、身心条件、驾驶持续时间，行车环境和驾驶员的生活环境等因素。驾驶员缺少睡眠时容易产生疲劳的感觉。年龄比较大的驾驶员消除疲劳的能力比较弱。在高速路上，驾驶员长时间长距离高速行车，注意力高度集中，始终处于高度精神紧张的状态，容易出现疲劳的感觉。当车辆内部温度过热，空气流动性差，驾驶员容易感到疲劳，夏季行车或冬天开热空调时容易出现这种情况。当然，驾驶员的生活环境，如家庭关系，会导致驾驶员心理疲劳，胡思乱想，注意力不集中。疲劳驾驶容易引发交通事故，驾驶员应充分认识疲劳驾驶的原因和危害，采取措施加以预防，避免交通事故的发生。

疲劳预警系统

fatigue warning system

疲劳预警系统是一种监测驾驶员疲劳状况的装置，它收集驾驶员疲劳特征信息，包括驾驶员行为特征（如打哈欠、频繁眨眼、点头）、生理参数（如脑电、心电、肌电）和车辆行为特征（如蛇形路线、前方车距过小），当监测到驾驶员精神状态下滑或打瞌睡时，疲劳预警系统进行报警提示和采取相应措施，以预防交通事故的发生。疲劳驾驶预警系统一般由信号采集、特征提取、信息融合、疲劳判决和输出报警等模块组成。汽车的安全保障始终是一个被社会广泛关注的话题，目前疲劳预警系统的研究方兴未艾，难点很多，虽然许多国家都在研究，但推上市场的产品很少，系统的准确性和可靠性有待提高，需在实际应用中不断完善和发展，以保障行车安全。

平等心理

equality psychology

平等是人和人之间的一种关系，是对待他人的一种态度，平等心理是建立在对他人理解、尊重的基础上，将其和自己一样看待的一种心理。当平等心理未被满足，个体可能出现怀疑、谴责、嫉妒等心理。当处于相同境地的个体遭遇不同对待时，会感受到强烈的不公正感。平等心理在各种场景中都会出现，例如在高速铁路运输中，旅客希望得到平等的服务，如果乘务人员对富有的旅客示以微笑，而对贫穷的旅客却冷眼相待，那么旅客之间就没有接受平等的服务，旅客的平等心理便无法得到满足，这是不可取的。因此，道路交通领域未来应致力于打造人人平等的和谐环境。

平纵配合

cooperation of horizontal and vertical alignment

平纵配合是指在线路设计中，综合考虑平面线形与纵断面线形使之相互协调，以增进行车安全和路容美观的工作。常用的配合方式有：小半径平曲线上的纵坡度要顾及合成坡度的影响；平曲线与竖曲线重合，将竖曲线包在平曲线内；一个平曲线内最多十次变坡；一个直坡段上最多一个平曲线等。

Q

期望车速

expectation speed

期望车速是指在不受外部条件影响的情况下，驾驶员希望达到的最大安全速度。它是驾驶员的“心理车速”或“目标车速”，会影响驾驶员实际驾驶速度。

期望车头间距

expected headway

在不同的跟车速度下，后车与前车之间的车头间距有很强的规律性。当后车速度增加时，车头间距相应变大；当后车速度下降时，车头间距相应减小；当后车速度基本保持不变时，车头间距在一定范围内保持稳定。跟驰中后车驾驶员总是通过不断地加减速来调整其车速，使之尽量保持与前车的相对速度为 0。当驾驶员以一定的速度水平跟车时，车头间距总是在一定的范围内进行调整，试图保持适合的车头间距，这个车头间距被称为期望车头间距。由于后车驾驶员不能非常准确地判断车头间距，也不能精确维持施加在油门上的压力，因此，实际的车头间距始终在期望车头间距附近变化，很少稳定在期望车头间距上。

气质类型

temperament type

气质类型是对人的气质所进行的典型分类。古希腊著名的医生希波克拉底认为人体中有四种性质不同的液体，即血液、黏液、黄胆汁、黑胆汁，它们来自不同的器官，人体内这四种液体不同的比例，形成了四种气质类型，即多血质、胆汁质、黏液质和抑郁质。而由以上四种气质组合形成的气质归为混合型。不同的气质类型有不同的特点：多血质的人热情、活泼善交际，思维敏捷，但情绪也容易起伏、浮躁等；黏液质的人安静，稳重、有耐心，但不够灵活，容易因循守旧；胆汁质的人热情、外向、精力旺盛，但容易冲动；抑郁质的人敏感、孤僻、多愁善感，遇到困难容易优柔寡断。不同气质类型的驾驶员在行驶过程中有不同的特点。多血质类型的驾驶员在复杂的道路交通条件下，灵活性较好，但情绪不够稳定，也时常疏忽对设备的定期检查，给行车安全造成隐患。胆汁质类型的驾驶员攻击性强，行车时速度较快，但发生变故时，其心理耐挫能力差，容易产生焦虑、急躁的情绪。黏液质类型的驾驶员在驾车过程中，不急不躁，不易受外界干扰，能够自觉地遵守交通规则，较少出现交通违章，但应变能力较差，遇到突发情况容易犹豫不决。抑郁质类型的驾驶员做事刻板，行动迟缓，不灵活，由于其社会适应性不良，易于导致交通事故。气质理论上讲，只有极少数的驾驶员属于四种典型的气质类型，而多数驾驶员属于复合型。以往对心理因素导致交通事故的研究较少，但交通事故的发生从深层次上看都与主观意识上麻痹大意、漠视交通安全法规有关。为减少违章、交通事故的发生，应采取心理学对策，加强交通安全教育课程，提高驾驶员安全意识。

汽车被动安全技术

auto passive-security technique

汽车被动安全技术是指在不可避免的交通事故发生后，能够对车内乘员或车外行人进行保护，尽量减少人身伤害程度，主要包括安全带、安全气囊、保险杠、车身结构、方向盘及制动踏板等安全技术。目前，汽车被动安全技术研究主要集中在整车及零部件碰撞试验、汽车抗撞性及乘员保护装置、车辆被动安全仿真技术等。随着人们对汽车安全性的要求越来越高，我们必须重新审视现有的汽车碰撞保护技术，研发更加智能高效的保护技术。

汽车公害

social effects pollution of automobiles

汽车公害是指汽车排气污染噪声危害及汽车电气的电波干扰对环境的危害。汽车对大气的污染主要由发动机排气、供油泵燃料蒸发和泄漏造成。汽油机排气污染占总污染量的 65% ~ 85%。其中有害气体为未燃或不完全燃烧的碳氢化合物 HC，氮氧化物 NO、CO 以及含铅汽油所形成的铅化合物等。化油器蒸发和泄漏形成的污染占 5% ~ 10%，曲轴箱通风和汽油箱通风分别占 20%和 5%。柴油机冒黑烟比汽油机大，所以中国颁布了《重型柴油车污染物排放限值及测量方法（中国第六阶段）》（GB 17691—2018）以控制柴油机排气污染。但排量相同的汽油机较柴油机排污量大，所以汽油机污染控制更为重要。汽车噪声主要来自发动机、轮胎、排气、吸气及喇叭声，通常是 60 ~ 90 dB 的中强度噪声。高于 70 dB 的噪声会使人心情不安、烦躁、疲倦、工作效率下降、语言通信困难等。汽车电器中的许多导线、线圈和零件都具有不同的电容和电感，在闭合回路中形成振荡回路。当电器设备产生火花时，就会引起高频振荡并以电磁波的形式发射到空中，干扰无线电，尤以点火系所引起的干扰最为严重。

减少空气污染的方法：

1. 机内净化方法

（1）改进进气系统。

（2）改善燃烧状况使排气净化。

（3）采用防止汽油蒸气污染和气缸窜气的回收装置。

2. 机外净化方法

（1）改进排气管。

（2）采用二次空气喷射系统，将新鲜空气喷射到排气道的排气门附近，使高温 HC 及 CO 燃烧。

（3）将热反应器设置在排气道出口处，一般与二次空气喷射系统并用，也是用余热使 HC 及 CO 再次燃烧的装置。

（4）采用催化反应器，使排气中的 HC 和 CO 在有催化剂的条件下通入空气而进一步被氧化成 CO_2 和 H_2O 的装置。

（5）采用再次燃烧法，这种方法是在排气管中设置点火源，即用明火点燃排气中的 HC 和 CO_3。

（6）采用低污染燃料，包括对目前汽车用燃料污的改进，及采用代用的低污染或无污染燃料。

3. 改进现行用汽车燃料，减少其污染

（1）汽油的无铅化是关于添加 TEL（四乙铅）添加剂，提高汽油的辛烷值及其污染问题。压缩比增加 1 时，燃料消耗减少 3%，辛烷值要求值上升 4，标准汽油的辛烷值由 91 提高到 95。

（2）添加剂又叫作重整剂或改质剂。若将它加到燃料里能提高辛烷值，辛烷值提高 1，则燃料消耗量约降低 2.5%。目前采用的添加剂主要有：MMT（甲基-环戊二烯基三碳酸盐），TAME（甲基-t 戊基醚），MTBE（甲基-t 丁基醚）等。

（3）汽化燃料石油系燃料越轻质化，NOx 排放量越减少。而且轻质化或气化还容易实现均匀烧燃，所以能达到预期控制热 NOx 生成的目的。重油及柏油的轻质化或气化工艺有热分解法，部分氧化法，水蒸气改质法及氢化分解法等。

（4）水乳化剂燃料是将水添加到重油、轻油、汽油等使之乳化而成的燃料，水的添加率最大可提高到 50%体积。

4. 研制未来汽车的燃料

研制未来汽车的燃料——石油系燃料的代用燃料应具备三个条件：

（1）应当是无污染的燃料。

（2）对现行的发动机结构不应有大幅度的改变。

（3）应当把节能、节省燃料联系起来。代用燃料主要有：氢、电、原子能、太阳能、合成天然气、液化石油气、醇类、合成汽油或合成柴油。其中氢作为汽车燃料优点较多。

5. 低污染发动机的研制

由于汽车排放的污染物来源于发动机，所以应从改进发动机的设计着手减少污染。

汽车行驶安全

ride safety of automobiles

汽车在行驶中不发生倾翻和事故的能力受下列因素影响：

（1）人的影响，如驾驶员的性格、体力、经验或当时的状态（睡眠是否充足、是否饮酒）等。

（2）道路影响，如线路状况、路面状况、交通信号的布置和清晰度，以及交通规则、交通管理等。

（3）汽车本身的影响，如汽车结构、行驶安全性和技术状况等。

（4）环境的影响，包括环境对人的影响、环境对道路的影响（雨、雪、风、雾等），以及环境对汽车的物理影响（道路附着、转向特性）等。

汽车空调

automotive air conditioner

汽车空调系统是实现车厢内空气制冷、加热、换气和空气净化的装置。它可以为乘车人员提供舒适的乘车环境，降低驾驶员的疲劳程度，提高行车安全。空调装置已成为衡量汽车功能是否齐全的标志之一。空调车内气流组织研究是车内环境控制的基础，合理的气流组织可有效地改善驾驶员和乘客的热舒适性。

汽车人机协同控制

vehicle human-machine cooperative control

汽车人机协同控制是指驾驶员和智能控制系统协同完成驾驶任务，是一种典型的人在回路中的人机协同混合增强智能系统。汽车人机协同控制包括感知、决策、执行三个层面。汽车人机协同控制包含了环境感知、传感器信息融合、高精度地图与定位、智能决策与规划、控制执行、信息安全等多方面的技术。人的智能和智能控制系统各有优势且能够互补，一方面，与智能控制系统的精细化感知、规范化决策、精准化控制相比，驾驶员的感知、决策与操控行为易受心理和生理状态等因素的影响，呈现随机、多样、模糊、个性化和非职业性等态势，在复杂工况下极易产生误操作行为；另一方面，智能控制系统对比人而言，学习和自适应能力相对较弱，环境理解的综合处理能力不够完善，对于未知复杂工况的决策能力较差。

目前汽车人机协同系统主要用于智能汽车，但驾驶权切换过程中容易出现诸多人为因素和控制因素导致的安全问题。人机共驾是智能汽车个性化的基础，目前智能汽车中的人机协同控制系统又被称为人机共驾全局系统，一般包括路径规划模块、驾驶员状态监测模块、驾驶环境和车辆状态感知模块等。人机共驾系统根据各个模块的信息，可以自动切换到自动驾驶模式、人机共驾模式或驾驶员操纵模式等运行模式。人机共驾系统通过人机交互模块，基于系统辅助控制器信号实现和驾驶员之间的通信，驾驶员能够感知辅助控制器的动作并及时领会辅助操作是否适合当前路况。

汽车运行工况

motor vehicle operating

汽车运行工况指汽车运输行驶过程中的工作状况。

按汽车的运动形式主要有：起步、加速、等速、减速、转弯、上下坡、停车等行驶工况。按驾驶员控制方式主要有：换挡变速滑行（脱挡滑行、空挡滑行、加速滑行、停车滑行）、制动（紧急制动、控速制动、刹车制动）、油门控速转向、倒车等工况。按载荷情况主要有：空载满载（等于额定载荷）、超载（超过额定载荷）等运行工况。

汽车噪声

automobile noise

汽车噪声即汽车行驶在道路上时，内燃机、喇叭、轮胎等发出的人类不喜欢的声音。汽车噪声严重影响人的身体健康。近年来，城市机动车辆增长很快，伴随而来的交通噪声污染环境现象也日益突出。汽车噪声主要有：

（1）发动机噪声，指混合气在内部燃烧时产生的冲击以及活塞往复运动产生的振动激励作用于缸体而产生的噪声。

（2）传动系统噪声，主要是轴承滚动噪声和齿轮啮合噪声，同时包括由于旋转部分的振动激励，使壳体产生振动而辐射的噪声，其发生部位主要为离合器、变速器、传动轴、差速器齿轮等。

（3）进气系统噪声，主要是各气门关闭产生的脉冲声和进气口空气湍流产生的噪声。

（4）排气系统噪声，可分为排气口生成的排气噪声和排气管壁振动产生的表面辐射噪声。

（5）轮胎噪声，主要是指轮胎花纹沟槽的气泵现象和胎壁振动等引起的噪声。

（6）制动系统噪声，主要有制动器的鸣叫声、轮胎与地面摩擦声及车身板件震颤声等。

（7）空气动力学噪声，包括空气通过车身缝隙或孔道产生的冲击噪声、气流流过车身外面凸起物产生的涡流噪声以及空气与车身表面的摩擦声。

汽车噪声标准：为减少汽车行驶噪声的污染，各国和各大汽车厂商都制定了标准限制汽车噪声，其主要内容包括：车外加速行驶噪声标准、车外匀速行驶噪声标准、车内噪声标准、发动机噪声标准、定置噪声标准、排气噪声标准等方面（其中部分为强制性标准）。汽车噪声是汽车制造鉴定中一个重要的指标，它是交通噪声中最主要的一部分。现代汽车的噪声特性是衡量汽车质量的重要标志之一。汽车噪声不仅会造成周围环境的污染，影响人们的生活和工作，而且是影响车辆舒适性的主要因素之一。为了提高车辆的舒适性，世界各大汽车公司都把对车内噪声的控制作为重要的研究方向，特别对于轿车，车内噪声状况更对于衡量轿车档次的标准之一。

汽车主动安全技术

automotive active safety technology

汽车主动安全技术是指在汽车有碰撞危险之前可以起到防患于未然的技术，即实现事故预防和事故回避，避免人员受到伤害，如 ABS 防抱死系统（Antilock Braking System）、ASR 驱动防滑转系统（Acceleration Slip Regulation）、ESP 汽车电子稳定程序（Electronic Stability Program）等主动安全技术。其中，ESP 能在几毫秒内识别汽车的不稳定行驶趋势，并予以修正，使其重新回到正常的行驶状态，可以在极其恶劣的行车环境中确保汽车的行驶稳定。汽车安全技术是车内乘客和车外行人安全的重要保障，它包含主动安全技术和被动安全技术。汽车被动安全技术是指在不可避免的交通事故发生后，对车内乘员或车外行人进行保护，尽量减少人身伤害程度，而汽车主动安全技术是在汽车有碰撞危险之前，起到防患于未然的技术。虽然汽车被动安全技术和汽车主动安全技术都是用来保障汽车驾驶员安全，但主动避免事故发生，最大限度地减少事故发生率，才能最好地体现车辆安全。可以预见，汽车主动安全技术才是安全技术发展的重点和趋势，它将与汽车被动安全技术一起发挥作用，保障人们的安全。

前方视野

forward visibility

前方视野分为 A 柱障碍角、前挡风玻璃透明区域、前门玻璃透明区域、外后视镜遮挡、内后视镜遮挡 5 个部分，各区域的视野重要程度和遮挡率不同。汽车视野与汽车的行驶安全性密切相关，而汽车前方视野是汽车整体视野中最重要的部分，直接关系到驾驶员对道路情况的观察和对车辆的操作，好的汽车前方视野设计能明显减少交通事故发生的频率。驾驶员前方视野一直以来都是公告检测、认证型式试验及出口认证必检项目。作为汽车安全评价指标之一，驾驶员前方视野是否满足标准要求对驾驶安全至关重要，必须在数据开发阶段严格控制设计，在生产环节严格控制制造误差，并在样车上进行测量验证，从多方面改进和优化前方视野。

桥梁艺术

bridge artistic

桥梁艺术是研究桥梁美学效果的艺术，它起源于人类修建桥梁的实践。作为一种建筑，由于功能与使用材料的不同，桥梁有不同的结构和形式，基本的有拱桥、梁桥和吊桥。它们的主要区别是承受自重的方式不同，梁桥的重力垂直向下传入地面，拱桥产生一种向外下方的侧向力，吊桥处于一种向内拉的张力中。这三类桥及其组合构成千姿百态的桥梁。

作为道路的组成部分，桥梁对环境具有显著影响。建桥时，可根据具体地点和所需的跨度选择桥的形状和结构，使之既能承担交通负荷、跨越障碍，又显示其造型美及与道路、环境的和谐美。桥不仅具有使用功能，还具有观赏功能。中国著名的赵州桥、古罗马规模宏大的石拱桥、日本小巧别致的木拱桥以及欧洲中世纪的尖拱桥，都是很优美的拱桥；伦敦的滑铁卢桥被誉为当时“世界上最伟大的桥”；从美国纽约的布鲁克林桥的新形式中，人们看到了技术世界的奇特吸引力，它成为时代的伟大象征；继承布鲁克林桥传统的美国旧金山的金门大桥动人心弦，唤起诗意；而悉尼的汉堡大桥与相邻的歌剧院一起，成为这座城市的象征。

在认识桥梁美的过程中应注意以下几点：一是美的客观性，美作为一个存在是客观的，其客观基础具体是指其形态、结构、技术等；二是美的主观性，审美主体的主观意识和美与丑的判断密切联系；三是美的相对性，美是主客观的统一，审美观念会随主、客观因素的变化而变化；四是美的社会性，一定时期内，一定社会里，有较为统一的能为社会公众普遍接受的审美标准。爱美是人的天性，人们追求美，认识美，创造美和展现美。桥梁作为最常见的公共建筑之一，人们越来越强调它的“美观”，即桥梁要具有“艺术性”。对于桥梁形式，除了具有通行这一基本功能外，还要有不可忽视的审美要求，要集物质技术、科学规律与美学法则于一体。

亲社会和攻击性驾驶行为量表

prosocial and aggressive driving inventory

亲社会和攻击性驾驶行为量表简称 PA-DI，是由保罗（Hanis PB）等人在 2014 年开发的，是第一个专门用来研究亲社会驾驶行为和攻击性驾驶行为的量表，探索驾驶员行为对驾驶安全的影响。该量表信效度较好，共有 29 个题目，分为亲社会驾驶行为和攻击性驾驶行为两个维度，分别对应安全的驾驶行为和不安全的驾驶行为。攻击性驾驶行为指有可能伤害自身或其他道路使用者的一种不道德的交通行为，如连续按喇叭、跟车距离过近、拒绝给其他道路使用者让行、超速驾驶等。亲社会驾驶行为指与其他道路使用者良好合作的驾驶行为，如主动给其他车辆让道、避让等，这是一种高尚、安全的驾驶行为，能激发驾驶员的愉悦心理。在交通心理学研究中，一般把不安全的驾驶行为作为研究重点，研究如何测量和减少驾驶员的攻击性驾驶行为，但却忽视了如何增加驾驶员的亲社会驾驶行为来构建和谐的交通环境。因此，未来可以从这个角度对量表进行修订，深入对亲社会驾驶行为的研究，不断完善测量驾驶行为的工具。

青壮年行走心理

young adults walking psychology

青壮年生命力旺盛、感知敏锐、反应快、应变能力强、交通安全知识丰富、熟悉交通规则，按理说不易发生交通事故，但据统计，青壮年在车祸中的死亡数约占交通事故总死亡人数的 30%以上，青壮年因车祸丧生的比例还是比较高的。其中有许多的原因：青壮年因工作或社交需要，出行机会多，与各种车辆相遇的机会也多，这就增加了发生交通事故的客观原因；同时，青壮年好胜心强、不甘示弱，容易发生一些不安全行为，如闯红灯、在机动车上行走、在汽车临近时横穿马路、在马路上并排行走、对汽车鸣喇叭置之不理、不顾一切紧挨车子等，殊不知交通安全隐患正悄悄潜伏，不幸酿成交通事故。行人心理是指在道路上的行人所特有的感觉、情绪和行为能力的状态。这种心理状态与人和所处的交通环境有关，当性别、年龄及个体差异不同时，所表现出来的心理特征也有很大的不同。有研究对众多行人违章而引发的交通事故案例分析表明，行人违章主要在心理上存在误区，如抱有侥幸心理、漠视心理和无知心理等。行走心理根据行人的不同年龄，可分为儿童、青年人和老年人，按性别可分为男性和女性行人。避免交通事故的发生，应对不同人群行走心理进行研究，特别是交通事故发生率较高的人群，从心理特点、动机等方面探讨行人不安全行为产生的原因。在现实生活中，交警部门应在各类媒体上不断强调行人交通安全意识，以避免因行人不安全行为造成的交通事故。

情境意识全面评估技术

situation awareness global assessment technique

情境意识是指驾驶员对整个道路环境中的车辆状态、交通标志及信号、路况信息、天气状况等诸多要素的知觉、理解及预测。驾驶员情境意识与交通事故之间关系密切，是影响驾驶安全的重要因素。情境意识全面评估技术是驾驶员情境意识测量方法中的一种，主要特点为情境意识的诱发再现。该技术主要运用在驾驶模拟器中，一般多为跟随前方车辆行驶，主试在随机确定的时间点“冻结”被试的模拟任务，呈现空白屏幕，让被试根据记忆回答一些与任务相关的问题或是对某一情境作出详细描述，如要求被试回忆前方车辆的位置和颜色或预测到达下一个转弯路况所需要的时间。情境意识全面评估技术在测量上具有即时性和可对比性，应用范围比较广泛，但也存在一些不足：一是驾驶模拟器的情形不能直接推广到真实的道路环境当中；二是既要跟车又要回答问题，两种任务相互干扰；三是驾驶员的记忆能力各有差异，新手驾驶员的情境意识不完善，他们在驾驶时视觉搜索模式不灵活，不知道往哪看才能有效收集与潜在道路危险有关的信息。

情绪

emotion

情绪是一种复杂的心理现象，是多种感觉、思想和行为综合产生的心理和生理状态，包含生理唤醒、主观体验和外部表现等复杂成分。最普遍的情绪有喜、怒、哀、惊、恐、爱等，也有一些细腻微妙的情绪，如嫉妒、惭愧、羞耻、自豪等。情绪无好坏之分，一般只划分为积极情绪、消极情绪。情绪管理并非消灭情绪，而是疏导情绪、并合理化之后的信念与行为。驾驶员在行驶过程中，随着主客观条件的变化，其情绪状态也会发生相应的变化。驾驶员的情绪波动会影响行车安全，稳定的情绪能保证驾驶操作有条不紊，还能增强处理意外事件的能力，情绪不稳定时容易导致交通事故。研究发现，事故倾向性驾驶员的愤怒、紧张、焦虑活动较多，情绪稳定性较差。愤怒是驾驶过程中最常出现的负性情绪，具有愤怒特质的驾驶员，会导致诸如超速、快速改道等危险驾驶行为。有研究表明，女驾驶员的紧张情绪显著高于男驾驶员，积极情绪显著低于男驾驶员。当出现消极情绪时，应及时加以调整，避免因情绪不稳定而导致交通事故的发生。

情绪调节法

emotion regulation

情绪调节法是对不良情绪进行调节，以恢复良好情绪的方法。情绪调节对工作、生活都具有重要作用，对促进心理健康、提升幸福感、适应社会、完成目标都有重要意义。情绪调节有不同的方法，人们在和环境、他人的互动过程中学到并习惯使用各种调节情绪的方法。

情绪调节法可以按照它所改变的情绪的成分进行分类，分为认知调节、表达调节、身体调节和行为调节。其中，认知调节方法主要通过注意功能、言语功能，直接改变情绪体验；表达调节方法可以通过表达抑制、宣泄或表达夸张，以及表达相反情绪直接改变表情或行为反应；身体调节方法有调控呼吸、放松肌肉等，可直接改变生理反应；行为调节法则有体育锻炼、听音乐、倾诉、解决问题等，是一种综合的调节方法。无论是愉快的情绪，还是不愉快的情绪，都应该控制在适度范围内，情绪过激具有危害性，所以要通过情绪调节法进行调节，如转移注意力等。情绪在道路交通中扮演着重要的角色，情绪失控可能会引发不良现象，如“路怒症”。具有“路怒症”的人常常用语言、粗鄙手势攻击他人，还可能会闯红灯、随意乱停车辆、变道、跟人“顶牛”，严重危害行车安全。

情绪宣泄减压法

emotional catharsis

情绪宣泄减压法是一种通过宣泄情绪以排解压力的方法。在竞争激烈的社会，人们积累的负面情绪很多，宣泄是一种很好的方式。宣泄的形式多种多样，从一声声的叹气，到大声痛哭、高歌、怒吼、运动、谈心谈话等都有宣泄作用。宣泄还可以在专门的场所进行，宣泄室是专门用来宣泄的空间，在国外非常普遍。随着国内生活水平的提高，人们开始关注心理健康。西南交通大学心理研究与咨询中心在国内率先开放了心理宣泄室，并设置了诗歌宣泄，拳击宣泄，宣泄人等宣泄形式，宣泄室逐渐在国内流行起来。宣泄室可以设置在各种地方，例如，高速铁路系统可以设置专门的宣泄室，为职工提供私密的环境进行宣泄。应注意宣泄的合理性，不能将情绪发泄到别人身上，不能任意破坏东西，宣泄一定要有度。随着技术的发展，心理宣泄也变得更加多元化，例如，最新的虚拟现实技术可以提供VR宣泄法，在逼真的情景中进行宣泄。但宣泄并不是万能的，它不能解决最根本的问题，只能在一定程度上排解情绪，减小压力。

全球定位系统

Global Positioning System，GPS

全球定位系统是一种最早由美国研制的无线电导航定位系统，具有全方位、全天候、全时段、高精度等特点，其主要通过卫星在全球范围内实现定位、导航功能。GPS在1964年投入使用，并于20世纪70年代研制出新一代GPS。到1994年，24颗GPS卫星布设完成，全球覆盖率高达98%。GPS包括空间部分（24颗卫星）、地面控制系统和用户设备三部分，缺一不可，只有具备这三部分，才能实现GPS功能，如定位、防盗、反劫、导航、行驶路线监控及呼叫指挥等。GPS具有全天候、高精度和自动测量的特点，已经广泛应用于经济建设、国防建设和社会发展等各个领域。例如，GPS技术可以被应用到测绘工作当中，以弥补传统测绘方法的不足。GPS应用于车辆交通中时，一般分为两大类：车辆跟踪系统和车辆导航系统。它们在功能上截然不同，一种是用于车辆的防盗，一种则是用于车辆的自主导航。由于“只接受，不发射”信号是GPS是接收系统的一大特点，所以用于防盗的GPS跟踪系统需要借助通信网络以及政府配套系统为GPS车载防盗仪提供收费解决方案。随着汽车、手机等的普及，GPS在渐渐融入我们的生活中，我国正在成为GPS产业增长最快的市场之一。未来，GPS将在更多领域应用，并不断发展和完善。

R

人的因素调查

human factor survey

人的因素调查是事故现场调查内容的一种。它是对交通事故当事人和目击者的调查，调查内容包括其心理、行为及生理背景，以发现事故发生的重要原因。驾驶员是交通行为人中的强者，绝大多数交通事故是由驾驶员违章、违规、疏忽、麻痹等原因造成的。他们在驾驶过程中，拥有侥幸心理、逞强心理、关系心理、逆反心理、保险心理、无知心理等。驾驶员在行车过程中一般要经过反应、判断、操作三个过程，这三个过程中的任何一个过程出现延迟或错误都可能导致交通事故的发生。对肇事驾驶员调查要点为：① 行驶路线、车间距离和速度；② 在突发情境中的行为、反应时间与应变能力；③ 对道路环境的辨识能力；④ 驾驶技能；⑤ 身体状况；⑥ 生活、工作背景等。对目击者的调查要点为：① 目击事故的经历；② 与当事人的关系；③ 对交通环境的认识等。由于道路交通事故涉及的面较广，受驾驶员的操作、行人的穿行、车辆的技术状况、道路状况、车流量、车速、交通状况等因素的影响。交通警察调查交通事故现场时，应当全面、及时地收集有关证据。

人体生物节律与驾驶

biorhythm and driving

人体生物节律又称为人体生物钟，是人的体力、情绪和智力活动周期性变化的统称，具有准确的时间性。在日常生活中，人们会觉得自己的体力、情绪或智力有时很好，体力充沛，情绪饱满，思维敏捷，有时却很坏，浑身乏力，精神萎靡，思维迟钝。人从降生开始，直至生命终结，其自身的体力、情绪和智力都存在着由强至弱、由弱至强的周期性起伏变化。每一周期都有高潮、临界和低潮期。处于高潮期时，人们体力旺盛、情绪高昂、智力开阔；处于低潮期时，人们体力衰弱、情绪低落、智力抑制；处于高潮期与低潮期之间——临界期时，人们适应性差，行为处于不稳定状态，容易发生错误。德国内科医生威尔赫姆·弗利斯（Wilhelm·Frith）和奥地利心理学教授霍尔曼·斯旺布达（Holman·Swambuda）经长期临床观察，在分析病人病症、情感及行为变化的基础上，提出人体体力变化以23天为一个周期，情绪变化以28天为一个周期。奥地利的阿尔弗雷德·泰尔其尔（Alfred Telkiel）教授通过对学生考试成绩的分析，又提出人的智力变化以33天为一个周期。

人体生物节律常常被用于分析交通事故。一些报告发现，在节律周期的临界日，驾驶员发生事故特别多。统计检验证明，它不遵循随机分布规律，临界日与交通事故的发生存在某种关系。因此，一些交通安全工程师就事先算出驾驶员各个时期的生物节律状态，每当临界日来到之前，就向驾驶员发出警告，提醒他们注意安全或安排他们从事一些轻松的工作。结果表明，这有助于减少交通事故。然而，也有一些研究否认其与事故有任何关系。生物节律理论已引起人们的广泛争议，但还缺乏充分的科学证据，实验研究中也存在某些偏见，但给人有益的启示：驾驶员行为变化是有规律的，只要掌握这些规律，就可采取有效措施来控制它们，利用人体生物节律理论来预防道路交通事故，势必会取得良好的效果。

S

色觉

chromatic vision

色觉是不同波长或光谱组成的光作用于视觉系统的一种主观感觉，它是视觉功能的一个基本而重要的组成部分。光源或各种物体表面的反射光进入我们的眼睛，由眼的屈光系统成像在视网膜上，在视网膜的光感受器中光能首先转换为电信号，这种信号经视网膜神经元所组成的复杂网络编码、处理，由视神经传向视觉中枢做进一步分析，最后形成视知觉。正常人的视觉器官能辨识波长 380 ~ 760 nm 的可见光，包括紫、蓝、青、绿、黄、橙、红 7 种主要颜色在内的 120 ~ 180 种不同颜色。色觉障碍分为色盲和色弱，是先天或后天原因造成的。色盲对某种颜色完全不能辨认，是由于缺乏某种视锥细胞而出现的色觉紊乱，大多数由遗传决定，尚无特效疗法，包括红色盲、绿色盲、蓝色盲和全色盲（单色觉）几种类型。色弱对某种颜色的分辨力较弱，多为后天性的，可以进行防治。

交通运输对驾驶员色觉的要求比较严格，因为驾驶员能否及时发现并正确识别交通信号不但影响交通流能否顺畅运行，更关乎交通安全问题。色觉的检出率虽然不是很高，但鉴于驾驶员的职业特殊性，公安部要求将有无红绿色盲作为机动车驾驶员体检项目之一。如被检出后天性色觉异常，大部分驾驶员可以通过治疗使辨色力得到恢复，之后可继续从事机动车驾驶工作。

色盲

color blindness

先天性色觉障碍通常称为色盲，色盲的人虽然视力很好，但不能分辨自然光谱中的各种颜色或某种颜色。正常人依靠视网膜中的三种色素，即红光色素、绿光色素、蓝光色素，能很敏捷地分辨出红、绿、蓝三种颜色。如果缺少了红、绿、蓝任何一种色素，就会造成这种颜色的色盲，如果三种色素都缺少，就是全色盲。因此，色盲分为全色盲和部分色盲（红色盲、绿色盲、蓝黄色盲等），其中红色盲和绿色盲较为多见，习惯上统称为红绿色盲。色盲是一种 X 染色体遗传病，男性患者远多于女性患者，女性患者虽然很少，但带有遗传因子，能遗传给下一代，主要遗传给男孩。色盲患者常不能自己发觉，他们能够“分辨”出颜色来，甚至能“分辨”出红绿色信号灯。因为他们是根据色泽的强弱凭经验来“分辨”红、绿颜色的。

在交通中要求驾驶员有正确的辨色能力，否则容易造成交通事故。目前，我国公安机关交通管理部门所执行的《机动车驾驶证申领和使用规定》（公安部令第 123 号）第 11 条中对驾驶证申领人辨色力提出了明确要求：“无红绿色盲”。

闪烁

gleam

驾驶员在隧道中行驶时，隧道内交错分布的灯具会使驾驶员产生不适且注意分散的主观感受。闪烁成因主要包括：

（1）灯具在驾驶员视野中不间断的出现和消失。

（2）其他物体反射灯光，如汽车前引擎盖。

少年儿童行走心理

children’s walking psychology

少年儿童行走心理是指少年儿童腿脚灵活，活泼好动，但生活经验少，缺乏交通安全常识，不懂规矩，行走中常常连蹦带跳，方向不定，对自己的行为后果估计不足。少年儿童特别容易发生交通事故，主要原因有四个方面：

（1）缺乏安全步行的技能与习惯。少年儿童，尤其是 10 岁以下的儿童，注意力不集中，容易分散，对交通规则只有一些片面认识，对交通信号的理解也不完全正确。与成人相比，少年儿童对复杂交通环境的适应性较差。

（2）距离知觉判断力较差。一般来说，儿童对距离的判断不如成年人那样准确，这增加了横穿道路的危险性。

（3）行为随意。少年儿童突然窜到车前，驾驶员来不及避让而造成“跳出事故”。一般来说，年龄较小的儿童易发生此类事故。

（4）缺乏道路安全意识。少年儿童常把道路作为游戏场所，这样容易发生交通事故。

由于少年儿童缺乏安全步行的技能与习惯、距离知觉判断力较差、行为随意、缺乏道路安全意识。学校和家庭应培养少年儿童的交通安全意识，作为少年儿童的监护人，不仅要向他们交代防止意外交通事故的知识、培养他们自我保护的能力，还应该履行好监管职责。

设计车速

design speed

设计车速即计算行车速度，指的是道路几何设计（包括平曲线半径、纵坡、视距等）所采用的行车速度，即在行车辆在气候良好、交通密度低、公路设计要素均起控制作用的条件下，驾驶员在路段上能保持安全、舒适行驶于给定路段的允许速度。设计车速主要用于公路设计，是公路线形设计中起决定性作用的参数之一。与设计车速相关的另外两个概念是运行车速和期望车速。设计车速是用于规定道路路段的设计标准，而运行车速是指在行汽车的实际行车速度。期望车速是指在行车辆在不受或基本不受其他车辆约束的条件下，驾驶员所希望达到的最高“安全”车速。高等级公路因受地形、地貌影响，不同路段分别采用不同的设计车速。我国高等级公路上在行汽车在行车速度方面存在的突出问题是许多驾驶员在行车过程中的期望车速过高（因技术性能不佳的车辆除外），导致所驾车辆的实际运行速度偏高。

社会性交通环境

social traffic environment

社会性交通环境是指由机动车驾驶员、骑自行车者、行人等道路使用者构成的动态交通环境，他们之间的相互关系直接影响参与交通者的动态行为。道路使用者是以移动作为目的参与交通的，但不是简单的物理移位，由于家庭属性、个人属性和交通需要不同，采用的交通方式和出行习惯有差异，具有鲜明的社会性。社会性交通环境与物的环境根本区别在于前者是由作为交通主体的人所形成的交通环境，因此又叫人的环境。由于在道路上，人们总是处于运协状态，因而这种人的环境又称动态交通环境。行人当中有青年人、妇女、老人、残疾人、小孩、负重的人、视听受阻的人等，他们在道路交通环境中各具特点，例如，小孩为了上课不迟到，不顾一切地在马路上狂奔，老人因视力和听力弱而不知避让等。自行车灵活方便，但一些骑自行车的人技术不高，或交通安全意识淡薄，常常违规骑车，如与机动车争道、并行骑车谈笑、突然转弯等，非常容易发生交通事故。我国的道路多系混合交通，行人多、自行车多是一大特色。了解道路使用者的行为特点及其事故形态，采取相应的防范措施，是保证交通安全的重要手段。

生理性疲劳

physiological fatigue

生理性疲劳指人体因生理状态不佳而产生的困倦和机能失调现象，存在个体差异。人体在其生理功能支配下，肢体、器官活动过度，大量地消耗能量，造成人体能源储备减少，又因为肌肉或脑的活动频率太高，在代谢过程中产生较多的二氧化碳和乳酸等废物，这些废物积累在血液中，会刺激肌肉中的痛觉神经元，随之发生酸、胀、疼痛等反应。因此，生理性疲劳是由于生理功能失衡而产生的，以机体疲劳为主症。生理的周期性变化是生命体的基本特征之一，受遗传因素与自然环境因素的影响。科学研究证明，人体内大约存在 100 多种生理循环，如脉搏、呼吸、体温、血压、排尿、睡眠及妇女的月经等。受各种因素影响，如果生理循环被扰乱，就会引起人体生理性疲劳，影响安全驾驶。如时差使人感到疲劳；冬去春来，气候变暖，人体皮肤和毛细血管逐渐舒张，全身需血量增加，大脑的供血量相对减少，人觉得无精打采，昏昏欲睡；阴雨绵绵，人的心理状态会变坏，脾气烦躁；夏天日常夜短，气温高，当体内热量难以排出时，人会头昏缺氧，肌肉失去力量等。

生态护坡

ecological slope protection

生态护坡指的是运用植物学、工程学、力学等理论，对已经成形的道路边斜坡进行保护的一种方式，即在坡面上形成植被覆盖或植被和工程整合设计，形成防护斜坡的技术。斜坡形成之后，如不加以改造，可能因天气和土壤的原因导致斜坡消失，通过种植植被，植物与土壤形成连接，可以有效保护斜坡的稳定，也能促进斜坡周边生态环境的保护。同时，植物的蒸腾作用平衡了土地的水分，也有利于边坡的稳定。通过生态植被护坡工程，利用喷播植草技术，能够达到高强度边坡防护的作用，同时改善边坡生态环境，绿化边坡。当前我国尚未对生态护坡的各项技术形成统一的标准，大多相关研究成果并未进行实施，未来应根据现有技术制定相关标准，达到良好的道路生态护坡效果。

生态驾驶

eco-driving

生态驾驶又称绿色驾驶。广义的生态驾驶是指通过提升车辆技术、道路环境条件及改善汽车使用方式从而达到节能减排并延长汽车寿命的目的。狭义的生态驾驶是指既能够节省燃油、降低尾气排放，又能延长车辆使用寿命的驾驶方法。目前一般提及的生态驾驶是狭义的生态驾驶。随着自然环境不断恶化以及自然资源的快速消耗，环保节能已经成为 21 世纪无法避免的主题。据研究，汽车尾气是目前主要的大气污染源。根据中国生态环境部公布的《中国机动车环境管理年报（2018）》显示，2017 年全国机动车四项污染物（CO\HC\NOx\NOx）排放总量初步核算为 4359.7 万吨，其中 8 成源于汽车尾气。影响汽车排放和能源消耗的因素主要有车辆技术、道路环境条件及汽车使用三大方面，其中汽车运用即驾驶员对车辆的操控行为是关键环节。生态驾驶即是对汽车运用方面的控制，意在倡导和呼吁广大驾驶员养成良好的节能驾驶习惯。

时效期望

information lifetime expectation

时效期望是在一定的时期内，对能够满足自己的需求的一种考量。在交通领域，乘客往往会有时效期望，在出行期间，乘客对时间花费有一个预估值，会对行程是否耗时，抵达时间是否准确有一个评价，当评价较低时，就会引起心理波动。通勤乘客的时效期望高，非通勤乘客的时效期望较低，也就是说，越赶时间的人群，时效期望越高，会更倾向于选择地铁、高铁这样的较为准时的交通工具。

使用者限制

user restriction

使用者限制是指通过一些道路管理控制措施，对驾驶员进行一定的限制，从而规范车辆的行驶，达到安全的行车效果。常见的措施有：

（1）对驾驶执照的领取年龄加以控制，在某个年龄以下不得领取驾照，分步骤发放驾照。

（2）对饮酒年龄加以控制，制定相关法律法规，如美国制定了酒精安全行为方案。

（3）对行车时间加以控制，制定相关法律法规，合理的规定驾驶时间，以确保驾驶员的精神状态。

（4）对行车速度加以控制，在不同路况下规定行车速度，以保证驾驶员的安全行驶。

在我国，根据《机动车驾驶证申领和使用规定》，对于不同的车型，有不同的驾驶年龄规定：申请小型汽车、小型自动挡汽车、残疾人专用小型自动挡载客汽车、轻便摩托车准驾车型的，在 18 周岁以上，70 周岁以下。对于安全性更低的驾驶工具，低速载货汽车、三轮汽车、普通三轮摩托车、普通二轮摩托车或者轮式自行机械车准驾车型的，在则要求 18 周岁以上，60 周岁以下。对于大型交通工具或公共交通工具，则对年龄有更严格的限制，例如，申请城市公交车、大型货车、无轨电车或者有轨电车准驾车型的，在 20 周岁以上，50 周岁以下。我国严禁酒后驾驶，《中华人民共和国道路交通安全法》《道路交通安全违法行为记分分值》等规定，酒精含量≥20 mg/100 ml 为酒后驾驶，酒精含量≥80 mg/100 ml 为醉酒驾驶。对于疲劳驾驶，《道路交通安全法实施条例》《机动车驾驶证申领和使用规定》等规定，连续驾驶中型以上载客汽车、危险物品运输车辆超过 4 h 未停车休息或者停车休息时间少于 20 min 的，一次扣 12 分；连续驾驶中型以上载客汽车、危险物品运输车辆以外的机动车超过 4 h 未停车休息或者停车休息时间少于 20 min 的，一次扣 6 分。对于行车速度，根据《中华人民共和国道路交通安全法》规定，时速超过限定时速不到 10%的，给予警告；在限速为 50 km/h 以上 80 km/h 以下的道路，时速超过限定时速 10%以上不到 20%的，处 100 元罚款；在限速为 100 km/h 以上的道路，时速超过限定时速 10%以上不到 50%的，处 200 元罚款；超过限定时速 50%以上不到 70%的，处 1 500 元罚款；超过限定时速 70%以上的，处 2 000 元罚款。

示警桩

warning post

示警桩是指警告道路前方有危险路段的反光标桩。城市的次干路、支路未设交通信号灯的平面交叉路的前方，树立红、白两色相间反光性标柱，其外径约 9 cm，高 80 ~ 100 cm，目的是向机动车驾驶员提示前方有交叉口、急弯、狭路等，提高警惕确保安全。我国低等级公路（设计速度 40 km/h 以下）通车里程约占公路总里程的 88%，共计 391.8 万 km。由于低等级公路量大面广，而公路建设养护资金又不够充足，在低等级公路交通安全改善工程中隐患点的处置优先考虑标志、标线、示警桩等主动引导设施，并且提倡因地制宜应用施工便利、建设养护成本较低的设施。警示桩（见图 20）因造价低，施工养护方便，成为我国低等级公路应用最广泛的主动引导设施。示警桩尽管应用多年，却没有相关研究对其使用效果和设置方法进行分析与总结。凭借经验设置的示警桩或许存在着安全问题和需要优化的方面。

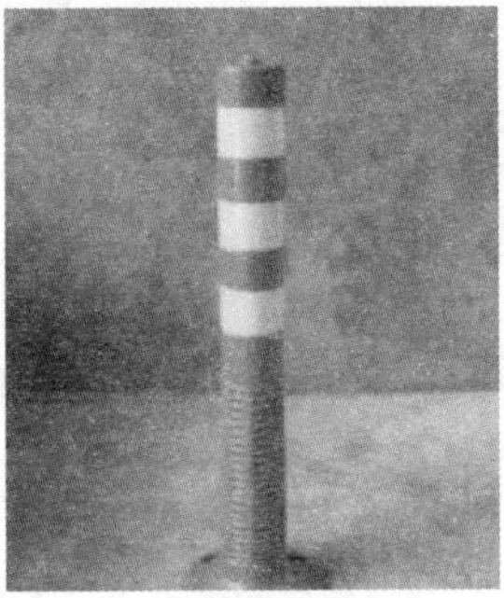

图 20　示警桩

事故

accident

事故是指对人身造成外部损害，导致疾病、死亡等的事件，通常是由于疏忽、违反法律法规所致。按照事故的来源，可分为交通事故、生产事故、医疗事故、自伤事故。按照事故的后果可划分为：特别重大事故，指造成 30 人以上死亡，或者 100 人以上重伤，或者 1 亿元以上直接经济损失的事故；重大事故，指造成 10 人以上 30 人以下死亡，或者 50 人以上 100 人以下重伤，或者 5000 万元以上 1 亿元以下直接经济损失的事故；较大事故，指造成 3 人以上 10 人以下死亡，或者 10 人以上 50 人以下重伤，或者 1000 万元以上 5000 万元以下直接经济损失的事故；一般事故，指造成 3 人以下死亡，或者 10 人以下重伤，或者 1000 万元以下直接经济损失的事故。

在道路交通中的事故一般称为交通事故，是指车辆与其他车辆、物品或人发生的事故，会威胁人身安全和财产安全。人为因素或自然环境因素都会导致交通事故。按照发生事故的交通工具划分，可分为机动车事故、非机动车事故、行人事故。交通事故不仅是由人员违反道路交通安全法规造成的；也可以是由于地震、台风、山洪、雷击等不可抗拒的自然灾害造成。机动车发生交通事故造成人身伤亡、财产损失的，由保险公司在交通事故责任强制保险限额范围内予以赔偿。

事故案例分析

case analysis of traffic accident

事故案例分析是指对某一具体交通事故进行鉴定分析，包括事故经过、直接与间接原因等。通过事故调查，如果发现有违法、违章、渎职等行为存在，将对有关人员进行处罚。通过事故案例分析，能够查清事故发生的原因，并找出改进管理的措施，回归事故调查的本来目的，一方面保持事故发生的独立性、客观性和科学性，一方面尽最大可能避免类似的事故发生。目前，事故案例分析已应用于各个类型的交通事故，如高速公路车辆、客车、轿车、网约车、老年代步车、摩托车交通事故等。通常事故案例分析主要包括：事故经过；事故发生的原因（技术方面、管理方面等的直接原因、间接原因、重要原因）；事故结论、教训；预防措施；事故责任人的处理意见等。一般发生民事案例时，首先需要双方之间进行协商，若是双方不想合作的话，可以通过第三方的介入，使得双方的权利得到保障。事故分析的作用是为决策提供依据。

交通事故分析就是通过对交通事故的调查、分析，根据掌握的信息，运用数学、力学、工程学的基本方法，进行事故再现，找出事故发生的现场情况，为分析和判断事故原因提供依据；再通过对大量已经发生的交通事故原因的调查、统计、分析，从中得出趋势性的结论，以便为采取决策提供依据和基础。同时也可以对现在采取的行政政策和措施进行分析，即对所采取政策和措施的有效程度和道路安全设施的投资效率等进行分析。此外，交通事故分析也起到鉴定事故当事人的责任的作用。交通事故分析也通过事故现场勘查、汽车行驶记录仪、物证提取等方法获得所需的资料，并借助已收集到的信息、资料、数据，通过事故再现技术再现事故现场情况，进一步弄清楚事故发生全过程的运动状态，科学地解释说明事故发生的原因，并明确各方当事人应负的责任、应当吸取的经验和教训，分析降低交通事故后果应采取的必要措施等。

事故多发点

point of frequent accident

事故多发点是指在行车驾驶过程中，交通事故频繁发生的地点，主要与道路及其周围情况有关，常分布在弯道、一般车道、冰雪路段、车流量大等地方。常见的事故多发点主要有：

（1）高速汇入点，由于高速公路上可以开快车，从匝道上来后，部分车主直接连续变道直奔快车道，而在主路上同样有车高速行驶，就可能造成交通事故。正确的做法是在汇入之后先保持高速行驶，观察后方情况在恰当的时机再进行变道。而主路上的车辆遇到汇入点时也应尽量选择靠左侧行驶，以防突然有车辆汇入。

（2）服务区入口，有些车主因开车经验不足或者不专心，会走错车道导致进入不了服务区，于是急刹欲强行变道，这样很容易引起追尾甚至连环追尾。正确的做法是继续行驶，寻找下一个服务区。

（3）测速点，因为高速上车少路况好，行车容易超速，当导航播报前方有测速点的时候，不少超速的车辆会有较强力度的刹车，如果后车跟车距离太近，容易追尾。所以应和前车保持安全车距。

为减少事故的发生，可设置提醒驾驶员该路段为事故多发点的标志牌，例如，提醒驾驶员注意前方落石，有连续下坡弯道，可能有冰雪路段，等等。也可以直接对该路段采取一定的措施，例如，在易崩塌滚石的道路区域，在道路两侧或一侧用拦护网减少落石；在连续下坡路段，直接设置减速带，提醒并帮助车辆进行减速，减少危险事故的发生。

事故多米诺理论

accident domino theory

事故多米诺理论是解释、分析事故成因的一种理论，由海因里希（Heinrich）提出。“多米诺”是指连锁反应，前面即使是很小的力量或是微小的改变，都可能导致后面巨大的变化，也称为多米诺效应。该理论强调事件之间的关联性，认为事故的发生不是一个独立的因素所导致，而是一系列相关事件相继发生所导致的结果。事件的发生是以先前事件的结果为基础，就像多米诺骨牌，第一块多米诺骨牌倒下后将导致骨牌接连倒下。例如，高速公路上发生的连续追尾事件。该理论认为，事故包含五个阶段：第一阶段，不良的代际传递和社会环境；第二阶段，不健全的事故导致者被培养出来；第三阶段，事故导致者进行不安全操作；第四阶段，造成事故；第五阶段，导致人身伤害和财产损失。只要在五个阶段中消除一个事件因素就可以防止事故的发生，因此，该理论对预防事故有重要作用。多米诺效应分析流程（见图 21）：

（1）辨别初始事故，选择初始事件。

（2）分析导致初始事故升级的因素，找出扩大化事故可能影响到的目标。

（3）分析发生二次事故的概率。

（4）通过阈值判断是否发生二次事故。

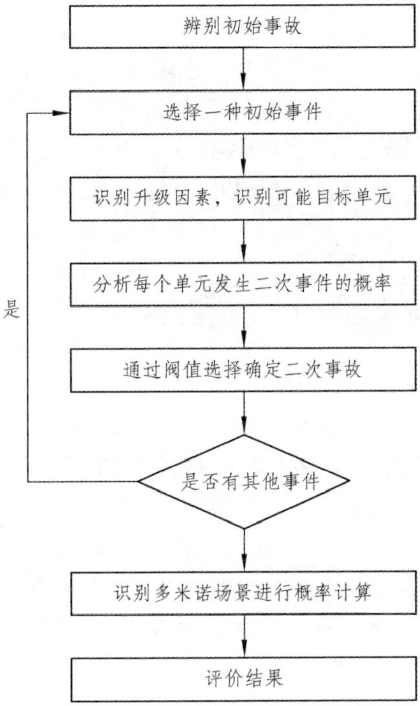

图 21　多米诺效应分析流程图

事故分析

accident analysis

事故分析主要包括收集现场资料，进行当事人调查与访谈，还原事故发生的过程，分析事故发生的原因，确认事实。分析步骤：① 充分收集、整理事故的相关资料，包括监控录像、当事人调查、目击证人调查等；② 确定事故人员的受伤部位、不安全行为等；③ 确定事故的原因，包括直接原因和间接原因；④ 确定事故责任方，并提出对事故的处理意见。

事故分析是一种分析事故的基本手段，可为相关鉴定提供依据，还可找出事故的原因，对预防事故的发生有积极的作用。

也可以对多项类似事故进行综合分析，例如学者对近年来国内外发生的地铁事故进行了分析，探讨了人、车、轨道、供电、信号以及社会灾害等影响地铁安全运营的因素，提出了预防对策、事故处理措施，将对减少事故发生、降低人员伤亡、减少财产损失，有一定的借鉴和启示意义。

事故概率理论

accident probability theory

事故概率理论是用于估计某一工作系统发生事故概率的一种理论。该理论认为安全隐患是有可能会发生但尚未发生的事故，组成某系统的各个要素的可靠性共同决定总的安全可靠性，要素包括操作者、机器、环境等，如果各要素的可靠性都低于100%，则整个系统的要素越多，事故发生的可能性就越大。公式为 P（系统的总可靠性）$=P_1 \times P_2 \times P_3 \times P_4 \times P_5 \times \cdots \times P_n$，其中，$P_1 \sim P_n$ 是系统中每个要素的可靠性。事故的概论是衡量该事件发生的可能性的量度。虽然在一次随机试验中某个事件的发生是带有偶然性的，但那些可在相同条件下大量重复的随机试验往往呈现出明显的数量规律。

系统的安全可靠性可以通过一定的方式提高，包括：① 减少系统的要素数量；② 提高要素的安全可靠性；③ 提高人的能力。根据“海因里希法则”，当违章行为累积到一定数量，必定要发生事故。该理论认为，伤亡事故的发生不是一个孤立的事件，尽管伤害可能在某瞬间突然发生，却是一系列事件相继发生的结果。伤害事故的发生、发展过程为具有一定因果关系的事件的连锁发生过程，即人员伤亡的发生是事故的结果。事故的发生的原因是：① 人的不安全行为；② 物的不安全状态。人的不安全行为或物的不安全状态是由于人的缺点造成的；人的缺点是由于不良环境诱发的，或者是由先天的遗传因素造成的。

事故率

accident rate

事故率亦称“事故频率”，即事故发生概率的统计指标。根据 1962 年第 10 届国际劳动统计学家会议的建议，工业事故的事故率在数值上等于在统计期限内，事故总数乘上 1 000 000 除以同期内全体在册员工的实际工时数。

在道路交通领域，事故率主要是指交通事故率，是在一特定地区，一定时期内，发生交通事故的频数。交通事故率是表达一定时期内，国家或某地区交通事故次数或伤、亡人数与其人口数、在籍（机动）车辆数、运行里程的相对关系。交通事故率既表示综合治理道路交通的水平，又是交通安全度的评价指标。事故率计算方法很多，何种方法较科学尚有争议。我国仍用事故次数、受伤人数、死亡人数、直接经济损失款额四项指标与上一年度同期对比，表示事故率的升降。《世界预防道路交通伤害报告》指出，交通事故严重威胁着人们的生命财产安全。国内外统计资料表明，80%左右的交通事故是由驾驶员因素造成的。国内学者主要针对某个或几个驾驶员因素，如年龄、性别、累计驾驶时间、基本生理状况与交通事故之间的关系进行了研究，以找到影响事故率的因素，为降低事故率提供理论基础。

事故倾向

accident proneness

事故倾向又称为事故倾向性，是指在相同的情境下，一些人因特定的生理、心理原因更容易发生事故。这被认为是一种较为稳定的个人特征，如情绪不稳定、易冲动，知觉和运动能力上有一定的缺陷，工作态度比较消极等。在交通领域主要指驾驶员群体的事故倾向性。有一部分驾驶员可以被称为事故倾向性驾驶员，例如一项美国研究对 303 名驾驶员进行了调查，发现 6 年内 63%的事故数是由 4%的驾驶员导致的；一项国内的研究对 3000 余名驾驶员进行了调查，同样发现了驾驶员群中约 7%的个体具有事故倾向性。事故倾向不仅会发生在驾驶员身上，飞行员、工人等危险工作性质的群体也具有事故倾向。可采用心理测验方法，及时发现潜在的事故倾向者，加强交通安全教育，采取一定的预防措施，以降低事故发生率。

早期对事故倾向性驾驶员的研究，主要从体格、感觉运动、运动协调性等方面来讨论原因。直到 1936 年，个性概念、人格因素才被划为影响驾驶员事故倾向的重要因素。研究表明，事故倾向性驾驶员表现出控制力低下、敌对、偏执、紧张、压抑、头痛、神经质、幻想、易紧张、过度自信等临床特点，还有较高的社会精神障碍，此外，应激也与高事故率密切相关，例如婚姻关系破裂、丧亲、人际关系出现问题等应激事件都与事故倾向有关。心理学者往往采用自陈人格量表对驾驶员进行测试，例如艾森克人格测验、16 因素人格量表、明尼苏达多相人格测试量表，此外，还会采用投射测验、场独立性测验。

事故倾向理论

accident proneness theory

事故倾向理论作为最广泛、通用的事故原因分析理论之一，由美国管理学者埃里斯特·麦考密克（Aries McCormick）和约瑟夫·提芬（Joseph Tiffin）提出，该理论认为，事故与人的个性有关，某些个性特质更容易导致事故发生。在事故倾向性理论的基础上，埃—约事故倾向模型被提出，该模型反映了个人素质与事故倾向之间的关系，即某些特殊素质更能导致事故，认为具有事故倾向的人不适宜从事具有潜在困难和危险的工作，并引用了一份资料表明，大约 20%的工人造成了 70%左右的事故。也就是说，驾驶员群中存在很小比率的事故倾向性驾驶员，但发生的事故数占比却非常大。有事故倾向性的人，也称之为事故频发倾向者，无论从事什么工作都容易出事故。由于有事故倾向性的人是少数人，所以事故通常主要发生在少数人身上。只要通过合适的心理测量，就可以发现具有这种个性特征的人，把他们调离有危险的工种，安排在事故发生概率极小的岗位，就可以大大降低事故率。

对于事故频发倾向者，格林伍德（Green Wood）和伍兹（Woods）对许多工厂里伤害事故发生次数的资料按如下三种统计分布进行了统计检验：

（1）泊松分布（poisson distribution）。当发生事故的概率不存在个体差异时，即不存在事故频发倾向者时，一定时期内事故发生次数服从泊松分布。在这种情况下，事故的发生是由于工厂里的生产条件、机械设备方面的问题以及一些其他偶然因素引起的。

（2）偏倚分布（biased distribution）。一些工人由于存在着精神或心理方面的缺陷，如果在生产操作过程中发生过一次事故，则会造成胆怯或神经过敏，当再继续操作时，就有重复发生事故的倾向。

（3）非均等分布（distribution of unequal liability）。当工厂中存在许多特别容易发生事故的人时，发生不同次数事故的人数分布服从非均等分布，即每个人发生事故的概率不相同。在这种情况下，事故的发生主要是由于人的因素引起的。

1939 年，法默（Farmer）和查姆勃（Chamber）明确提出了这一概念，并认为事故频发倾向者的存在是工业事故发生的主要原因。

判断某人是否是事故频发倾向者，要通过一系列的心理学测试。例如，在日本曾采用 YG 测验（Yatabe Gnilford test）来测试工人的性格。另外，也可以通过对日常工人行为的观察来发现事故频发倾向者。一般来说，具有事故频发倾向的人在进行生产操作时往往精神动摇，注意力不能经常集中在操作上，因而不能适应迅速变化的外界条件。基于事故倾向理论，在预防模型构建、可靠性预测方面有了较多的发展。例如，可以构建交通事故预防控制模型，为交通事故的防范提供参考；还有研究者验证了用艾森克人格特征预测飞行员事故倾向的可靠性；也可以通过飞行员能力测试分析空军飞行员的事故倾向；还能对铁路工人的事故倾向进行分析，得出事故倾向与工作因素、个体因素有关联。

事故倾向性

accident proneness

即事故倾向。

事故树分析

Fault Tree Analysis，FTA

事故树分析又称故障树分析法，是一种通过逻辑演绎的安全系统分析，一步步层层深入、分析其逻辑关系，直到找出事故的根本原因的方法，用树状图表示（见图 22）。该方法具有如下功能：

（1）FTA 可以事前预测事故及不安全因素，估计事故的可能后果，寻求最经济的预防手段和方法。

（2）事后用 FTA 分析事故原因，十分方便明确。

（3）FTA 的分析资料既可作为直观的安全教育资料，也有助于推测类似事故的预防对策。

（4）当积累了大量事故资料时，可采用计算机模拟，使 FTA 对事故的预测更为有效。

（5）在安全管理上用 FTA 对重大问题进行决策，具有其他方法所不具备的优势。

该方法的分析步骤主要包括编制树、定性分析、定量分析。

（1）编制树：确定所分析的系统；熟悉所分析的系统；调查系统发生的各类事故；确定事故树的顶上事件；调查与顶上事件有关的所有事件；做事故树图。

（2）定性分析：利用布尔代数简化事故树；求取事故树最小割集或最小径集；计算各基本事件结构重要度；定性分析结论。

（3）定量分析：确定引起事故发生的各基本原因事件的发生概率；计算事故树顶上事件发生概率；并将计算结果与通过统计分析得出的事故发生概率进行比较。

该方法在交通事故领域有广泛的应用，例如可采用该方法进行营运客车翻车事故分析、农村道路交通事故分析等。

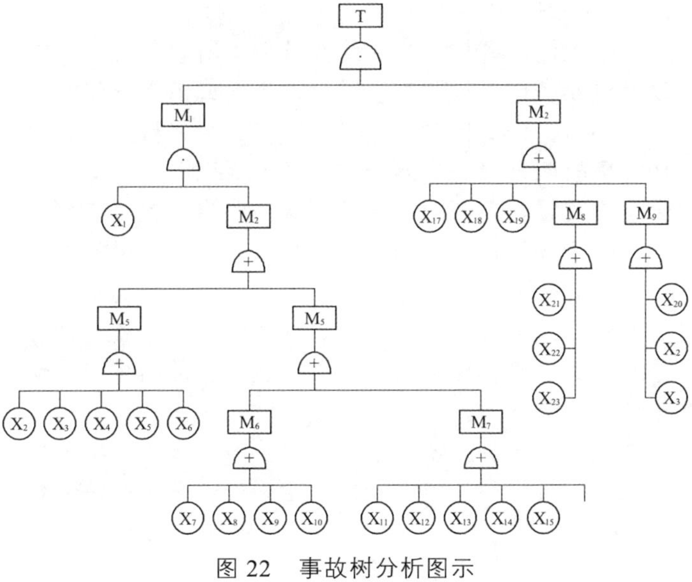

图 22　事故树分析图示

事故调查

accident investigation

事故调查是事故发生后的一个重要步骤，指在事故发生以后进行的调查，以确定事故发生原因、明晰事故发生过程，落实责任，并采取一定措施避免事故的再次发生的调查方法。

事故调查的相关规定主要有：

（1）轻伤事故：由用人单位按有关规定进行调查、处理。

（2）一般伤亡事故：由有管辖权的安全生产监督管理部门会同同级公安机关、监察机关、工会、行业主管部门等组成伤亡事故调查组进行调查。

（3）重大伤亡事故：由有管辖权的安全生产监督管理部门会同同级公安机关、监察机关、工会、行业主管部门等组成伤亡事故调查组进行调查。若省级安全生产监督管理部门认为必要的，由其组织调查。

（4）特大伤亡事故：市、州及其以下所属单位，由市、州人民政府组成伤亡事故调查组进行调查，或由市、州安全生产监督管理部门、公安机关、监察机关、工会、行业主管部门等组成伤亡事故调查组进行调查；省及省级以上所属单位，由省级安全生产监督管理部门、公安机关、监察机关、工会、行业主管部门等组成伤亡事故调查组进行调查；省人民政府认为需要直接调查的特大伤亡事故，由省人民政府组成伤亡事故调查组进行调查，或由省人民政府指定的本级安全生产监督管理部门、公安机关、监察机关、工会、行业主管部门等组成伤亡事故调查组进行调查。

事故调查的评价主要在于用人单位负责人接到除轻伤事故外的伤亡事故报告后，应立即按规定报告安全生产监督管理部门、公安机关、工会、行业主管部门，并在24小时内书面报告事故概况（含事故发生的具体时间、地点、类别、简要经过、伤亡情况、损失程度、初步原因分析）。安全生产监督管理部门根据情况通知其他有关部门。事故调查具有一定的标准，例如美国公共交通协会发布了城市轨道交通系统事故调查标准，而目前中国城市轨道交通行业还缺少相应的研究和实践。

事故现场会

accident on-the-spot-meeting

事故现场会是一种交通安全教育会议的形式，以某一个或一些典型事故为案例开展驾驶安全教育。其特点是具体、生动，有较强的说服力，能够起到良好的安全教育作用。现场会不仅对当事人有一定的处分和警示作用，对其他人也有重要的教育意义，可防患于未然，减少交通事故的发生。

事故预测

predication of traffic accident

交通事故预测是对未来可能发生的事故做出估计和预测，它是通过对交通事故的过去和现在的状态的系统探讨，并考虑其他相关因素的变化，来分析未来事故的危险程度和发展趋势，以便能及早采取措施进行防治。在事故预测中，建模是非常重要的一个步骤。通过不同的数学模型，例如贝叶斯网络、神经网络、多元线性回归、极限学习机等方法，可以对交通事故进行预测。交通事故预测的目的主要在于掌握交通事故的未来状况，以便及时采取相应的措施，避免工作中的盲目性和被动性，有效的控制各影响因素，达到减少交通事故的目的，对现有道路或者改建、新建道路设计方案可能导致的交通事故次数及严重程度和事故类型预测，有助于工程人员道路设计。事故预测的特点主要有：预测的自负效应、预测的反复性、预测的组合性。预测的自负效应：交通事故预测属于警告性预测，它可能引起社会、团体及某些人的自适应相应，及时采取相应对策，从而对预测结果施加影响。预测的反复性：是指预测模型随着时间的推移，根据最新的信息，需要反复修改。特别是交通事故正处于不稳定的时期，更需要反复推测。预测的组合性：交通事故预测的组合特点是指建立多个预测模型，或者使用多种预测技术组合，建立一个组合模型进行预测。

事故预测模型

accident prediction model

事故的发生具有一定的偶然性，但在统计交通事故有关指标的基础上，事故是可以预测的，事故预测模型旨在关联交通设施安全水平与人-车-路-环境系统中的各种风险因素，预测在各因素不同取值和组合条件下的安全水平，对将来可能发生的事故进行合理的估计，分析交通事故发生的规律以及在现有交通条件下的发展趋势。常用的交通事故预测方法包括回归分析法、时间序列预测法、灰色预测法、神经网络预测法等。在道路交通事故统计资料的基础上，建立科学合理的预测模型具有重要的现实意义。对交通事故的科学预测，是提高道路交通安全管理水平的重要内容，有利于管理部门制定交通安全管理决策，采取相应的技术措施。

事故再现分析

analysis of accident reappearance

事故再现分析是一种在发生道路交通事故后，分析事故原因、确定事故责任方的一种方法。事故再现分析以事故现场的各种证据为依据，并参考驾驶员等当事人和相关目击证人的陈述，对事故的经过进行一定的分析、推理，推测出事故发生的过程。事故再现可以用软件进行建模，包括三个步骤：输入数据、进行数据建模和分析、输出最终的图像和结果。事故再现分析的关键在于发现事故现场上遗留的各种痕迹和物证，如事故现场车辆的位置、事故中受伤害人员情况、事故发生地点、制动印迹、路面情况、事故车辆的损伤部位及损伤情况等。在这些痕迹和物证的基础上，应用有关运动学、动力学的知识和相关的计算方法，利用计算机技术，使事故现场一步一步地再现出来。有些交通事故再现的计算机软件系统对事故发生的全部过程显示与实际的事故现场情况很吻合，这对于事故原因的分析和责任的认定有很大帮助。事故再现技术不仅大大减轻了事故分析人员的计算工作量，还能够以图像的方式动态地显示事故发生的过程，使分析结果更加直观、形象，便于一般的人员解读。当然，这种事故再现的软件能否完全真实地反映现场情况，取决于数学模型的正确性、相应参数选取的准确性，以及输入数据的准确性。

视错觉

visual illusion

交通领域的视错觉主要是指驾驶员在行车过程中，由于外界环境因素（道路线性、天气、行车环境）以及个体因素（生理、心理等）的影响而导致的视觉上的错觉。视错觉既可能危害行车安全，也可以利用其作为一种设计方法，以减少交通事故。例如，视错觉控速标线是在路面上设置的一种标线类减速设施，能让驾驶员对车道的宽度和行车速度产生错觉，从而达到促使驾驶员主动减速，保障行车安全的目的。目前，利用视错觉进行公路视错觉减速标线设计、视错觉驾驶模拟实验，还可进一步探讨减速标线与驾驶员的关系。

视错觉也常被应用于生活中，主要的方法有：矮中见高、虚中见实、冷调降温、粗中见细、曲中见直。

（1）矮中见高：在居室中，一部分做吊灯，而另一部分不做，那么没有吊灯的部分会显得更“高”。

（2）虚中见实：通过条形或整幅的镜面玻璃，可以在一个实在空间里制造出一个虚的空间，而虚的空间在视觉上却是实的空间。

（3）冷调降温：例如，厨房大面积使用深色时，待在里面，就会觉得温度下降了 2 ~ 3 °C。

（4）粗中见细：在实木地板或者玻化砖等光洁度比较高的材质会显得较高的材质边上，放置一些粗糙的材质，如复古砖和鹅卵石，那么光洁的材质会显得更光洁，这就是对比形成的视错觉。

（5）曲中见直：一些建筑的天花板往往并不是平的，当弯曲度不是很大的情况下，可以通过处理四条边附近的平直角，造成视觉上的整体平整感。

视觉

vision

视觉是驾驶员在驾驶过程中通过眼睛在外部环境中接受的刺激，由视觉系统的外周感觉器官获得的主观感觉。视觉的形成过程大致是：外界物体反射来的光线依次经过角膜、瞳孔、晶状体和玻璃体，并经过晶状体等的折射，最终落在视网膜上，形成一个物像。视网膜上有对光线敏感的细胞。这些细胞将图像信息通过视神经传给大脑的一定区域，人就产生了视觉。视觉的主要特征有：光量效应（人眼感到房间照度变化差值和照度水平之比）；视角、视力和视野；明适应、暗适应；视度；眩光等。视觉不仅在行车过程中有重要作用，还被应用于驾驶员疲劳特征提取、驾驶员注意力检测与判别、驾驶意图识别、面部视觉特征提取等方面。

视觉导向性

visual oriented

视觉导向性指道路照明设施对道路使用者的引导程度。在城市环境设计中，视觉导向性可以有效地扩大公共空间环境的优势，提高公共空间的利用率。例如，通过视觉引导可以让道路使用者看清及预测前方道路情况。《公路工程技术标准》（JTG B01—2014）规定，视线诱导设施可分为轮廓标、分合流诱导标、线形诱导标三种。轮廓标以指示公路线形轮廓为主要目标，诱导驾驶员视线，使行车更安全、舒适。轮廓标一般设置于路边。隧道内一般设置在隧道壁和检修道顶部。《公路照明技术条件》（GB/T 24969—2010）规定公路照明应该具有良好的视觉导向性。

视觉干扰

visual intrusion

视觉干扰指由于光线、色彩和形状等方面的原因造成次要信息对主要信息，无用信息对有效信息的弱化、抑制甚至屏蔽。在驾驶过程中，如果视觉信息量过多会加重驾驶员的视觉负荷，造成一定程度的视觉干扰。有研究表明：无事故群体每秒能处理 32.38 bit 的信息量，事故多发群体每秒能处理 18.41 bit 的信息量，全体平均每秒能处理 25.40 bit 的信息量。因此，将交通信息量控制在大多数人都能处理的范围内可以有效避免出现视觉干扰。在驾驶过程中，如果视觉信息量过多会加重驾驶员的视觉负荷，造成一定程度的视觉干扰，如路侧空间设置的一些冗余信息、不合理的道路结构物、繁杂混乱的人群车流等。

视觉舒适概率法

vision comfort probability method

视觉舒适概率法是一种评估不舒适眩光的方法，旨在找到其规律性，以减少不舒适眩光的危害。该方法的基本步骤是：首先考虑单光源下不舒适眩光的感觉指标（由光源亮度、视野平均亮度、光源表面积及位置指数决定）；考虑多光源下不舒适眩光的评价值；用可接受不舒适眩光评价值的观察者数所占的百分率表示视觉舒适程度。目前，该方法已被应用于评价不舒适眩光。例如，可对夜间机车驾驶环境中 LCD 眩光进行分析与评价，以减少眩光对夜间驾驶的危害。还可用该方法探究眩光对交通标志视认性的不良影响，构建适用于高速列车驾驶界面照明的眩光评估模型，增进关于眩光影响行车安全的研究。未来还需要继续完善视觉舒适概率法的计算方法，完善不舒适眩光的计算模型，探索不舒适眩光与心理、生理指标的关系。

视觉搜索

visual search

视觉搜索是指驾驶员在视线范围内搜索一定的信息，包括行人、车辆、建筑物等。目前有应用于探索特殊群体的视觉搜索，如小学生在交通情境中的视觉搜索；应用于特殊环境下的视觉搜索，如探究夜间环境下城市道路驾驶员视觉搜索模式，对山区与城市道路交通环境下驾驶员视觉搜索过程进行分析，以及探究车速与标志文字高度对驾驶员视觉搜索模式的影响。道路交通系统中，驾驶员因素是引发交通事故的首要因素，驾驶员在驾驶车辆过程中，主要依靠视觉来感知各种交通信息。为了减少交通事故的发生，有必要对驾驶员的视觉特性进行分析，以深入研究驾驶员的视觉搜索过程及其表征参数。未来需要继续探索视觉搜索的模式和策略，并探究其与其他心理指标（如需工作记忆）的关系。

视觉搜索不足

insufficient visual search

视觉搜索不足是指驾驶员在视线范围内对特定的一个或多个目标存在的视觉环境进行主动扫描，但缺乏识别能力。视觉搜索不足与年龄有关，年龄较小的儿童视觉搜索能力更低下，例如，儿童过马路时会不观察路况。对于驾驶员来说，视觉搜索不足包括对行人、车辆以及公路上的其他目标的搜索不足，驾驶员视觉搜索不足会造成行车的不安全。视觉搜索过程是由一系列的注视和扫视构成的，主要表征参数为：注视持续时间，瞳孔大小，注视目标时 X、Y 方向的视角，相邻注视点间距离，注视次数，扫视持续时间，扫视幅度，扫视平均速度，扫视峰值速度，扫视角度。而视觉搜索不足通常表现为这些参数的异常。因此，有必要从这些根本原因上探索解决方案。未来需要探查视觉搜索不足的危害，以及如何提高视觉搜索能力，进而为行车安全保驾护航。

视觉显示器

visual displays

视觉显示器是一种通过光波作用于人眼，并向人们提供外部信息的显示设备。视觉显示器的设置需要符合内容清晰易懂的总设计原则。根据显示状态、信息性质、信息形态、结构特点和功能特点，视觉显示器可分为不同的类别。视觉显示器的具体要求有：根据显示器的用途选择恰当的视觉刺激维度作显示代码，代码的数目要限制在人的绝对判断能力允许的范围之内；显示概念和显示格式符合直观性和人的认知特性；显示精度与人的视觉辨认特性相一致；综合显示相关联的信息；目标与背景之间的亮度对比及颜色对比要符合视觉原理；根据用途确定适宜的刺激强度和大小；具备良好的照明条件；与控制器及其他设备在空间上兼容。例如，飞机上的各种仪表都是典型的视觉显示器，其设计制造都必须符合上述工效学原则。目前在道路交通中已被应用于各个领域,特别是LED显示屏的应用，目前已经拓展到基于视觉感受的 LED 显示屏的系统精度分析、探究 LED 显示屏参数与人眼视觉特性的关系、探索显示器布局对人的视觉识别能力影响，以及不同类型显示器及其表示方式对视觉疲劳的影响。未来需要继续探索视觉显示器对行车安全的影响，探索有利于行车安全的视觉显示器。

视觉再认距离

vision recognition distance

视觉再认距离是指驾驶员可以清楚地识别交通标志上的图案和符号和自己的必要距离，视觉再认距离主要包括两个方面：瞬读距离是可以在行车中能瞬时识别交通标志的距离；可读距离是在行车中需要仔细识别交通标志的距离。如白天行驶速度为 60 km/h，视认距离为 239*h*（*h* 为文字高度，单位为米）；速度为 100 km/h，视认距离为 177*h*。也与文字尺寸、标牌高低有关。该距离与行车速度成反比，也与文字、符号的尺寸以及标志的高低有关，在交通标志设置中应该注意与车辆行车速度相适应，并随着交通量、车道宽度和地形等而变化。根据视觉再认距离的内容，未来将继续探索视觉再认距离对驾驶安全的影响、危害，影响视觉再认距离的关键因素，以及如何通过培训提高视觉识别距离。

视力

eyesight

视力是指视网膜分辨影像的能力，是影响驾驶员行车的一个重要影响因素。按照《机动车驾驶证申领和使用规定》，申请大型客车、牵引车、中型客车、大型货车、城市公交车、无轨电车或者有轨电车准驾车型的，两眼裸视力或者矫正视力为对数视力表 5.0 以上；申请其他准驾车型的，两眼裸视力或者矫正视力为对数视力表 4.9 以上。驾驶者的视力会影响行车安全，特殊视力人群的驾驶安全已受到重视。国内有学者进行了单眼视力障碍者机动车驾驶安全性与可行性分析；还有学者进行了特殊环境下的驾驶视力分析，如夜视力等；以及当前时代发展下的机动车驾驶光污染及视力防护等方面的问题。提高人们的视觉健康可以直接提高驾驶员的人身安全。如何有效解决机动车驾驶的光污染已成为整个行业面临的重大问题，也是未来的重要发展趋势。

视深度知觉

depth perception

视深度知觉也称为深度知觉或距离知觉，是指人的视觉器官感知对象三维空间的距离，包括对物体与自身距离的判断，以及判断不同物体之间的距离，可分为静态和动态深度知觉，是行车过程中获得对象速度、目标位置等信息的重要方式。视深度知觉是个体对同一物体的凹凸或对不同物体的远近的反映。视网膜是一个两维的平面，人不仅能感知平面物体，还能感知三维空间中的物体。深度知觉是通过两眼视觉实现的。

深度知觉受以下因素影响：生理方面有双眼视差，双眼幅合，水晶体调节，运动视差等；客体方面有对象重叠，线条透视，空气透视，对象的纹理梯度，明暗和阴影以及熟习物体的大小等。根据自己的经验和有关线索，单凭一只眼睛观察物体也可以产生深度知觉。用视觉来知觉深度，是以视觉和触摸觉在个体发展过程中形成的联系为基础的。通过大脑的整合活动就可做出深度和距离的判断。但个体在知觉对象的空间关系时，并不完全意识到上述那些主、客观条件的作用。视深度知觉有主观影响因素，例如视力、情绪等；也有客观影响因素，例如行车环境、道路情况、天气等。

在行车过程中，驾驶员只有具备准确的深度辨别能力才能准确地评估行车距离，因此深度知觉已经成为评价是否适合驾驶的一个重要检测指标。未来应继续完善深度知觉评价指标，深入探讨深度知觉的影响因素，为安全行车提供保障。

视线指引

optical guidance

视线指引是一种对驾驶员视线的方向指示。视线指引可引导驾驶员沿着某一方向前进，从而避免驾驶员偏离方向导致交通事故。视线指引可被用于增加行车的安全性，在一定的路段（如周明不充分的道路环境、高速公路、积雪道路），可设置路缘线、路面标线等行驶目标线，以及行道树、反光标识、积雪标杆等视线诱导标。

以反光标识为例，它采用反光漆、反光薄膜及反光钮制成，在夜间行车时，只要有光源（路灯或汽车前照灯），反光标识就能显示路面两侧的标线方向，有助于安全行车。

视野

horizon

视野指视力范围。根据状态，视野可分为静态视野和动态视野。静止时视野未发生变化；驾驶员在行车过程中则处于动态视野，驾驶员根据不断变化的视野深度、宽度、画面来驾驶车辆。根据获得方式，视野可分为直接视野和间接视野。直接视野是指驾驶员通过前方和两侧玻璃的视野；间接视野是指驾驶员通过内外后视镜、显示屏等的视野。

视野又称视场，驾驶员的正常视野标准是：水平视野为双眼左右 60°以内的区域;人们最敏感的视力是在标准视线每侧 1°的范围内；单眼视野的标准视线为每侧 94° ~ 104°；垂直视野的最大视区为标准视线以下 70°，颜色辨别界限在标准视线以上 30°和标准视线以下 40°。实际上，人的自然视线是低于标准视线的。在一般情况下，站立时自然视线低于标准视线 10°，坐着时低于标准视线 15°，在松弛状态下站立和坐着时自然视线标准视线分别为 30°和 38°。观看展示物的最佳视区为低于标准视线

30°的区域内。目前可根据该标准开展汽车视野标准探讨、视野校核、动态视野可靠度分析等研究。未来应继续完善视野标准及对应的指标，深入探讨影响驾驶员视野的因素，为安全行车提供保障。

视野三角形

sight triangle

视野三角形是在交叉路口处，由一条道路入口，以行驶方向的最外侧的车道中线与右侧相交道路进入路口的最内侧的车道中线的交点作为顶点，把两条车道中线各按其规定车速的停车视野的长度作为两边，所组成的三角形。在视野三角形内不允许摆放会遮挡驾驶员视线的物体和道路设施。若存在障碍物，实际的视野三角形面积会小于安全视野三角形的面积。在道路设计时需要给驾驶员留有足够的视野空间才能保证行车安全。

适应照明

suitable lighting

适应照明指眼睛对光照适应所体现的视觉的必要能见度，常见于明暗空间转换的情况。如果明暗速度变化过快，超过眼睛的适应时间，会让人产生不舒适的感觉，对视线范围内的物体反应力降低，进而可能导致交通事故。适应照明被运用在如隧道、山洞的出入口等处，为安全行车提供保障。目前自适应照明系统已在部分车辆中应用。夜间行驶时，装备自适应照明系统的车辆可让驾驶者在转弯时拥有良好视野。感应器会监控车速和前轮转向角度，估计车辆 3 s 后的位置，同时令前大灯照向此处。左、右前大灯可依据转弯角度进行不同程度的旋转，一个可旋转 5°，另一个可旋转 15°。当车辆驶进弯道时，车灯将紧随前方道路走向，而绝非简单照亮道路边缘。自适应照明系统有助于缓解夜间行车疲劳并提高夜间行驶安全性，尤其适合在不熟悉的连续弯路当中行驶使用。

嗜睡预警系统

drowsiness warning system

嗜睡预警系统作为一种保障行车安全的工具，可以及时对驾驶员的疲劳、嗜睡状态进行预警，进而保障行车安全。驾驶员的检测系统在国内外都有运用，目前主要是通过生理信号、驾驶员行为和车辆信息等方法收集信息，其中，生理信号包括血氧参数、肌电信号、脑电信号、心电信号等特征，驾驶员行为主要是通过驾驶员的面部器官进行判定，包括眼睛区域状态（眨眼频率、眨眼深度、眼睛宽高比、眼睛闭合频率、瞳孔变化特征等）、驾驶员打哈欠情况，车辆信息包括方向盘握力信号、方向盘转角信息、道路偏移信息等。相关研究表明，相较于清醒驾驶，疲劳驾驶引发事故的概率要高出约 5 倍。然而在我国，疲劳驾驶并不鲜见，据交通管理局报道，全国的重大交通事故（一次死亡人数超过 10 人）中，由疲劳驾驶引起的约占 15%。因此，监测驾驶员的疲劳嗜睡状态，进行安全预警，设计嗜睡预警系统是很重要的。当前，国内取得了非常多的研究成果，众多公司都在研发嗜睡预警系统，但考虑到精确性和经济性，目前还未投入广泛使用。未来应该更多地考虑嗜睡预警系统的实用性、准确性和经济性。

疏忽

negligence

即“疏忽行为”。

疏忽行为

negligent behavior

疏忽行为是指驾驶员违反交通规则的不良行车行为，例如，在行驶过程中玩手机、打电话，酒后驾车、疲劳驾驶、随意变换车道、逆行、无证驾驶、超载驾驶、超速驾驶等行为。在驾驶过程中，驾驶员很难主动清晰地意识到自己处于疏忽驾驶的状态。为了减少疏忽驾驶的危害，可以在车辆中安装疏忽驾驶检测系统：第一类是眼动记录仪、呼吸检测装置、酒精传感器等，检测驾驶员是否属于酒驾、疲劳驾驶、鲁莽驾驶等；第二类是使用智能手机传感器检测路况信息、车辆信息（例如驾驶速度），进而综合各部分信息检测出异常驾驶行为并发出警报。最近也有学者对系统进行了改良设计，国内就有学者提出，不同疏忽行为动作会产生不同的多普勒效应，因此，研究者设计了一个基于声波信号的细粒度动作识别系统，该系统的声波信号由智能终端扬声器发出，同时该智能终端的麦克风会分析反射回来的声波信号，据其产生的多普勒效应获取驾驶动作信息，系统采用主成分分析和支持向量机的训练方法，生成分类器模型，以此清晰识别动作，进而实现对驾驶过程中疏忽行为的监测、分析和识别。

相关研究表明，90%的道路交通事故与人的因素相关，由驾驶员负主要责任的事故占总事故的 70%~80%，因此，疏忽行为危害极大。疏忽行为可以通过一定的规则定量计算，可作为惩处的主要依据。疏忽行为会进入计分系统，如果分数过高，驾照可能被吊销。在美国公路上不安全驾车，对他人造成威胁，违规 1 分。如果满足狂驾、醉酒或用药后驾车、撞及空车但未通知车主、撞后逃逸而导致财物损坏者的其中一项，则违规 2 分。如果有下述情况之一，将被视为疏忽驾驶者：一是年驶 25000 千里以下，12 个月内累积 4 分，24 个月内累积 6 分，35 个月内累积 8 分；二是年驶 25000 千里及以上，11 个月内累积 6 分，24 个月内累积 8 分，36 个月内累积 10 分。

竖曲线

vertical curve

竖曲线指在公路纵坡度的变坡处设置的竖向曲线。分凸形和凹形两种。其数学形式为二次抛物线或圆弧形曲线。汽车行驶在竖曲线上会产生垂直向上（凸形）或竖直向下（凹形）的离心力，凸形竖曲线还会影响行车视距。

在路线设计中应尽可能采用较大的半径和长度。

数字驾驶行为

digital driving behavior

在新型的人、车、路一体化的具有智能化特征的数字驾驶系统中，通过人工智能、智能控制、信息通信、计算机技术、人机工程等方法，在智能信息网络环境中，数字车辆在驾驶员、道路辅助信息系统及车载信息支持系统综合协调控制下，将实现人车综合感知、共同决策、协调控制的安全驾驶行为。数字驾驶行为具有高度自规划性、自组织性、自适应能力，数字车辆具有一定智能水平并以人为中心人机合作，能够适应各种复杂的交通运行环境，如快速的高速路、拥挤多变的城市道路。数字车辆将先进的车载信息系统、车辆安全控制系统、生态人—机界面电子通信、计算机等众多高新技术集为一体，其综合应用的目的在于达到减少道路交通事故、提高道路通行能力、改善路网利用率、增进社会效率等目标。

双眼视野

binocular vision

在生物学中，双眼视野是一种视觉，是指驾驶员通过两只眼睛能够感知其周围环境的三维图像，可以看到更广阔的视野。双眼视野能够帮助驾驶员达到大约190°的最大水平视野，其中大约120°构成双眼视野（由双眼看见），两侧大约40°构成单眼视野（仅由一只眼睛看到）。由于双眼能够提供双目视差，从而产生精确的深度感知，呈现立体视觉。双眼视野能够帮助驾驶员看到道路障碍物以及障碍物背后的更多状况，以避免道路危险。

睡眠剥夺

sleep deprivation

汽车驾驶员在长途驾驶中，缺乏足够的睡眠状态会引起疲劳、嗜睡、操作能力降低，也会对其大脑和认知功能产生负面影响。据赫尔伯特（Hulbertr）1963年的研究，35%～50%的车祸是由驾驶员缺乏睡眠造成的。睡眠剥夺是造成交通事故的重要因素。在睡眠剥夺的实验中发现，当人被连续剥夺睡眠24小时以上后，机体内各系统会失去平衡，主要表现为手指震颤、发音困难、动作协调性差、对外界的刺激反应迟钝、无法集中注意力、记忆力明显减退、情绪焦躁不安、易发脾气、表情呆滞木讷、压抑沮丧，从而导致行为水平降低。《国务院关于加强道路交通安全工作的意见》规定："严格落实长途客运驾驶停车换人、落地休息制度，确保客运驾驶员24小时累计驾驶时间原则上不超过8小时，日间连续驾驶不超过4小时，夜间连续驾驶不超过2小时，每次停车休息时间不少于20分钟"。

顺风车

car-sharing

顺风车指搭便车、顺路车、拼车，是一种在出行目的和时间符合的情况下，几名乘客共乘一辆车共同承担车费的一种出行方式。顺风车提高了交通运行效率，减少了出行汽车数量，降低了出行成本，具有环保效益。此外，让路人搭顺风车，是新型的文明行为，是和谐社会的一种体现，有助于增强人们之间的沟通和信任。顺风车还衍生出许多公益活动，例如，2012年启动的“春节回家顺风车”，免费护送陌生人回家过年；从2012年起，每年6月6日还被定为顺风车日，寓意为“六六大顺，一路顺风”。虽然顺风车有诸多好处，但还是存在一定的安全隐患，顺风车的车主和乘客往往是不相识的陌生人，可能无法识别对方的歹意，造成蓄意伤害事件。因此，平台要充分审核驾驶员的资质和乘客的身份，还可以接入双方的信用评价体系，明确各方权利义务、合乘费用分摊规则，公开收费准则，明码标价。此外，在搭载过程中可能发生交通事故。为了解决这些问题，有关部门或个人提交了网约车相关提案，如王永连续多年委托政协委员递交关于顺风车的提案，希望政府可以从实际行动上支持顺风车；保险机构设置了顺风车出行相关保险，例如阳光保险集团提供的“志愿者关爱计划”保险，顺风车与太平洋保险签订“顺风车安全出行保障计划”；我国政府也进行了相关整治，2018年9月10日，交通运输部、公安部发出通知，加强顺风车平台驾驶员背景核查、严格督促企业落实安全生产和维稳主体责任、健全完善投诉报警和快速反应机制、严厉打击非法营运行为。顺风车搭乘体系正在不断完善。

驾驶员分心

driver distraction

根据国际标准化组织（ISO）的定义，驾驶员分心是指驾驶员驾驶时注意力指向与正常驾驶不相关的活动，从而导致驾驶操作能力下降的一种现象。驾驶员驾车时进行其他活动的行为会使驾驶员的注意力远离道路。驾驶员分心时，通常会执行驾驶副任务，导致其注意力发生转移，道路观测、应急决策等能力都相应下降。通常情况下，导致驾驶员分心的因素包括人、车、道路环境和自然环境等方面。驾驶分心可能源于视觉、认知、听觉、操作等不同维度。视觉分心时，驾驶员会将注意力集中在与驾驶无关的事物上，将视线移开路面；听觉分心时，驾驶员对听觉刺激格外注意，从而对主任务的关注明显下降；认知分心时，驾驶员往往会陷入思考，处于思维分散状态，继而忽视对交通环境的观察；操作分心时，驾驶员会因为执行其他的次任务，而将手脱离方向盘，这种情况十分危险。

根据《道路交通安全法实施条例》规定，驾驶机动车不得有拨打接听手持电话、观看电视等妨碍安全驾驶的行为。对违反上述规定的驾驶员处 20 元以上 200 元以下罚款，并记 2 分。

分心驾驶不仅是开车接、打移动电话，还包括诸如交谈、赶时间、听音乐、思考问题、开情绪车、驾车时吃东西、抽烟、东张西望，等等。驾驶员开车时不经意间的一个视线转移或短暂的思绪纷飞，很可能就是一次事故的原因。

斯密德公式

Smeed’s Law

斯密德公式是英国学者斯密德（R. J. Smeed）提出的用于预测道路交通事故死亡人数的公式：$D = 0.003(NP^2)^{1/3}$，其中 D 为该国家或地区当年交通事故死亡人数，P 为该国家或地区当年人口总数，D 和 P 单位均为人；N 为该国家或地区当年汽车拥有量（不含三轮汽车和载货车），单位为辆。这个公式反映了交通事故死亡人数与人口总数，汽车拥有量之间的内在关系，多个国家道路交通死亡人数统计结果证实了该公式有较好的预测作用。

斯特鲁色词测验

Stroop color-word test

斯特鲁普效应（Stroop effect）在心理学中指优势反应对非优势反应的干扰，一般认为，念字和说出字体颜色是两个不同的认知过程。斯特鲁普在1935年做了一个实验，他利用的刺激材料在颜色和意义上相矛盾，例如用蓝颜色写“红”这个字，要求被试说出字的颜色，而不是念字的读音，即回答“蓝”。结果发现，说字的颜色时会受到字义的干扰，回答字本身的意义为优势反应，而回答字体颜色为非优势反应，若字体颜色与字义不同，被测者往往会反应速度下降，出错率上升。根据斯特鲁普效应原理，斯特鲁普色词测验检查的是，以不同颜色书写代表颜色名称的名词时，被试克服字体颜色的影响，对这些名词进行命名的能力。

斯特鲁普色词测验是能力倾向测验的一种。测验一般分成三部分：① 对颜色点图的快速命名；② 快速诵读代表颜色名称的名词；③ 呈现一组卡片，以代表颜色名称的名词用不同的颜色书写在卡片上，检查被试区分颜色名称与实际颜色之间的能力，以及对代表颜色名称的名词快速诵读的能力。被试受字体颜色影响的程度，作为其认知控制力的指标。

当驾驶员在驾驶过程中对某一特定刺激做出反应时，由于某种因素的干扰，驾驶员难以集中精力对正确驾驶操作出正确反应的现象，也是一种斯特鲁普效应。

四E策略

4E strategy

四E策略指四项保持良好道路交通状况、减少交通事故伤亡的四项策略：

（1）教育培训策略（Education）：对公众进行道路安全教育

可分为在学校内对学生进行的校内教育和通过广播，电视，报刊对公众进行的社会教育。

（2）工程技术策略（Engineering）：从工程角度出发，在车辆、道路、驾驶员三个方面，通过相应的技术提高道路交通安全性。

（3）法制与管理策略（Enforcement）：完善道路交通安全法规及加强道路安全执法机构执法力度以维护良好的交通状况。

（4）紧急救助策略（Emergency Care and First Aid）：道路事故发生后如何进行紧急救助，并最大限度抢救伤者生命，减少伤亡。

速度错觉

error of speed estimation

速度错觉是指驾驶员对所驾车辆速度的错误知觉。驾驶员对自己所驾驶的车辆速度进行判断时带有很大程度的主观倾向性，尤其是在高速公路上或长时间长距离的行驶状态下，由于视觉受连续对比感觉和人对速度的适应性的影响，驾驶员会形成一种思维定式，凭借自己的主观感觉，使得他们难以客观判断所驾车辆的速度，从而不能及时降低车速或准确降低车速的惯性行为。

驾驶员主观感觉到的速度通常比实际的要大。主要原因是视觉受连续对比感觉的影响及人对速度的适应性。驾驶员是根据观察到的景物的移动相对参照物来估计车速的，景物移动的多少和丰富程度会导致对车速的不同判断，在市区道路上对车速易于高估，在原野道路上易于低估；在加速时易于将车速高估，减速时易于低估，驾驶员长时间以某一速度行驶后会适应该速度，对其余速度感觉不适，从而产生速度错觉。在避免速度错觉时，驾驶员应注意当车辆驶出高速公路或进入低速车道后，不可通过主观判断车速，而是要根据车速表的指示数值正确把握车速。同时，道路线形设计也会避免驾驶员的视错觉，例如，在已建道路上能借助于方便改动的元素及植栽纠正驾驶员的视线，或在新建道路中利用已有的地形环境特点引导驾驶员的视线。

速度估计能力

speed capability estimation

速度估计能力指驾驶员在驾驶过程中准确地判断本车及周围其他汽车的行驶速度的能力，使本车与周围的交通参与者有一个良好的空间关系，特别是在车辆交汇、超车等情况下，对速度的判断很大程度上决定着驾驶的安全性。

驾驶员对前方车辆、并行车辆、相向行驶的车辆以及对自己车辆的速度估计不准确，不能正确地判断道路上的空间距离，是发生交通事故的一个重要原因。许多车辆碰撞和翻车事故都与驾驶员对车速的判断和控制有关。发生事故的驾驶员往往在速度估计能力测验中有明显的过早反应倾向，其速度知觉能力与焦躁程度有关，产生过早反应的原因通常是因为他们比较急躁，不能有效地利用某些衡量时间或速度的媒介来准确判断时间和速度。因此，可以利用速度估计能力测验中估计误差的大小或有无过早反应倾向作为区分事故驾驶员与安全驾驶员的重要指标。

速度适应

speed adaptation

速度适应指驾驶员根据道路状况来确定所需的驾驶速度，确保车辆执行要求速度。

速度效应

velocity effect

速度效应指有些驾驶员不分情况，一味地追求汽车的高速度，产生与环境不相协调的心理现象。速度效应是爱因斯坦狭义相对论的一个重要推论。在牛顿经典物理中，运动物体走过的距离等于速度乘以时间，时间等于距离除以速度。在爱因斯坦狭义相对论中也是这样，所不同的是，这里处处不变的是光速。速度效应就是由此而来的，它说的是运动的尺子会变短，时钟的钟摆摆动会变慢，也就是说运动物体对相对静止的物体来说，长度收缩，时间膨胀。

隧道内部装修

fit up within tunnel

隧道内部装修指为使隧道内墙面长期保持清洁和必要的亮度，并为减小噪声而用特殊材料对其所进行的装修。

通常装修所用材料应耐高温、抗燃烧、耐腐蚀、不怕水、易清洗吸噪声。材料颜色以淡黄或浅绿色，并对光线呈漫反射为宜。由于隧道为大型构造物，内部装修材料用量大，故不宜采用价格昂贵的材料。

隧道视觉

tunnel vision

隧道视觉是指驾驶员的视区在保留中心视区的基础上，其周边视区丧失，视野或边缘视觉范围大大减少，形成狭窄的圆形隧道状视野，只能注意到前方的目标，不能顾忌两侧的车道情况，对驾驶安全有极大的潜在危险。车辆在高速行驶时，驾驶员越注视远方，视野越窄，注意随之集中于景象的中心而置两侧于不顾，容易出危险。造成隧道视觉的原因有很多，如高速运行、肾上腺素分泌过多时、睡眠剥夺、惊恐发作、酒精中毒等，也受驾驶员个性、经验等的影响。此外眼镜也会影响驾驶员的视野，由于矫正镜片的存在，眼镜使用者会经历不同程度的隧道视觉，只能获取一小部分适当的对焦区域，其余的视野以外的部分都是不聚焦和模糊的。当一个视力正常的人只需要将眼睛移到远处或很远的地方时，眼镜佩戴者可能需要移动他们整个头部，将眼镜指向目标物体。眼镜框也阻挡了这个世界的视野，它有一个薄的不透明的边界，将镜头区和其他视野分隔开。眼镜框能够在边缘区域内模糊小物体和细节。

隧道照明

tunnel lighting

隧道照明是指为维护驾驶员的视度，保证通过能力和行车安全，而在隧道中设置的必要照明。

主要功能是保证汽车进入隧道洞口前后，驾驶员不因感应现象和适应现象的影响而降低视度，并有足够的安全视距。一般由三个照明区段组成，即入口段、过渡段和中间段。入口段路面亮度应达到一定水平，以保证驾驶员在进入隧道之前不受“黑洞现象”的干扰；过渡段路面亮度由入口段的较高水平，逐步降至中间段的较低水平，以保证驾驶员能有充分时间适应亮度的变化；中间段路面亮度水平要达到一定的标准水平（与行车速度有关），以保证驾驶员能在隧道中得到充分的视觉信息，能按规定速度安全行驶。

与道路照明不同，隧道照明需昼夜进行，且以昼间照明为主，因此费用很高，维修和养护工作也较复杂，需要详尽的考虑。

所罗门曲线

Solomon curve

所罗门曲线是指事故发生率与速度呈 U 型曲线分布，中等车速时，事故发生率最低；随着速度加快或减慢，事故发生率会增加。1964 年美国人大卫·所罗门（David Solomon）研究了平均车速与汽车碰撞率之间的关系，并绘制了汽车速度与碰撞率的函数曲线。所罗门对一万多名涉及碰撞事故的驾驶员及其车辆以及其他道路和驾驶员的情况进行了全面研究，发现车辆特性会影响撞车的概率。他发现，每英里撞车的概率随行驶车速的变化遵循一条 U 形曲线，其速度值在中位速度附近，发生撞车的概率最低。虽然通常称为所罗门曲线，但“U 形曲线”也被称为碰撞风险曲线。所罗门曲线背后的开创性研究表明，驾驶员的驾驶速度和平均交通速度之间的差异越大，无论是驾驶速度在平均速度之上还是在平均速度以下，撞车的可能性就越大。

所罗门曲线的应用很广泛：在同向车道上，所有驾驶员匀速前进，事故率是最低的，如果能在平均速度之上略微提速，说明这里的道路安全条件是优良的，也叫作道路使用者友好型道路。在高速公路上，同向车道上设置三种行车限速规则，适用于不同速度的驾驶员。

T

特殊行人

special pedestrian

特殊行人指对交通秩序和交通安全存在潜在干扰的人群。主要包括：

（1）儿童。指 18 岁以下的未成年人。大部分儿童没有掌握正确的交通规则，注意力不集中，在道路上打闹跑跳的现象居多，容易影响交通秩序，是发生事故的重要因素。

（2）老年人。凡年满 60 周岁的都属于老年人。老年人的感觉器官功能下降，他们的听力和视力下降，注意力不够，很难对道路状况进行准确的识别和判断，同时他们的神经运动机能减缓，行动能力降低，如遇到道路危险状况时难以及时准确做出应对，是发生交通事故的重要因素。

（3）残疾人。有视力障碍、听力障碍、言语障碍、肢体障碍的人群，行动不便，在车流量大和车速高的路况上，很可能造成交通事故。

（4）智力障碍者和精神病患者。其神态与正常人有较大区别，对交通秩序和交通安全干扰很大，但又不能自觉接受处理。

（5）醉酒者。醉酒者难以控制自己的行为，还会影响正常的交通秩序。

停车-换乘

Park-and-Ride，P & R

停车-换乘指出行者使用个人交通工具到达公交站点后，再乘坐公共交通进入中心城区的一种出行模式。停车-换乘的地点一般设有停车设施，截留部分准备进入市区的私人汽车，是一种减少中心市区的交通流量缓解交通压力的有效方法。影响P&R行为选择的因素主要包括个人与家庭特征、出行特征、自驾环境特征、P&R设施特征、公共交通服务水平特征以及交通政策特征等六大类。香港是我国最早启用停车换乘的城市。2005年,广州市开始规划和建设P&R停车场作为地铁配套设施。2009年，上海开展首批停车换乘地点，鼓励出行者选择公共交通出行并辅以停车优惠政策。2012年，重庆、深圳、成都开启P&R停车场。

停车视距

stopping sight distance

停车视距亦称“普通视距”，是道路设计中使用的几种视距之一，指的是同一车道上，汽车驾驶员需要保留的最短停车距离，以避免车辆行驶时遇到前方障碍物相撞。停车视距不足会对道路或交叉路口安全产生不利影响。停车视距由反应距离S_1、制动距离S_2和安全距离S_0（5 ~ 10 m）三部分组成。反应距离是指当驾驶员发现前方的障碍物，经过判断决定采取制动措施的那一瞬间到制动器真正开始起作用的那一瞬间汽车所行驶的距离。制动距离是指汽车从制动生效到汽车完全停住这段时间内所走的距离。汽车完全停止后与障碍物间应保持的最小安全距离。

停车视距按如下计算公式计算：

$$S_t = S_1 + S_2 + S_0 = (u_1 t / 3.6) + u_{12} / (254\varphi_2) + S_0$$

式中　t——驾驶员反应时间，取 2.5 s；

φ_2——路面与轮胎之间的纵向摩阻系数，因轮胎、路面、制动等条件不同而异，计算停车视距一般按路面潮湿状态考虑；

u_1——行驶速度。当设计速度为 120 ~ 80 km/h 时为其 85%；当设计速度为 60 ~ 40 km/h 时为其 90%；设计速度为 30 ~ 20 km/h 时为其 100%。

停车视距进行的过程分为两个阶段：感知-反应时间（PRT）和动机时间（MT）。感知-反应时间（PRT）是驾驶员意识到根据道路情况所以需要反应的时间，决定适当的采取行为。动机时间（MT）是完成行为所需要的时间。

通行能力

traffic capacity

通行能力指的是在一定的道路和交通条件下，道路上某一路段或某交叉口单位时间内通过某一断面的最大车辆数。可分为基本通行能力、可能通行能力和设计通行能力三种。它是指道路上某一地点、某一车道或某断面处，单位时间内可能通过的最大的交通实体（车辆或行人）数，亦称道路容量、交通容量或简称容量。一般以辆/h、人/h 表示。车辆多指小汽车，当有其他车辆混入时，均采用等效通行能力的当量小客车单位。

通行权

right of way

通行权又称“路权”。主要指在法律规定之内，交通工具或行人在该道路范围内活动的权利。例如：机动车有机动车道，非机动车有非机动车道。道路通行权的主体是自然人，法人和其他任何权利群体都不可以成为道路通行权的主体。道路通行权的客体为交通秩序、交通安全以及通行效率。道路通行权义务的主体是国家以及自然人。国家对道路通行权负有尊重、实现和保障的义务。自然人对道路通行权负有遵守交通规则的义务。自然人对道路通行权负有遵守交通规则的义务。道路通行权最基本的权利内容就是保障自然人的通行。自然人的通行权包含以下 5 个方面：

（1）适足通行权。适足通行权是指道路通行主体享有最一般的、最普遍的、最低限度的道路通行权，即每一个道路通行主体可以采取，一般公民都能够接受且满足其通行目的的权利。目前在我国还是存在一些道路不合理的现象，没法满足道路通行主体的最基本需求，例如："某地现最窄人行道，只有 20 cm 宽"这样的新闻还是不时出现在我们的视野中。

（2）安全通行权。安全通行是道路通行主体最基本的保障。道路通行主体会因为道路通行权产生冲突与摩擦，需要采取一些措施去减少与避免冲突。

（3）便利通行权。这是一种积极主动的权利，道路通行主体在行使自己的通行权时可以自主选择适合自身，方便自身的通行行为。

（4）舒适通行权。

（5）顺畅通行权。

道路通行权分配应遵循以下 3 点原则：① 通行习惯优先原则；② 资源、权利、秩序平衡原则；③ 因地制宜发展原则。

通视区

visible zone

通视区是指道路弯道、平交路口等，为保证足够标准的视距而保留的空旷区间。为维护交通安全，该区间内不准有任何障碍物，如树木、广告牌等。

通用标志

conventional sign

通用标志是指国际上通用的道路标志与路面标线（见图23）。1968年，联合国在维也纳召开的国际道路会议上曾制订《道路标志与交通信号条约》，目的是建议各国的道路标志采用一致的形状、符号、色彩等，以利国际交往，交通流畅，减少事故。世界各国现已大体遵行。我国1999年制订的《道路交通标志和标线》（GB 5768—1999）就是参照该条约，结合我国国情而制定的。

图23　常见的通用标志

同向曲线

curve identical direction

同向曲线指相邻的，转向相同的平曲线，按连接方式分有：

（1）复曲线，以圆曲线直接衔接。

（2）卵形曲线，两圆曲线之间接一缓和曲线。

（3）断背曲线，两圆曲线之间接一短直线。

从行车和美观的角度，卵形曲线比复曲线好，复曲线比断背曲线好。

W

弯度错觉

camber illusion

弯度错觉是道路线形错觉的一种。当驾驶员在行车过程中遇到未超过半圆的圆弧路段时，驾驶员所感觉到的曲率半径总是比实际的小，圆弧的长度越短感受到的曲率半径越小。在弯曲的道路上驾驶时，即使同一曲率半径，也会感到山区比平地更易转弯。弯道可见的部分越小，驾驶员就越会低估其曲率。在实际道路上，对于不超过半圆的圆弧线形，总觉得它的弯度比实际弯度要小，而且对于同样曲率半径的弯道，前方容易看清楚时，会产生弯度小的错觉，从而容易使驾驶员盲目高速行驶。在蛇形弯道的行驶路况中，由于视线方向不断改变，会产生弯道更为弯曲的错觉，这又会使驾驶员过多过急地转向，对行车安全造成不利的影响。产生弯道错觉的因素有主观因素和客观因素：主观因素包含驾驶员的情绪和经验，客观因素包含外界环境和路况的客观属性和透视原理。驾驶员之所以容易发生事故，主要与他们的心理、生理素质（尤其是心理素质）有关。因此，提高驾驶员心理、生理素质，是事故预防的关键。

危险警告系统

risk warning system

危险警告系统是一项车辆安全计划，由加拿大阿克贡公司设计。该系统能够使用各种摄像头、传感器、雷达和现有的辅助安全系统检测驾驶员所做的故障和危险行为。一旦检测到并分析出故障，就会在视觉上和听觉上警告驾驶员。这些意外风险也会立即记录下来，以便系统能够为驾驶员的驾驶能力打分。该数据还可以用作黑匣子，因为它能够记录在事故之前的激进驾驶、之字形驾驶、U 形转弯、意外超车、超过速度限制等每一个驾驶风险。同时，该系统也可以用于汽车自动驾驶。

危险知觉

risk perception

1991 年，麦肯纳和克里克（McKenna & Crick）首次给出了危险知觉的定义，即驾驶员鉴别危险道路事件或交通情境的能力。目前学者对此概念的理解分为两类：① 强调危险识别和评估，危险知觉要求驾驶员快速地扫描道路环境、识别危险并对危险进行整体性评估；② 将驾驶员危险知觉和风险认知混用为一个概念。

风险认知可以被看作是驾驶员在识别出一个潜在危险后，对能否规避由这个危险引起的碰撞的可能性和严重性的主观评估过程。驾驶员危险知觉的定义大多强调它是一种能力，包含“危险识别”和“危险评估”两个基本成分。

驾驶员危险知觉包括三个阶段：危险识别、危险判断和危险分类，在驾驶中，驾驶员首先要看到当前交通环境中的潜在危险事件，然后判断危险事件的发展轨迹是否会与其他车辆发生交通冲突，最后对危险事件进行分类以决定是否对其做出行为反应。驾驶员危险知觉采用串行加工方式，后一个加工过程的进行依赖于前一个加工过程的完成。如果驾驶员没有看到一个潜在危险事件，他们就不可能对这个危险事件的发展轨迹做出准确的判断。如果驾驶员识别了一个潜在危险事件，但是没有能力判断这个危险事件的发展轨迹，那么他们就很难对这个危险事件进行分类也无法决定是否要对其进行反应。驾驶员可能能够识别一个潜在危险事件，并做出合理的判断，但是他们是否把这个危险事件评定为值得做出反应，取决于每个驾驶员的风险接受阈限。驾驶员风险接受阈限受多种因素（如驾驶技能的自我评估、驾驶动机等）的影响。

危险知觉这个过程有利于分离并探索危险知觉不同加工阶段的特点。在长期的驾驶活动中，这个过程会逐渐内化为一种驾驶技能。这种技能随着驾驶经验的增加而提高。

危险知觉

hazard perception

危险知觉是指驾驶员对交通情境中的潜在危险进行识别并做出反应的能力。

驾驶员危险知觉与交通事故之间关系密切。它不仅可以区分不同驾驶员的驾驶行为，而且可以预测驾驶员发生的一些特定类型的道路交通事故（如剐蹭）。为了切实提高道路交通安全性，国外针对驾驶员危险知觉采取了一系列诸如完善测量技术、开发系统化训练与将其纳入苛刻的驾照考试等的措施。目前，驾驶员危险知觉测量主要采用反应时、眼动或主观评定三种测量方法。危险知觉的应用研究集中在如何提高驾驶员的危险预期能力和改善驾驶员的视觉搜索模式两个方面。这些对提高道路交通安全意义重大。

沃卓普第一原理（出行者最优原则）

Wardrop’s first principle

沃卓普第一原理又称为出行者最优原则，该理论认为所有被选的路线所需要的出行时间均小于未被选择的路线的出行时间。

无觉察驾驶员

unaware driver

无觉察驾驶员是指在陌生的道路尤其是危险路段上行驶，对道路状况不知情的驾驶员。

无意视盲

inattentional blindness

无意视盲是指当驾驶员全神贯注在某一需要注意的目标刺激上时，就无法对其他出现在视野范围内的意外刺激进行意识层面的加工。这种现象表现在驾驶行为中就是驾驶员通常无法觉察到意外刺激，比如在转弯时没有注意到相向而行的车辆。

个体对注意加工有四个不同的阶段，依次为完全无意视盲水平、阈下水平、非反射水平和语义水平。其中，完全无意视盲水平为最低水平，刺激出现后并未得到任何注意资源的分配，导致注意失败。在阈下水平，刺激的特征并没有进入意识范畴，但因其显著性，使得刺激得到自下而上的加工，但未得到完全加工，被阻止在更高的水平上，如果此时再给予相应的注意，刺激就会在非反射水平得到加工。在非反射水平，刺激因得到了足够的注意，在记忆中会保留大概的特征，此时让被试对刺激进行描述，可能会缺失一些细节。语义水平为最高水平的意识，在此阶段可以被试可以对刺激进行有意义地选择，并进行认知加工。

在对交通事故发生原因的分析中发现，有相当一部分交通事故都是因为驾驶员出现无意视盲导致的，交通标识牌的设计与放置也会导致驾驶员出现无意视盲现象，无法避免交通事故。

无障碍交通设施

barrier-free traffic facilities

无障碍交通设施是指可以让因为各种原因导致出行不便的人能够更加安全便捷地出行的交通设施。这些人群包括残疾人、老年人、儿童、孕妇、病人等由于自身生理限制造成使用社会各种设施不方便的人群，推婴儿车、携带重物者等由于外在原因造成的行动不便的人群，以及外国人、少数民族等由于文化背景不同、语言不通造成出行不便的人群。其中残疾人和老年人是无障碍设施的主要受益人群。无障碍交通设施包括很多例如由于马路过宽而设置的路中等候区、设置于路口供轮椅使用的缘石坡道、轮椅上公交车的辅助设施、地铁中专用的轮椅使用空间，以及盲道（见图 24）和可使行李滑行的滑梯等。

图 24　盲道

无障碍理念的演变：

（1）萌芽期：最早在 19 世纪 30 年代，无障碍设施只针对残疾人，特别是肢体残疾。

（2）发展期：19 世纪 60 年代后，老龄化问题开始凸显，无障碍设施也开始服务于老年人。

（3）深入和普及期：90 年代后，无障碍设施面向人，无障碍设计开始向通用化设计发展实现以民为本，全名共享。

在进行无障碍设施设计需要考虑设施的可接近性、可到达性、可用性、安全性，即出行环境应该设计成对于包括老年人和残疾人在内的所有人来说，都是可以接近和使用的，方便到达尽量多的地方，且能到处走动而不影响人身安全和身体健康。我国相继出台了《城市道路和建筑物无障碍设计规范》和《城市轨道交通无障碍设施设计规程》等相关规定。

X

先行权

priority

先行权即“优先通行权”。是指法律赋予某些交通使用者的优先通行权利，先与后是指时间概念，所以先行权又称“时间路权”。我国在《道路交通安全法》中明确规定警车、消防车、救护车、工程救险车在执行紧急任务时具有道路优先通行权。2012 年出台的《校车安全管理条例》也指出：“校车在载运学生上下学期间有优先通过的权利、校车在停车上下学生期间有道路空间专享权以及校车在接送学生过程中享有违法先予放行的待遇”。

优先通行权主要存在于以下三种情况：

（1）通过路段时，如在狭窄山路与坡路等地点，规定先通行无障碍或安全威胁较小的一方，而后通行安全性威胁较大的车辆。

（2）通过路口时，当前的规定是如果该路口是由主干路和次干路相交而成，则主干路的车辆拥有优先通行权。

（3）由于行人相较于机动车是弱者，所以机动车需要主动避让行人。

先行权可分为绝对优先通行权和相对优先通行权。绝对优先通行权是由法律明确规定，规定包含道路通行权优先行使的主体、内容以及方式，绝对先行权无需对特定情形进行判断就可直接行使，其他道路通行主体则须无条件的履行相应的道路通行义务。例如：特种车辆的先行权，私家车需要给救护车让道。相对优先通行权通常是指在未拥有绝对优先通行权时主体之间发生冲突时，道路交通法律法规将根据具体道路通行规律、条件以及各国的习惯等因素安排道路通行权行使的先后次序，从而实现道路通行的安全机有序进行。

先行权的行驶需要满足以下条件：

（1）道路优先通行权制度的安排需要能够体现道路通行权客体要求。道路优先通行权分配必须满足通行秩序、通行安全以及通行效率的价值需求，并维持三者的平衡。

（2）道路通行优先权行使制度需要能最大限度体现道路通行权主体的道路通行权益。

（3）道路优先通行权的行使能维护社会通行利益和国家通行利益。

先进驾驶辅助系统

Advanced Driver Assistance Systems，ADAS

先进驾驶辅助系统简称 ADAS，是利用安装于车上的各式各样的传感器，在第一时间收集车内外的环境数据，进行静、动态物体的辨识、侦测与追踪等技术上的处理，从而能够让驾驶者在最快的时间察觉可能发生的危险，以引起注意和提高安全性的主动安全技术。目前汽车驾驶辅助种类繁多，国内学者薛玉斌等在 2016 年将目前驾驶辅助系统分为汽车状态监测系统、驾驶员监测系统、汽车视野改善系统、汽车泊车倒车系统、汽车避险辅助系统、汽车导航系统六类。最新的驾驶辅助系统正向着集成化、智能化、系统化、全员化方向发展。

限制搜索区域

restricted searching area

限制搜索区域算法是提高最短路径搜索效率的一种常用的

有损算法。在汽车实时导航，应急救援等应用领域，特别关注最短路径算法的执行效率。传统的最短路径算法只考虑了网络的拓扑特征，而忽略了网络的空间分布特征，使得路径的搜索不具有方向性，搜索过程中具有很大的盲目性，随时都从四面八方展开，将大量与最短路径结果无关的节点引入计算，影响算法效率。对于具体的起、终节点，通过限制路网搜索区域，将算法搜索区域限制在一定范围内，如椭圆、矩形等区域范围，减少算法的搜索规模，能大大提高最短路径的搜索效率。

消音器

silencer

汽车消音器主要用于降低机动车的发动机工作时产生的噪声。其原理是：汽车排气管由两个长度不同的管道构成，这两个管道先分开再交汇，由于这两个管道的长度差值等于汽车所发出的声波的波长的一半，使得两列声波在叠加时发生干涉相互抵消而减弱声强，使传过来的声音减小，从而起到消音的效果。

阻性消声器主要是利用多孔吸声材料来降低噪声的。把吸声材料固定在气流通道的内壁上或按照一定方式在管道中排列，就构成了阻性消声器。当声波进入阻性消声器时，一部分声能在多孔材料的孔隙中摩擦而转化成热能耗散掉，使通过消声器的声波减弱。阻性消声器就好像电学上的纯电阻电路，吸声材料类似于电阻。因此，人们就把这种消声器称为阻性消声器。阻性消声器对中高频消声效果好、对低频消声效果较差。

抗性消声器是由突变界面的管和室组合而成的，好像是一个声学滤波器，与电学滤波器相似，每一个带管的小室是滤波器的一个网孔，管中的空气质量相当于电学上的电感和电阻，称为声质量和声阻。小室中的空气体积相当于电学上的电容，称为声顺。与电学滤波器类似，每一个带管的小室都有自己的固有频率。当包含有各种频率成分的声波进入第一个短管时，只有在第一个网孔固有频率附近的某些频率的声波才能通过网孔到达第二个短管口，而另外一些频率的声波则不可能通过网孔．只能在小室中来回反射，因此，我们称这种对声波有滤波功能的结构为声学滤波器。选取适当的管和室进行组合，就可以滤掉某些频率成分的噪声，从而达到消声的目的。抗性消声器适用于消除中、低频噪声。

消失现象

disappearance phenomenon

消失现象是指驾驶员夜间行车时，由于驾驶车辆和对面来车的车灯照射原因，导致驾驶员看不见前方路况障碍的现象。如果障碍物处于两辆相向行驶的汽车中间，两位驾驶员都会在距障碍物 50 m 的地方看不见障碍物的存在，是交通事故发生的潜在原因之一。

心理减速带

mental speed bump

荷兰交通工程师汉斯·蒙德曼（Hans Monderman）发现，道路上的交通标志、减速带、线性标记和交通灯会显著降低交通车辆行驶速度，使得道路更加安全。由于没有路标和交通控制设置，驾驶员们在没有意识到自己已经减速的情况下，产生了一个“心理减速带”，从而减慢了车速。

心理交通静稳化

psychology traffic calming

心理交通静稳化是随着以人为本理念在道路交通规划、设计以及管理的应用而不断发展起来的理念与技术。心理交通静稳化是通过系统的硬设施（如物理措施等）及软设施（如政策、立法、技术标准等）降低机动车对居民生活质量及环境的负效应，改变鲁莽驾驶为人性化驾驶行为，改变行人及非机动车环境，以期达到交通安全，可居住性，可行走性。

心理交通静稳化是道路设计中减速技术的总称，对城市交通规划及交通管理规划具有指导意义。通常情况下，心理交通静稳化所采取的措施包括物理性、工程性以及非工程性三类措施。物理性措施指的是不对车辆的行驶路线与状态进行改变，也不需要进行工程改造与路面特性的改变。工程措施则是指通过设置减速带等工程手段来降低车辆的车速或者对交通量进行控制，进而实现交通事故的减少。非工程措施指的是教育与执法等方式在道路交通安全中的应用。其目的在于改变驾驶员对道路的感知程度从而使其以合适速度驾驶车辆，结合本地实际情况，建立功能化、景观化、人性化的现代交通理念，如在道路中设计花坛、曲折道路、凹凸人行横道、纹理路面等。

心理疲劳

mental fatigue

心理疲劳指驾驶员在长时间连续行车后，产生生理机能和心理机能的失调，而在客观上出现驾驶技能下降的现象。驾驶员睡眠质量差或不足，长时间驾驶车辆，容易缺乏内源氧，出现疲劳。驾驶疲劳会影响到驾驶员的注意、感觉、知觉、思维、判断、意志、决定和运动等诸方面。疲劳后继续驾驶车辆，会感到困倦瞌睡，四肢无力，注意力不集中，判断能力下降，甚至出现精神恍惚或瞬间记忆消失，出现动作迟误或过早，操作停顿或修正时间不当等不安全因素，极易发生道路交通事故。

心理性眩光

psychological glare

心理性眩光是指使眼球有疲劳和不舒适感的晃眼的光，因视对象和视背景无明显对比，从而使视力下降，使人目眩，对夜间驾驶危害极大。视力下降的程度取决于光源的强度、视线与光源的夹角、光源周围的亮度等多种因素，也包括相向行驶车辆的车灯照射、路灯反射和潮湿路面反射的光等情况。为减少和避免心理性眩光现象，驾驶员应注意不正视来车灯光，应将道路上的标志线作为行车参照线，可戴防眩眼镜，为车辆加车灯防眩灯罩。

新能源汽车

new energy vehicle

新能源汽车是指完全或者主要使用新型能源进行驱动的汽车，包括插电式混合动力（含增程式）汽车、纯电动汽车和燃料电池汽车等。新能源汽车节能减排效果良好。面对汽车工业的发展所带来的环境问题和能源问题，发展新能源汽车已成为国际社会的共识。目前发展新能源汽车存在着消费者认可度不高、政府补贴隐含较大金融风险，充电、换电设施建设缓慢，动力电池技术不成熟等诸多问题，但不可否认，新能源汽车是未来汽车的必然发展方向。

信号配时

signal timing plan

信号配时即交叉路口处红、绿灯的时间配比。信号配时应结合路段的具体交通状况进行设计，如在车流量较大而人流量少的路段，人行道绿灯时间长度应相应地减少，车道绿灯时间长度应相应地增加。

信息加工模型

information processing model

传统的驾驶员对交通信息的动态认知模型主要是基于刺激（S）-机体（O）-反应（R）模式，将驾驶行为分为三个阶段，即感知阶段、判断决策阶段和动作阶段。驾驶环境中的一切信息，包括其他车辆信息、路况信息、交通标志、自身感觉变化等都是依靠驾驶员个体的主观特性进行处理的。驾驶行为是一个不断往复进行的信息处理过程，对驾驶员的信息加工模式进行研究是道路交通安全与汽车安全设计的核心基础。驾驶员作为一个有思维、能总结经验并能不断改善自己主观性的复杂个体，是该系统的核心因素，在协调和控制交通系统中起着主导作用，决定了相当一部分系统性能。

行车视距

driving sight distance

行车视距是指在驾驶过程中，驾驶员对于前方相当一段距离的视觉空间的感知，驾驶员能够及时察觉该空间内的各种障碍和标志以便安全行驶。行车视距包含停车视距、会车视距、超车视距和通视视距。会车视距要不小于停车视距的两倍，超车视距又可以分为全超车视距和最小超车视距。

在道路设计中，行车视距作为一个重要的技术指标，直接关系到交通安全，驾驶员在驾驶过程中，随着车速的不断加快，视野会越变越窄，注意力也会趋于稳定和集中，驾驶员拥有清晰的行车视距将会大大增加行车的安全性，降低事故发生的概率。行车视距与道路的平面、纵面和道路景观等有密切联系。驾驶员在驾驶车辆的过程中，需要时刻注意前方路况的动态，分辨前方是否存在障碍物，判断会车的车辆大小以及车辆行驶速度，从而决定所要采取的是会车、超车还是停车等驾驶决策。

在一些特殊的路段位置种植树木，在一些沟渠桥路设置护栏等防护措施，可以提醒驾驶员前方路况有变，提前做好心理准备，提升驾驶员的注意力，避免突发状况带来的慌乱。此外，拥有良好线形的公路可以提供相应的视觉诱导，减缓视觉疲劳，并且给予足够良好的行车视距。公路线型要与道路两旁的景色搭配一致，避免出现不和谐的缺陷，增加视觉负担。视觉污染的影响也不可小觑，不要频繁地在公路用地范围内设置广告牌，也不要设置一些浮夸的跨线修饰物，这样很可能会分散驾驶员的注意力，增加驾驶员的感知反应时间，影响行车视距，造成不必要的风险。

行人干扰及行人阻抗

pedestrian interference

行人干扰及行人阻抗是指在交通系统中，行人所实施的一系列行为妨碍了路面交通的正常运行。例如，十字路口作为一个交通枢纽，通常聚集了较多的车辆和过街的行人，如果行人无视交通灯步行过马路，就会对运行平稳的交通网络产生干扰。行人在平时的生活中可能会无视法规，但自己清楚地知道该行为违背了交通法律法规，只是养成了坏习惯，看着斑马线或者过街设施近在眼前，选择图方便横穿马路或者为了节约时间不顾来往车辆的危险强闯交通灯。当一个行人做出不合理的举动时，其他行人可能会因为看到这种行为并没有带来消极的后果而纷纷效仿，引起群体性的违章行为。还有部分行人抱着驾驶员不敢开车撞自己，撞上了要赔偿的侥幸心态，不去考虑整个事情的后果。这些都是造成行人干扰和行人阻抗的因素。

行人交通

the pedestrian traffic

行人交通是交通系统的重要组成部分，行人的交通特性一般包括行人行走的空间需要、行人的速度和步行时脚步的快慢等。这些特性与行人的年龄、性别、受教育程度、外出目的、身心状态等因素有密切关系。行人所处的环境、道路交通情况等也会影响行人交通的特性。交通事故中行人死亡人数在各类交通事故死亡人数中占了较大的比重，而行人的交通不安全行为是造成交通事故的重要成因。行人是交通系统中的弱势群体，通常在交通事故中所受的伤害最大。国外学者对行人交通流理论的探索最早始于20世纪50年代，研究方法主要是通过照片、电影胶片等手段来分析行人群体行为，以达到设计合理的行人服务设施、确立道路设施服务水平、制定交通规划方针等目的。

行人的心理特性决定了行人的交通特性。主要有以下特点：首先，行人决定是否横穿马路或者强闯交通灯，是要看路上的车辆和自己相隔的距离。其次，行人组团时的步行速度比单独个体行走时要慢，在非理性从众心理的支配下，行人抱着人多且驾驶员不敢乱来的心态，增加了交通事故出现的风险。再次，行人在横穿马路时，视线可能会受到阻碍，看不到路上车辆的具体数量，多数行人往往更倾向于看右边的交通情况却忽视了左边，或者忽略了某一方向的来车，将自己困在道路中间的线路上，陷自己于进退两难的境地。最后，在一些事件的催动之下，比如上班打卡要迟到了或者是赶着去坐火车、飞机等，行人会比较焦虑，为了争取时间，抱着侥幸心理横冲直撞，完全不顾车辆可能有不能及时刹车或者失控的情况。随着互联网越来越发达，智能手机已经成为人人必备的日常用品，“低头族”也随之产生了，越来越多的行人在步行的时候更多地将注意力放在自己的手机上，不太注意道路上行驶的车辆，甚至在某些车辆鸣笛多次后才会从手机中脱离出来，极易造成交通事故。

行人交通流宏观特性是指每个行人个体聚集在一起所表现出来的一种整体性的交通行为，可以通过描述密度、速度、流量以及这三个变量之间的关系来体现行人交通流宏观特性。行人微观交通特性是以行人个体为研究对象的行为，对于行人微观交通流的早期研究主要建立在以速度为基本参数而开展。当一群行人处于相对宽松的状态时，单个行人的步行速度仅受到个体因素的影响且符合对数正态分布；当行人交通处于相对拥挤的状态时，行人的步行速度服从高斯分布。当前对于行人速度的研究主要分为三个方向，分别是：行人行为建模、行人运行轨迹实验和行人行走行为。

行人心理

pedestrian psychology

行人心理是指行人处于交通环境中时的心理活动、心理特征。通常指在个体城市道路上行走，特别是穿越街道时的心理状态。行人心理与个体的年龄、性别、出行目的、车流状况、道路条件、交通信号等主、客观因素有关。

行为强化法

behavioral reinforcement method

行为强化法是指行为被紧随其后出现的直接结果强化的过程。强化是指在经典条件作用中，中性刺激和无条件刺激在时间上的结合，或者指与条件刺激同时呈现、交替呈现或在条件刺激稍后呈现无条件刺激。在交通安全管理中，一方面可以对大众进行交通安全知识的宣传和普及，在理论层面进行教育；另一方面可以通过行为强化法，对积极的行为进行正强化，增加行人积极和安全的过街行为的出现频率；或对消极行为进行负强化，减少行人不良的过街行为的出现频率。

眩光

dazzle

眩光是由于视野中的亮度分布或者亮度范围的不适宜，或存在极端的对比，以致引起不舒适感觉或降低观察目标或细部的能力的视觉状态。我国的眩光限制主要考虑的是不舒适眩光（心理眩光）和失能眩光（生理眩光）两方面。不舒适眩光通常会引起视觉上的不舒服或者疲劳；失能眩光是指降低视觉对象的可见度，但不一定产生不舒适感觉的眩光。为减少和避免眩光影响，可采取工程措施，如改善道路照明、设防眩光隔离绿带、加车灯防眩灯罩、驾驶员带防眩镜和内服药物等。

眩光视力

glare vision

眩光视力是指驾驶员对耀眼强光的敏感度。例如，黑暗的夜晚在强光的突然照射下，驾驶员视觉敏感度会暂时性瞬间下降为零。眩光视力的强弱与眩光的强弱、视线与眩光之间的夹角有关。在交通领域，眩光具有危害性。

眩光视力的主要应用：

（1）对眩光现象本身的研究。因为眩光现象与人的情绪和驾驶安全紧密相关，为了减少眩光现象的影响，需要对其机制进行详尽研究。

（2）眩目恢复时间研究。在强光照射下造成驾驶员视觉敏感度下降，恢复需要时间，这段时间若需要驾驶员做出快速反应，将有可能造成危险，因此需要研究眩目恢复时间的相关内容。

如何在车辆处于不同条件下有效减少或避免眩光造成的不良影响是未来研究的趋势。

眩目恢复时间

return time of vision

眩目恢复时间是指在遭受眩光照射后视觉敏感性下降到恢

复所需的时间。在眼睛适应黑暗的过程中，它的光敏性能增加二十万倍，瞳孔放大时间约为 2 s。暗适应时间较长，一般要经过 4 ~ 6 min 才能基本适应，需在暗处停留 30 min 左右，眼睛才能达到完全适应的程度。明适应时间较短，一般 1 min 左右便可完全适应，其长短与刺激光的亮度、持续时间和受刺激人的年龄等有关。

眩目恢复时间的应用主要是基于人眼的防眩原理，分析夜间公路路面亮度以及当时行车环境亮度背景下能使驾驶员眩目的光线强度的临界值，研究车速及车流变量对眩目时长造成的影响。

Y

颜色编码

color coding

颜色编码是编码的一种，是以颜色作代码的视觉信息编码。若取颜色的色调作代码，同一编码系统中代码数目最多不超过 9 色，一般以取 5 色为宜。若将颜色的色调、饱和度、明度 3 项特征结合起来编码，则同一编码系统中可增大代码数目，最高可多达 20 个左右。各种颜色所代表的意义必须符合操作者的颜色心理以使操作者采取正确的对策，Bergum 对美国人的颜色心理进行过调查研究，发现颜色心理与文化、习惯及工业发达程度有关。

在交通标志中所使用的颜色有 6 种，它们是红、黄、绿、蓝、白、黑。用以传递信息意义的主要是前 4 种。不同的颜色代表不同的意义。红色表示禁止，黄色表示警告，绿和蓝均为表示目的，所不同的是绿色用于高速公路上，蓝色用于普通公路上。

所谓颜色编号，是由于不同的颜色所引起的心理效应和产生的联想不同而赋予的某种意义。例如，红色使人产生火的联想，因而可作为具有危险感的强刺激，故将其作为停止、禁止信号来应用；黄色使人产生明亮和警戒的感觉，故可用作注意危险信号；蓝色、绿色使人产生宁静、安详的感觉，故在交通上作为指示目的信号。

为了使颜色易于辨认，易于将对象从背景中分离出来，符合注意、知觉特性，用作背景的颜色应占标志总面积的一半以上，而标志图样本身自然就应在 50%以内。同时，标志牌上的红、黄、绿、蓝忌用中间色，以免那些似是而非的中间色使人产生错觉。

眼动记录装置

eye movement recording device

眼动记录装置是观测驾驶员眼动情况的装置。汽车驾驶电视眼动记录装置是常见的驾驶员眼动记录装置，可以记录驾驶员具体的眼动时长，眼动次数等。其作用为：

（1）可分析行车过程中驾驶员的眼动行为，估计道路环境为驾驶员提供的信息的意义及数量。

（2）根据视线集中点的变化频率及观看时间的长短，可以判断驾驶员对信息的负担程度。

药驾

drug driving

在药物的影响下驾驶，易诱发交通事故。药驾是指驾驶员服用了某些可能影响安全驾驶的药品后依然驾车出行的行为。由于这些药物常用、易得，服用之后可能产生不同程度的不良反应，因而很容易酿成祸患。世界卫生组织列出了 7 大类在服用后可能影响安全驾驶的药品，并提出在服用上述药品后应禁止驾车。这 7 大类药品包括：对神经系统有影响的催眠药物、有恶心呕吐反应或变态反应的药物、止痛类药物、兴奋剂、治疗癫痫的药物，以及抗高血压药物和降血糖药物等。

药驾的应用主要包括以下几个方面：

（1）对一定人群进行药驾流行病学调查.

（2）研究药物对驾驶能力的影响。

（3）调查与药驾相关的风险性因素。

（4）考察与药驾相关的风险认知。

常见有“药驾”效应的药物：

（1）感冒药。常用感冒药中多含有抗组胺成分，是用来抗过敏的。服用感冒药的不良反应有嗜睡、反应迟钝、头晕、头痛、目眩、倦怠、心动过速等，会影响驾驶。

（2）镇咳镇痛药。可待因是从罂粟属植物中分离出来的一种天然阿片类生物碱，易于通过血脑屏障，具有镇咳、镇痛和镇静作用。含有可待因的止咳药会导致服用者视觉障碍和突然疲倦。有些止痛药还会引起感觉功能紊乱。

（3）抗生素。长期使用庆大霉素、链霉素等氨基糖苷类抗生素，可出现头痛、眩晕、耳鸣等症状，感到周围物体发生旋转性或波浪形运动，致使平衡失调等不良反应。

（4）镇静催眠药物。安定、甲基三唑、苯巴比妥等药物有镇痛催眠作用，该类药物也常用于抗焦虑药，对中枢神经系统有广泛的抑制作用。苯巴比妥，偶尔用于顽固性失眠，但醒后往往有疲倦和嗜睡等后遗效应，停药后短时间内也不宜驾车。

（5）降血压药。降血压药主要的问题是降血压药选用不当。例如，普萘洛尔、利血平、硝苯地平等会引起嗜睡、头痛、眩晕和低血压反应等会利于驾驶安全。

（6）天麻和人参。中药天麻含有作用于中枢神经系统的天麻素，该成分具有显著的镇静催眠作用。人参、西洋参制剂有明显的抗疲劳作用，但大剂量长期使用时，容易出现烦躁不安、头痛，甚至意识混乱等神经系统症状。所以，驾驶员在行车疲劳时应注意中途停车休息，而不要过分相信提神醒脑药物的功效。

截至目前，我国还没有对药品“驾驶等级”作出明确规定。眼下，首要任务是要求临床药师加强患者的用药教育，指导患者安全用药，防范“药驾”。而对普通老百姓来说，也应该在日常用药中多加注意，防患于未然。专业人士建议：患者应在服药前仔细阅读说明书，如果有此类副作用，注意事项中会注明服用药物后不得驾驶机、车、船，从事高空作业、机械作业及操作精密仪器。如果在感冒时驾车，最好选用中成药，或选择不含抗组胺药成分的西药。在用量、禁忌证和副作用方面都要认真考虑，不可超剂量用药，还要尽量避免药物在血药浓度峰值的时间内开车。

影响驾驶员驾驶能力的常见药物可能存在跨文化差异，研究时要具有针对性。

药物心理效应

psychological effect of drug

药物心理效应指患者对医生的威信、对药物的信任感和接受药物治疗时的体验、评价，以及治疗时对外界的暗示等多种心理作用。药物心理效应主要是通过暗示发挥作用。在交通领域，它指因服药而产生的影响驾驶行为的心理变化，会影响驾驶安全。某些药物除能治病外，还能产生不利于驾驶的副作用。如抗生素能使视觉、听觉不灵敏；晕车药使人瞌睡；镇痛药能使视觉失调。

耀眼

dazzling

耀眼是指驾驶员在行车过程中遇到的光线或色彩强烈，使人眼花。例如，相向而行的车辆车灯过于明亮，在即将驶出隧道时会出现过于强烈的光线等现象。车辆夜间会车时，驾驶员视觉特征随着外界环境的变化而不断变化，驾驶员视觉清晰度、眼点光照度等变量都会影响驾驶安全。在实际驾驶行为中，夜间会车开启远光灯对驾驶员视觉特性的影响尤为严重，这也是引发交通事故的又一主要诱因。大灯晃眼会造成视觉刺激及视觉下降，驾驶员会出现耀眼等不适感，视觉特性也随之发生变化。耀眼是指视野中由于不适宜亮度分布，或在空间或时间上存在极端的亮度对比，以致引起视觉不舒适和降低物体可见度的视觉条件。视野内产生人眼无法适应的光亮感觉，可能引起厌恶、不舒服甚至丧失明视度。

夜间驾驶

night time driving

夜间驾驶指在夜间驾驶车辆。全国范围内相关数据显示，发生在黄昏、夜间和浓雾等特殊时段的交通事故占比超过半数。探究夜间驾驶机动车常见的安全隐患及防范措施，能有效避免在能见度低、行车会车环境复杂多变等情况下的行驶隐患，保障机动车平安出行，维护广大人民群众生命和财产安全。

对夜间环境下的驾驶研究主要集中在驾驶员的识别距离、反应时间和感知速度上。夜间，驾驶员视力随照度降低而降低，且视认能力受物体颜色影响。车速低于 120 km/h 时，速度因素对驾驶员的视认距离并无明显影响。光照强度在直线段上增加有助于提高驾驶员对标志的视认能力，而在曲线段增加反而会产生反作用，不利于驾驶员的视认性。男性驾驶员在夜间环境下比女性驾驶员表现更加优秀。夜视系统明显有利于年轻驾驶员。夜晚情况下，乡村公路更易发生事故，夜间照明条件有限的条件下会使驾驶员更易加速。驾驶员视认距离受照度和障碍物颜色的影响显著，受道路环境颜色对比度的影响较小。

夜间车辆装置及眼镜的设计包括：

（1）普通太阳镜或变色镜：只适合在白天戴，晚上开车会严重影响视野（国家标准要求夜晚驾驶眼镜透光率必须>75%），一般的太阳镜透光率达不到要求。

（2）普通浅黄色夜晚驾驶镜及渐变色全天候驾驶镜：普通浅黄色夜视镜只能阻挡 20%～30%的强光，阻挡不够；全天候驾驶镜虽可减弱强光，但视野变暗影响路况安全，同样不符合夜晚驾驶眼镜国家标准。一副好的夜晚驾驶镜应通过国家权威检验认证机构检验合格，做到“挡强光，看路明”，能阻挡对方汽车强光 80%以上，同时主镜片透光率必须>75%，观察道路不受影响。夜间佩戴一副好的夜晚驾驶镜，不但可以帮助开车族看清行车路面，而且可以有效减弱对方汽车大灯射来的刺眼强光眩光及其他有害光线，从而保证驾驶者的交通安全。

（3）挡光板、减光条及夜视宝：安置在前车玻璃上的减光物件会挡住驾驶员前方的部分视野，形成视野的盲区。另外，这种遮挡物随着车体在驾驶者眼前不断的颠簸晃动，时间一长就会使人产生头痛头晕和恶心的不良反应，部分产品还存在易碎等不安全因素。

夜视力

night vision

夜视力指在黑暗环境条件下，人眼辨别物体细节的能力。在夜间行车时，容易发生驾驶员对色彩的分辨力下降，对距离判断误差大，对车速估计较低等现象。交通事故多发生于夜间，因为夜间的能见度较低且驾驶者也比较容易疲劳，从而容易引发交通事故。

音乐减压法

music decompression

音乐减压法又称为音乐调节法，是通过听音乐减小生活或工作上的压力的一种方法。研究表明，人的主观情绪体验主要由下丘脑和边缘系统控制，音乐可以直接作用于下丘脑和边缘系统，调节神经系统，有利于和谐气氛、促进精力集中，消除紧绷的神经，解除疲劳。音乐调节法是一种成本低下，可得性极高的方法。无论是吃饭、做家务，或是工作、学习的间隙，都可以通过音乐减压。例如，驾驶员在精神疲惫时，可以听舒缓的音乐缓解疲劳。音乐减压法中有较为专业的方法，即音乐疗法，是指心理治疗师通过本人唱歌、演奏乐器或选择欣赏音乐来达到治病效果的一种治疗方法。音乐心理学既保留了心理学的专业性，又体现了音乐的生动性，是不同学科交叉渗透的产物。音乐疗法主要有两种：第一种是主动性音乐治疗，是国外精神病院和康复医疗机构的主要治疗方法，通过让患者主动参与到音乐活动中，包括唱歌、跳舞、演奏等，引导患者逐步适应环境；第二种是被动性音乐治疗，患者不用主动参与音乐活动，而是让患者感受、欣赏、沉浸在音乐中，感受音乐在欣赏音乐的过程中，该方法的重点在于要根据治疗目标、患者个性、职业、修养等选择乐曲，该方法也是目前国内外音乐治疗的一种主要方法。

应急交通

emergency traffic

应急交通是指由于自然或人为原因，在某一区域内已发生或即将发生非常态事件，区域内常态的生产、生活活动受到极大的影响，致使该区域处于紧急状态。这时城市公共行政管理部门，特别是交通管理部门为维持交通系统的基本正常运行，并为其他系统的运行及相关部门开展应急行动提供必要的交通保障，通过制定及采用一系列临时性的、科学的交通管理策略、方法与措施，有效帮助区域摆脱困境的一种情形。按照交通系统的组成，应急交通系统主要包括：城市道路应急交通系统、城市轨道应急交通系统、公路应急交通系统、铁路应急交通系统、航空应急交通系统、水路应急交通系统等。

幽闭恐惧症

claustrophobia

幽闭恐惧症的患者会在某种特定物体或环境中（如电梯、

飞机、地铁等较为封闭的环境中），产生焦虑和恐惧等症状，病人发作时会感到极度焦虑和心慌。这种症状会在离开这种环境后迅速得到缓解。幽闭恐惧症的产生往往是多种因素共同造成的，如个人的早期经历、气质类型、心理压力等因素。其中，个人的早期创伤性经历的影响最为显著。也有研究发现，相较于正常人，幽闭恐惧症患者的5-HT受体更为敏感，因此导致患者在狭小空间中更容易产生恐惧心理。对于幽闭恐惧症的治疗方法主要有以下几种：

（1）心理诱导法。这种方法主要用于预防和早期的干预，治疗前期通过心理咨询和高压氧治疗，对来访者进行合适的心理诱导。通过观察行为变化，根据情况进行引导和矫正，并且给予情感支持和心理引导。在进行高压氧治疗时，心理工作者要时刻注意来访者的标线，根据情况处理，不能强行进行治疗。大部分的来访者能够适应高压氧治疗，对于少部分不适应的，可以考虑使用镇静剂或安慰剂。

（2）满灌治疗法。这种疗法适应于接受过前期心理咨询的来访者，来访者有一定的承受能力后，将来访者带到恐惧事物或场所中，采用臆想的方式引导来访者进入恐惧情境。治疗师要不断地描述恐惧场景中的各种细节，鼓励来访者想象这种场景，来增加来访者的恐惧程度，并且不允许来访者采取各种逃避的手段（如哭喊、闭眼、捂耳朵等行为）。在治疗过程中，来访者会发现即使自己出现焦虑、心理加快、呼吸困难等症状，但是他最恐惧的并没有发生，这种实践会让来访者的焦虑消退，恐惧症状也逐渐削弱。

（3）系统脱敏法，这种治疗法中，治疗师需要设置一种科学的“阶梯性”恐惧值，让来访者逐步暴露在不同的恐惧场景中，逐步接受刺激，让来访者的恐惧程度逐渐降低。同时，来访者需要接受放松训练，学习如何调整自己的心理状态，在循序渐进的过程中进行脱敏。

游览路

tour road

游览路是指建于风景名胜旅游区，以通行旅游客车为主的道路。在技术上应充分注意与周围环境相协调，避免大填大挖、破坏自然景观和损伤文化古迹。桥梁和其他构筑物的设计应按美学原则考虑。

友好型交通行为

friendly traffic behavior

友好型交通行为指驾驶员在交通活动中表现出对周围车辆的友好性，其特点主要为当与周围车辆运动发生冲突时，能够主动礼让。

有害视野

harmful visual field

有害视野指使交通参与者，尤其是驾驶员产生不愉快感觉的道路环境因素。

（1）刺激物单一，如光秃秃的墙壁、灰色的道路等，给人单一性刺激，使人的视力不能充分工作。

（2）刺激饱和，如密实的栅栏、方块板组成的人行道等，带给人大量同样的信息，令人眼花缭乱，眼睛无法聚焦，对中枢神经系统产生不良影响。对人有消极影响，容易引发交通事故。

可利用这些特点进行风险规避。例如，增加刺激物的丰富性，多设计弯道、增加道路的色彩、同时减少刺激的过饱和，进行更丰富的设计。

有经验驾驶员

experienced driver

有经验驾驶员是指掌握一定驾驶技能、能有效完成知觉-运动任务的驾驶员。除直接操纵车辆的驾驶技能外，还掌握与知觉有关的驾驶技能-驾驶任务负荷，即分配到驾驶任务上的注意。对道路环境的视觉探测（即眼睛的运动）速率比较高、眼动方式稳定、判断时间短、能迅速而有效地获取信息。

从生理机制来说，有经验驾驶员的中枢神经系统处理信息的过程比较快；从学习的角度来说，他们已学会准确推测各种驾驶行为的后果，在注意的分配上很灵活，通常只分配必要的注意到驾驶任务上，而分配较多的注意去与朋友聊天、通话或听广播。有研究指出，赛车运动员与其他驾驶员相比，更易出事故和受到伤害。因为前者获得经验后急于改变驾驶习惯，经常做出一些危险的操作将技术高的好处抵消了。

未来应对有经验驾驶员进行安全意识提升教育。

有效绿灯时间

the effective green time

有效绿灯时间是指一个信号周期内能够用于以饱和流率通行的时间，周期内能够用于以饱和流率通行的时间等于实际绿灯时间加实际黄灯时间的和再减去损失时间。损失时间又包括绿灯损失时间和黄灯损失时间。

有意交通不安全行为

traffic unsafe behavior of intentionally

有意交通不安全行为是指驾驶员明知道自己的驾驶行为会违反交通法规，仍然主动实施该行为。例如，驾驶员明知道闯红灯是违反交通法规的行为，但是出于某种原因仍然主动闯了红灯。

诱导出行

induced travel

诱导出行是指通过特定信息传播媒介，对交通参与者提供实时的道路、轨道、公交运行信息，以辅助用户进行最佳出行路径选择或制定具有特定需求的出行路径的一种交通控制方式。其通过直接向出行者提供由数据源采集到的原始数据或初步加工过的数据，引导出行者出行行为的转变，以达到交通流线有序化、提高交通安全性等目的。

基于用户体验优先的出行诱导系统是实现用户与其他系统之间无缝衔接的信息交互平台与出行诱导平台。通过全面融合用户特征、其他系统特征和其他系统周边的服务设施特征，以及系统设计，确保出行者最关心的指标要素在出行路径选择上具有更高的权重，实现出行方式的全方位、智能化诱导，为数以亿计的乘客出行提供服务。

预测驾驶

predictive driving

预测驾驶是指根据自己的反应时间、动作灵敏程度及驾驶技能，合理控制车速及车距，以便发现紧急情况时能有充裕的时间和距离，采取有效的应急措施，避免事故发生。它与驾驶员接受的外部信息的质量与数量、累积的经验及对交通规律的掌握关系密切。

运输事故

transportation accidents

运输事故是指运输生产活动中发生的各种事故的总称。按事故对象分，有客运事故（旅客伤亡）、货运事故（货物的灭失、损坏、短少、污染、变质等）、运输工具事故（车辆、船舶、飞机等损坏以及船舶污染事故、机动车肇事事故等）。

运输工具事故一般伴有客运事故或货运事故。按事故产生的原因分，有运输原因（如操作失误、设备失控等）和非运输原因（如自然灾害、运输对象自身原因等）。

Z

再造想象

reproduced imagination

再造想象指学习者在借助文字、模型和图表等学习到一定的知识后，再通过头脑中的想象，形成新的形象，它是有意想象的一个类别。在人类的生活工作中，再造想象是必不可少的。例如，一个从未乘坐过高铁的旅客，依据现有的相关资料，想象出自己第一次坐高铁的情形，从进站、安检到上车、找座位，在头脑中提前熟悉整个流程。有了再造想象的个体，能够更加形象地对流程进行提前练习，会有更加流畅的第一次乘坐高铁的体验。高铁管理人员根据高铁的现实情况，想象当非常规突发事件发生时，该如何进行及时的处理，将安全应急预案中的步骤在脑海中过一遍，当灾难真正发生时，个体能够更快速地反应，进而能更迅速、准确地进行现场疏散。可见，再造想象有助于扩大知识经验的范围，且对于将来可能发生的事件有练习、警示的作用，在生活、工作中都扮演着非常重要的角色。再造想象与个人理解、头脑中的表象储备，以及挑选、组合表象的能力有关。为了形成生动、细致、准确、具体的再造想象，要正确理解文字、图表、模型与实物标志的意义，还要积累丰富的表象储备，增强组合表象的能力。

暂时损伤

temporary impairment

暂时损伤指驾驶员暂时性的生理与心理机能失调或障碍，它是影响驾驶的重要因素。在人-车-路系统中，驾驶员始终起主导作用，但受自然因素、自身因素和社会因素的影响（主要由疲劳酒精药物等引起）。对驾驶员的意识活动与驾驶行为产生不良影响，存在不同程度的危险。

暂时损伤包括疲劳、酒精、药物等对驾驶行为的影响。主要包括以下几种形式：

1. *疲劳*

在驾驶操作中，驾驶员打瞌睡是疲劳的一种表现。驾驶员在驾驶时，需要集中精力不断处理有关信息，体力和心理思维能力消耗很大。如果连续长时间作业而得不到应有的休息，就会造成大脑供氧量减少，使中枢神经疲劳，感觉变得迟钝，知觉减弱，调节肌肉收缩的机能衰退。起初这些现象并不明显，继而精神逐渐不能集中。疲劳对驾驶行为的影响，使驾驶员从注意力高度集中处于完全警觉状态，逐渐变得漠视起环境来，对严重影响作业安全的行为、变化难以觉察。

疲劳的表现形成很多：

（1）对环境（如道路）变化的反应时间较长，反应速度延迟或减退。

（2）很少进行驾驶转向修正。

（3）对紧急、突发事态的反应放慢。

（4）身体活动多，如揉脸、闭上眼睛、伸懒腰等。

如果这些标志没有表明注意力水平急剧下降，那么，驾驶员仍可继续驾驶。引起疲劳的原因除了驾驶操作方面外，还包括驾驶员身体条件（如性别、年龄、身体健康状态；有无妨碍安全驾驶的生理、心理疾病）及生活环境（如家庭状况、周围环境）等。

克服疲劳的一个简单有效方法，就是暂时停止作业打个盹。如果可行的话，到机车外活动一下，或者连续远眺，咀嚼口香糖、唱支歌，打开窗户吸收新鲜空气。此外，如果任务很紧，还可服用兴奋剂，如安基丙和咖啡因都可以减轻疲劳。但要注意这些药的副作用，特别要注意适量，且只能偶尔为之。只有这样，才会产生积极作用。

2. 酒精刺激

每个人对酒精的反应有很大差异，而且同一个人不同的时间也有差异。多数人在血液中酒精含量少于 0.05%时，会产生镇静或兴奋两种相反的作用。超过这个水平视觉协调能力就开始下降，简单反应时间也会增加。但对那些豪饮者来说这个水平却没有任何影响。对一般人来说，血液中酒精含量达 0.05%时即处于中毒状态；而对于豪饮者来说，血液中酒精含量达 0.40%时仍无醉意，他们的酒精中毒水平与一般人相差 8 倍之多。此外，酒精对人的影响还有胃中食物或液体的影响以及身体中脂肪量的影响。

随着驾驶员血液中酒精含量的增加，越来越多的驾驶员驾驶能力受到损伤。而血液中酒精含量很低时，视觉和知觉判断能力就开始受其影响。当血液中酒精含量为中等程度时，决策能力也受影响；当血液中酒精含量超过 0.15%时，运动的协调能力受到损伤。在驾驶操作中，这些能力的损伤都会影响驾驶技能。当血液中酒精含量超过 0.10%时，驾驶员发现道路标志的能力差，对速度、距离、信号灯和停车标志的错误判断及知觉能力下降。比较典型的是在夜晚，驾驶员常常把车开出道路，撞翻固定物体等。

3. 药物影响

在医药界，人们都知道药物对安全驾驶的影响，所有的药物对驾驶技能的影响都存在潜在的危险。常见的影响是刺激中枢神经系统和压抑中枢神经系统。不同的药物和剂量对驾驶员生理状况甚至体重都会产生不同的影响。

一般情况下，驾驶员同时受到两种以上药的影响。两种以上药物一起对驾驶员的知觉、心理和运动能力产生三种影响：一是加成，各种药物影响的总和；二是对抗，一种药物的影响抵消另一种药物的影响；三是协和，两种以上药物的总影响大于各种药物影响的总和。任意两种药物都会产生上述情况之一，而多种药物使用产生的影响是非常复杂的。

噪音屏蔽效应

noise cover effect

驾驶员因连续受较强噪声干扰而听觉感知和反应能力降低的现象。时间长了，驾驶员的听觉机能下降，听觉神经细胞遭破坏，会失眠、疲劳、注意力不集中，头昏、头痛、记忆力减退，从而觉察不到可能造成的危险，酿成交通事故。

震动的舒适性

comfort caused by vibration

汽车行驶中人体感到舒适的振动频率一般应为人体步行时身体上下运动的频率（1 ~ 1.5 Hz）。如果振动频率与人体心跳次数同步或接近同步，人就会晕车。

可利用这一特性调整汽车的震动频率。汽车振动频率在 1 ~ 81 Hz 内，人体反应呈现三种感受界限。

（1）暴露极限。在此极限内，可保持人体健康和安全。

（2）疲劳和工作效率下降界限。在此界限内，可保持正常驾驶。

（3）舒适降低界限。在此界限内，会影响乘员在车上的活动。

植物防眩

glareproof plant

植物防眩是防眩设施的一种，通过在道路分隔带内种植植物，用来减少对向车灯眩光。种植在道路分隔带上的植物可以吸收车辆尾气，噪声和灰尘，同时具有较好的视觉效果，在城市道路中一举多得。由于植物也具有固土作用，也适用于雨水充沛的山区。

指定时刻驾驶不可靠度（驾驶失误概率）

driving unreliability at specified times

指定时刻驾驶不可靠度是指驾驶员在驾驶过程中，完成某驾驶任务的所有驾驶行为中出现驾驶失误的概率。根据驾驶行为的不同阶段可以分为感知失误率、判断失误率和操作失误率。

为了定量分析驾驶员的驾驶失误，为公路交通安全评价提供理论及模型支撑，可采用定量与定性相结合的研究方法，提出公路行车驾驶员驾驶失误率计算方法。

各国道路交通研究者对驾驶错觉、驾驶差错、驾驶失误主要从定性的角度进行了研究，缺少对驾驶差错和驾驶失误严格的定义与区分，更没有针对驾驶视错觉、驾驶差错到驾驶失误演变过程的分析，也缺少驾驶差错率模型和驾驶失误率定量分析模型的研究，如何量化因驾驶员自身差错而导致的失误，对于降低公路交通事故率、提高公路交通安全水平意义重大。

制动反应时间

braking reaction time

制动反应时间是指驾驶员从发现制动信号到把脚移到制动踏板上所需要的时间。这个因素会影响行车安全，具体包括从发现制动信号到脚开始动作的反应时间、脚从加速踏板移向制动踏板的时间、脚踏板到制动开始的时间。室内模拟实验为 0.6 s 左右。室外车辆实际运行中为 0.52 ~ 1.34 s。该时间值的大小直接影响了驾驶员应激响应行为的有效性。

1. 为车辆智能避险系统的发展提供理论依据

车辆智能避险系统是指在车辆行驶过程中，通过摄像头、雷达等设备对周边的交通情况进行实时监测，及时发现危险情况并以报警声、报警灯等方式提醒驾驶员注意危险。当驾驶员在报警提醒下仍未发现危险或者在应激状态下失去控制车辆的能力时，智能避险系统还能自动采取避让措施，避开危险或减少交通事故的损失，从而显著的提升道路驾驶的安全性。通过对不同驾驶群体在不同条件下的应激响应时间的研究，可以为车辆智能避险系统的预警阈值以及操控阈值的确定提供理论依据。

2. 为驾驶行为安全性的提升提供理论支持

因内外的很多研究学者表明，驾驶过程中，适时的行为干预对驾驶行为安全性的提升有着显著的效用。但是在实施干预之前，先要对某一驾驶员的驾驶行为进行分析，找出其中所存在的缺陷，这样才能有针对性地实施干预。通过对驾驶员应激响应行为的研究，可以得出在危险突发状况下，不同群体驾驶员在感知、判断决策、操作等几个阶段所需要的反应时间，可能出现的避险方式以及不同避险方式的避险效果等，从而提出更为科学合理的指导措施，以及更有针对性的行为改善措施，以进一步提升和改善驾驶行为安全性。

制动行为

braking performance

制动行为是指人们通过踏下制动踏板使汽车迅速降低车速直至停车的行为。制动行为是防止碰撞事故的重要因素，受车辆制动效果好坏的制约。

这方面的理论研究已经取得了一定的成就，并且制定了各种关于汽车制动试验的方法和评价指标，如驾驶员制动行为模型（BP 神经网络理论）。

BP（back propagation）神经网络是由 Rumelhart 和 McMelland 领导的科学小组于 1986 年提出的一种多层前馈型神经网络。在预测过程中，该神经网络通过将信号向前方传递、误差向后方传递的方式不断调整神经网络结构的权值和阈值，使得网络预测结果的误差平方和尽可能最小。

由于汽车的实际制动过程受到很多因素的影响，依赖于传统理论分析制动过程需要做出简化，忽略掉较多因素，因此这种定量分析汽车制动过程并不能真实反映汽车制动的实际工况，未来应制定更客观合理的测量指标。

制动距离

braking distance

制动距离是衡量汽机动车性能的一个参数，是指车辆从开始制动到完全停止经过的距离。它主要受到车辆初始速度和轮胎与路面之间的摩擦系数的影响，对轮胎的滚动阻力和车辆空气阻力可忽略不计。制动距离越小，汽车的制动性能就越好。由于它比较直观，因此被作为评价制动效能的指标广泛采用。

制动协调时间

braking delay time

制动协调时间是指汽车在行驶过程中进行紧急制动时，从驾驶员踩制动踏板而使踏板开始动作到制动力或制动减速度达到规定限制的 75%所需的时间。

它是评价汽车制动效能的一项辅助指标。

智能交通系统

Intelligent Traffic System，ITS

智能交通系统简称 ITS，又称“智能运输系统”，是一种在大范围内、全方位发挥作用的、准时、准确、高效的交通运输管理体系。它结合了信息技术、计算机技术、数据通信技术、传感器技术、电子控制技术、自动控制理论、运筹学、人工智能等先进技术。它不仅能加强车辆、道路和使用者三者之间的联系，还能保障安全、提高效率、节约能源和改善环境。ITS 应用非常广泛，当 ITS 应用于私家车时，能够帮助驾驶员进行导航，避免交通堵塞和交通事故；当应用于铁路和公共汽车时，能帮助驾驶员优化车队运行状况，并为旅客提供自动售票服务和实时运行信息；在交通网中，ITS 系统与交通信号共同协作，检测和管理事故，为驾驶员显示信息、导航及指示。ITS 是新一代的交通运输系统，在各个领域中的发展前景十分广阔。

智能汽车

Intelligent Vehicle，IV

智能汽车简称 IV，是指网络环境下用信息技术和智能控制等技术武装起来的汽车，是一种高新技术密集的新型汽车，具有自动识别行驶道路、自动驾驶、自动调速等先进功能。智能汽车通过感知驾驶环境并提供信息或车辆控制，帮助或替代驾驶员操控车辆。美国汽车工程师协会将智能汽车的发展分为手动驾驶、驾驶辅助、部分自动化、有条件自动化、高度自动化和完全自动化 6 个级别。智能汽车具有便捷、高效、安全、节能减排的优点，目前较为知名的是特斯拉智能汽车。目前智能汽车的发展仍然处于起步阶段，还存在着许多技术及非技术问题，如有人、无人驾驶车辆共享车道的问题，视觉算法水平不足等。未来智能汽车将朝着更加环保节能、智能化、个性化、安全舒适的方向发展。我国也在《国家中长期科技发展规划纲要（2006—2020年）》中明确提出将包括汽车智能技术在内的综合交通运输信息平台列为我国中长期科技发展的国家战略，这也是我国新一届政府“互联网+”行动计划的重要组成部分。

智能运输系统

Intelligent Transportation System，ITS

智能运输系统是一种先进的应用程序，旨在为不同的运输及交通管理模式，提供创新服务，让用户更清晰、更安全、更协调及更“智能”地使用运输网。2010年7月7日制定的欧盟2010-40-EU定义ITS为将信息和通信技术应用于道路运输领域的系统，包括基础设施、车辆和用户、交通管理和移动管理，以及其他运输方式。ITS可以在许多情况下提高运输效率，如公路运输、交通管理、移动性等。智能交通作为一种新商业模式正在全球兴起。诸如汽车共享、共享单车等计划在全球风行，同时还有新的智能停车解决方案等。所有这些新模式为城市的智能交通提供了巨大的机遇。智能交通系统应用广泛，如汽车导航等基础管理系统、交通信号控制系统、集装箱管理系统、可变信息标志、自动车牌识别或超速摄像头监控应用、安全闭路电视系统等。

中国高铁创新

innovation of China's high-speed rail

中国高铁创新是技术引进与自主创新的典范，其创新历程可分为三个阶段，分别是：

1. 技术积累期（2004年之前）

这一阶段我国确定了以轮轨技术为基础的高速铁路发展方向，同时对轮轨技术与磁悬浮技进行了不同程度的自主研发，获得了一定程度的技术储备，为之后技术引进消化吸收和自主创新奠定了基础。

2. 技术引进期（2004—2008 年）

为实现铁路跨越式发展，我国开始大规模引进国外先进技术进行消化吸收在创新，我国高速列车研制开始从之前的自主研发为主转向引进吸收为主。

3. 自主创新期（2009 年之后）

我国已经逐步具备高速铁路技术自主创新的能力，开始进入全面的自主创新阶段，在关键技术领域不断取得突破，在技术系统上不断推进标准化，也实现了生产具有完全自主知识产权的动车组的目标，我国高铁产品也从引进来，到走出去，出口到了全球近百个国家和地区。

中位车速

median speed

中位车速是指实测地点车速值，按大小排列最中间位置的车速。即在某路段上，位于这一车速以上与以下的汽车辆数相等，相当于 50%位车速。在正态分布情况下，50%位车速等于平均车速；但通常两者并不完全相等。车速受交通量等客观影响，其分布状态呈现多种。

注视凝缩

gaze concentration

注视凝缩是指以牺牲外周视野为代价，眼睛注视点相对频繁地指向前方视野。可以通过眼动仪测量在次要任务过程中眼睛在路面所增加的时间的百分比来评估注视凝缩。很多研究发现口头—听觉任务比操作—视觉任务更容易引起注视凝缩，例如，人造口头—听觉、手机通话认知负荷任务。认知负荷似乎会引起注视点指向道路的前方，后视镜扫视频率变小同时错过一些外周的事件。总之，以往研究均发现，驾驶员在注意分散状态下，会产生注视凝缩现象。困倦感是导致驾驶员注意分散的重要原因。研究表明，听放松音乐可以缓解持久的认知运动任务导致的精神疲劳。

注意

attention

注意，通常是指选择性注意，即注意是有选择的加工某些刺激而忽视其他刺激的倾向。它是人的感觉（视觉、听觉、味觉等）和知觉（意识、思维等）同时对一定对象的选择指向和集中（对其他因素的排除）。人在注意着什么的时候，总是在感知着、记忆着、思考着、想象着或体验着什么。人在同一时间内不能感知很多对象，只能感知环境中的少数对象。而要获得对事物的清晰、深刻和完整的反映，就需要使心理活动有选择地指向有关的对象。最近较为活跃的研究领域，包括寻找引起注意的信号来源、这些信号对于感觉神经元调节的影响，以及注意与其他认知过程（如工作记忆）的关系。

驾驶员的注意主要是指在行车途中，驾驶员的心理活动需要保持集中在一定行车信息上，只有这样，才可以迅速、及时、准确地获得行车过程中的各种交通信息，并采取正确的驾驶操作，保证行车安全。

在交通道路环境中，驾驶员对重要交通元素的注意状态以及对复杂道路场景的即时认知和应对处理是驾驶安全最重要的因素之一。驾驶员视觉搜索同样受自底向上和自上而下两种注意机制的驱动。研究交通环境中两种不同注意机制下的眼动特征及目标显著性，对机器学习和无人驾驶智能车的发展具有重要的意义。邓涛等人通过基于选择性注意的交通环境显著性及眼动特征的研究发现，在交通驾驶环境中，基于自底向上注意驱动的眼动特征与基于自上而下注意驱动的眼动特征存在着显著性差异，这种差异主要体现在：驾驶员在观看交通图像时，有目的的注视次数更多，对交通标识以及红绿灯等重要目标的搜索和提取速度更快，视觉感知显著图更为集中，表明自上而下的任务驱动使被试能更有效性地提取和处理特定环境信息。而二者对应的视觉显著图也有明显区别。另外，两种注意机制对信号灯及交通标识等重要交通元素的关注及识别等方面也存在显著的不同。

注意波动

attention fluctuation

注意波动亦称“注意起伏”。是指刺激情境不变而对同一物体所得感知映象时强时弱周期性变化的现象。一个波动周期包括一个正时相和一个负时相，一个全波平均占 8 ~ 10 s。威尔斯曼（Wiersma）在听觉测定中发现，正时相的持续时间随刺激的增强而加长。一般认为，注意波动与呼吸心跳及神经活动的节律性有关，是难以克服的。也有人认为，在单一刺激作用下，注意波动与感受器官的适应有关，适应现象发生，感受性就减弱；这一现象过后，感受性又提高。一般情况下，人们觉察不到这种波动，只有特别留心或在要求对刺激迅速做出反应时才能觉察到。

注意不当

improper lookout

注意不当指驾驶员注意到了一些情况但忽略了其他必须注意的情况。这是交通事故的常见原因。有研究显示，约 74%的注意不当错误发生在交叉路口，很少发生在车道变换或离开停车场的时候。近 1/6 的交通事故是在由支路进入主干道时驾驶员未注意观察其他交通情况而引起的。这里有物理障碍的原因，也有驾驶员自身的原因，与驾驶员边缘视区的敏感性有关。老年驾驶员的视区存在衰退问题，由于注意不当而发生交通事故的可能性比一般驾驶员要大。

注意范围（注意广度）

attention span

注意的范围是指在同一时间内能清楚地把握对象的数量和特征。在行车中，驾驶员只能注意到外界事物的一部分，并对这一部分感知得很清楚，而其他部分就处于注意的边缘或注意之外，感知较模糊。有时，按事故发生的情况分析，应该看到的事物，而事实上驾驶员却没有发现，原因就在于驾驶员注意范围的有限性，通常所说的“注意不过来”就是这个道理。

有研究表明未发生过事故的驾驶员的注意广度比事故组的更大。驾驶员的注意广度存在一定范围，当刺激信号为 6 ~ 10 个时，事故组与安全组驾驶员的注意广度才有显著差异，同时性别不会影响驾驶员的注意广度。

注意分配

distribution of attention

注意分配是指在同一时间内，把注意指向不同的对象，同时从事几种不同活动的现象。边听讲边做笔记、自拉自唱等都是注意分配的例子。注意分配有不同的水平，它取决于同时并进的几种活动的性质、复杂程度以及人对活动的熟悉或熟练程度等条件。当同时进行的几种活动难度越大时，注意分配就越困难。在智力和运动两种活动同时进行时，智力活动的效率比运动活动的效率有更大程度的降低。同时进行两种智力活动，注意分配的困难更大一些。在影响注意分配的各种因素中，对活动的熟练程度起的作用最大。

车辆驾驶工作要求驾驶员有很强的注意分配能力，这样才能同时把注意有效地分配在有关的交通信息上，及时地做出反应。否则会顾此失彼，非常容易发生事故。

有研究发现，注意力分配与事故高度负相关，即注意力分配量越大，发生事故的可能性越小。在注意分配这项指示上，优秀驾驶员与一般事故驾驶员，尤其与事故多发驾驶员之间存在着极其显著的差异。

注意分配仪

attentional distribution apparatus

注意分配仪是一种注意实验仪器，用于测量注意分配能力。实验时，仪器可以呈现两类刺激：① 声音刺激，分高音、中音、低音 3 种；② 光刺激，由围成一个圆周的 8 个灯泡组成。当主试控制仪器分别或同时呈现两类刺激时，被试应根据指示语按下与三种声音或与灯光相关的按键。刺激按随机原则连续呈现，被试的反应和结果由仪器自动记录和处理、呈现。

例如，BD-Ⅱ-314 型注意分配试验仪可测量被试者注意分配值的大小，即检验被试者同时进行两项工作的能力，也可用来研究动作、学习的进程和疲劳现象。它由单片机及有关控制电路、主试面板、被试面板等部分组成。主试面板设有功能选择开关、数码显示器、音量调节旋钮等。被试面板设有低音、中音、高音 3 个反应键、8 个发光管和与其对应的 8 个光反应键。

其主要技术指标：

（1）声音刺激分高音、中音、低音 3 种，要求被试对不同音频声音刺激做出判断和反应，用左手按下不同音频相应的按键，记录下设定时间内的正确及错误的反应次数。

（2）光刺激由 8 个发光管形成环状分布，要求被试对不同位置的光刺激做出判断和反应，用右手按下与发光管相对应位置的按键，记录下设定时间内的正确及错误的反应次数。

（3）以上两种刺激可分别呈现，也可同时呈现。

（4）时间设定：1 ~ 9 min 共 9 档。

（5）分别记录设定时间内对光或声反应的正确次数及错误次数，最大次数为 999 次。

（6）自动计算注意分配量 Q 值。

注意广度测验

attention-span test

注意广度测验又称“识别广度测验”，是一般能力测验的一种。它测查被试面对很多事物的一瞬间所能清楚识记、辨别或把握对象的最大数量。测试前需准备好多种物体（如书、笔、毛巾、杯子、镜子、钉子、拖鞋等）或一些文字、非文字材料（如一些单字、符号、图形等），只让被试看一瞬间，然后要求被试凭记忆将刚才看到的所有物体或材料说出或写出来，根据被试说对或写对的项目数决定被试的注意广度。

在驾驶员注意广度研究中，事先会准备好以驾驶员熟悉的交通标志，将 4 ~ 11 个交通标志随机制成 8 张幻灯片，8 张片子按随机顺序呈现，每张呈现时间为 5 s，被试记录时间为 1 min，第一张片子作为练习用，不计分，其余 7 张用作正式测试材料。

注意缓慢

blunting of attention

注意缓慢是注意障碍的一种，指人注意的稳定性障碍较小，但注意兴奋性的集中困难和缓慢，表现为可以完全正确地回答第一个问题，但对他接连不断地提出第二、第三个问题时，回答就显得缓慢。这主要是由于注意的兴奋性缓慢和联想过程的缓慢，多见于抑郁症。

注意涣散

divergence of attention

注意涣散是注意障碍的一种，表现为随意注意明显减弱，注意能力容易分散，并且不能保持适当的时间。例如，某患者看书时，不能集中注意，外界稍有刺激，注意就容易分散，即使其主观上努力把注意集中在书本上，也不能持久，也说不出书的内容。该现象多见于神经衰弱或精神分裂症。

有研究认为，驾驶员注意力分散的定义应该包括以下两个关键要素：① 注意力从驾驶或者安全驾驶转移到了其他方面；② 注意力转移到了与安全驾驶存在冲突的活动上面，该活动可能发生在车内也可能是在车外，可能与驾驶相关，也可能与驾驶不相关。

注意减弱

hypoprosexia

注意减弱是注意障碍的一种，表现为主动和被动注意的兴奋性均减弱。其特点是注意的范围缩小，稳定性显著下降。多见于伴有意识障碍的疾病，也见于神经衰弱、脑器质性精神病和极度疲劳状态。常见的注意减弱的评估测验有：字母划消测验（Letter Cancel Test，LCT）、同步听觉系列加法测验（Paced Auditory Serial Addition Test，PASAT）、符号-数字模式测验（Symbol-digital Mode Test，SDMT）、连线测试、注意网络测验（Attention Network Test，ANT）等。

注意力缺乏

attention deficit

注意力缺乏指驾驶员在驾驶过程中，由于缺乏注意力，无法准确采集安全信息，致使操作失误。注意力缺乏可分为几类：

（1）注意受限：由于自身原因（生理因素或酒驾）导致驾驶员无法侦测到影响安全驾驶的关键因素。

（2）注意非优先或注意疏忽：驾驶员忽视影响安全驾驶的关键信息。

（3）注意粗略：驾驶员草率处理影响安全驾驶的重要信息。

（4）注意偏离：驾驶员的注意转移到其他与驾驶无关的事情中。

据统计，在交通事故的三种主要事故（人为事故、车辆事故、道路事故）中，“人为事故”占最大比重，而“人为事故”的发生很大程度上是驾驶员在驾驶过程中注意力不集中引起的，诸如疲劳驾驶、驾驶员专注于和他人交谈以及将注意力专注于汽车窗外事务等。驾驶员注意力不集中的两个主要诱发因素：疲劳——可通过人眼眨眼频率、打哈欠以及瞌睡来感知；视线不集中——可通过人脸的朝向来感知。

注意力训练

attentional training

注意力训练是指提高严重发育退滞患者对目光和物体的注意能力的训练。其实质是通过不断强化趋向行为，由远到近地逐步塑造对复杂目标的注意。具体办法是让患者先练习坐或半躺在椅子上，并按要求停止身体其他活动，面对训练者。然后每隔 5 ~ 10 s 出现一个能辨别的刺激，当患者出现趋向行为时，即给予强化，在患者不能按要求识别刺激时，训练者便不断鼓励和引导其产生反应。训练成功后，宜有步骤地消退强化或变更强化标准，以促使患者产生更为复杂的反应。如训练患者注意别人的目光，可用“看我”的命令作为辨别刺激，当患者目光靠近训练者面部时，则给予鼓励，以增加患者此行为的出现。此后则在患者有较持久的目光注意时才给予鼓励。在患者的目光注意较为稳定地表现出来后，便逐渐延迟、消退强化。

有研究发现，驾驶员的注意广度包括水平注意广度和垂直注意广度，由于水平注意广度会影响行驶过程中的驾驶绩效水平，所以未来的驾驶培训可以着眼于提高驾驶员在水平方向的注意能力以及改善驾驶员的搜索策略，由此提高驾驶员的驾驶能力。

注意缺乏/多动障碍

Attention Deficit / Hyperactivity Disorder，ADHD

注意缺乏/多动障碍在行为上表现为注意缺乏、行为冲动或活动过度等，多见于儿童期，通常男孩多于女孩。1980 年之前，人们认为这类表现与轻微脑损伤有关，称为“轻微脑功能失调”。1980—1987 年，它被称为“注意缺乏障碍”，1987 年以后才被称为现在的名字。其症状表现为：

（1）注意缺乏（10 项）。经常不能注意细节；在学习、工作或其他活动中常粗心出错；保持注意困难；不能专心听别人说话；不能听从指示或完成任务；难以组织活动；不喜欢并避免做那些需要一定心理努力才能完成的任务；经常丢失活动需要的物品；易被外在刺激吸引；在日常活动中常常健忘。

（2）多动-冲动（8 项）。在座位上坐立不安；难以保持在座位上；在不适当的时候到处跑或上蹿下跳；难以安静地进行活动，总是不停地动来动去；大声说话；没有听完问题就冲动地回答；不能等待轮流做某事；经常打断他人的话。

若注意缺陷（10 项）和多动-冲动（8 项）中至少各表现出 6 个以上症状，且出现 6 个月以上，可诊断为注意缺乏/多动障碍。一些症状出现于 7 岁以前。其中一些行为多出现在两个以上的情境之中（如在家里、学校里、工作中等）。

注意障碍明显干扰个体发展正常的社会性、学业或工作。这些症状不是由其他心理障碍引起的，其成因可能与遗传生理、疾病与脑损伤、缺乏爱心与关心、溺爱或苛求的家庭环境与教育方法等因素有关。

矫治方法有药物治疗和心理治疗。心理治疗可从三方面进行：

（1）训练此类儿童的认知调节技能、社交技能和进行行为治疗。

（2）家庭干预，训练家长掌握各种正确控制环境及此类儿童行为的各种技术，如调节技能、社交技能，以及进行行为治疗，从而改变儿童的行为。

（3）教师干预，教会教师正确看待此类儿童的行为，理解其病因、行为表现，采取有效的教育方式等。

多学科、多治疗方式的综合干预模式不但有明显的短期效果，而且有较好的长期效应。

注意水平

attention level

注意水平又译为“注意层”。根据意识经验的清晰程度划分的注意层次，随意识清晰程度的增高可依次分为：① 无意识，毫无觉识，完全不自知；② 前意识，稍有意识经验，但模糊不清；③ 边缘意识，有意识经验，但不够清楚：④ 一般注意，有清楚的意识经验；⑤ 集中注意，不仅有清楚的意识经验，并且高度整合知觉内容，是意识经验清晰程度最高的注意形式。

有研究通过运用模糊数学的方法来确定驾驶员注意水平的定量评价模型，结果显示外界刺激对驾驶员的注意水平影响很大，并提出改进措施，加强驾驶员注意水平的训练，以便提高整体驾驶员的注意水平，减少因注意力问题引发的交通事故。

一项对机动车驾驶员注意及相关因素的调查研究发现，调查的 3084 名机动车驾驶员中：

（1）机动车驾驶员的注意水平在性别上无显著差异。

（2）30～49 岁的机动车驾驶员注意水平明显高于 50 岁以上和 29 岁以下的机动车驾驶员。

（3）非职业并且偶尔开车的机动车驾驶员注意水平显著低于职业驾驶员和经常开车的驾驶员。

（4）不同驾龄的机动车驾驶员其注意力水平存在显著差异，3 年以下驾龄的机动车驾驶员其注意力水平是最低的。

注意稳定性

stability of attention

注意稳定性是指注意较长时间保持在某种事物或所从事的某种活动上的能力。其标志是在一段时间内保持注意力高度集中。狭义的注意稳定性是指注意维持在同一对象上的时间。广义的注意稳定性是指活动所注意的对象和活动本身虽有变化，但注意的总方向和总任务保持不变。与之相反的状态是注意分散（又称分心），即注意离开当前应指向和集中的对象，而指向其他无关的客体，其要求为：

（1）在工作中明确要解决的任务和各阶段的任务，并积极思考怎样去完成这些任务。

（2）力求活动多样化，单调的活动会迅速降低注意。

（3）注意和外部实际活动相结合，可起到组织和控制作用。

（4）保持良好的精神状态。人在健康、情绪饱满、清力充沛并对注意对象感兴趣时，较容易做到。

有研究发现注意稳定性与交通事故不相关。事实上在行车中，驾驶员不需要将注意长时间维持在一个对象上，需要的是对注意的合理分配。

注意狭窄

narrowing of attention

注意狭窄是注意障碍的一种。注意范围显著缩小、主动注意减弱的病理状态。特点是当集中注意于某一事物时，其他易于唤起注意的事物均不能引起注意。多见于意识蒙眬状态的患者。

注意训练

attention training

注意训练是指针对不同运动项目的要求培养运动员注意品质的方法。体育运动中，不同项目对运动员注意品质的要求不同。如球类运动员要求有良子的注意分配能力，射击、射箭运动员要求有较好的注意稳定性。需根据各项目的具体要求，有针对性地进行训练，主要包括：

1. 注意集中训练

使运动员学会全神贯注于某个确定目标，不受任何外来刺激和内心杂念的干扰，始终把心理活动指向和集中于当前的活动任务。训练方式有纸板练习、五星练习，记忆练习、实物练习、秒表练习等。结合体育教学实际，亦可采取逆向口令法、轻微口令法、有效口令法和无效口令法、启发教学法、变换条件法、目标导向法、信息引导法等训练方式。

2. 注意分配训练

训练运动员在同一时间内把注意分配到两种或两种以上的动作上。主要方法有：

（1）技术动作分配训练，如用手脚协调仪训练运动员在同一时间里主动、合理地既注意到手上要完成的动作，又注意到脚下要完成的动作。

（2）视动协调训练，如让足球运动员一边带球行进，一边追视前方的运动目标（如教练员的手势），还有视听、听动、视听动之间的注意分配训练等。

（3）注意转移训练。训练运动员根据当前任务需要，有意识、主动、尽快地把注意从一个对象转移到另一个对象，或在同活动中从一种操作转移到另一种操作。

作为一种有形的专项运动心理训练技术，通常用仪器人工模拟专项运动所需的注意转移时间间隔，在赛前进行专门化训练

注意转移

shifting of attention

注意转移指根据一定目的，主动把注意从一个对象转移到另一对象上或由一种活动转移到另一种活动上去的过程。驾驶工作要求驾驶员善于注意转移，如在窄路会车时，驾驶员首先要注意观察来车、周围环境和会车地点，然后迅速转移到鸣号、减速、打方向上，接着又要转移到观察右边道路情况、左边会车距离等。

驾驶员在驾驶车辆的过程中，注意力从某一个区域转移到另一个区域，在该过程当中，驾驶员的注意力、视野、对交通信息的获取等均发生了变化。一项关于驾驶员视觉注意转移的研究发现，在隧道各阶段，驾驶员视觉注意转移的概率不同：

（1）任何区域转向自身区域的概率都是较高的。

（2）某区域转向另一个区域的概率与视觉分布有关，即转向正前方这类分布最多的概率都是很高的。转向驾驶仪器这类分布较少的区域概率都是较低的。

（3）某个区域转向另一个区域的概率与空间位置的距离有很大关系，例如，注意从前面远方转向正前方的概率远远大于从前面远方转向驾驶仪器的概率。

转向反应时间

Steering reaction time

转向反应时间是车辆的转向操控的评判标准之一。中国汽

车消费者研究及测试中心（CCRT）的实验系统通过转向瞬态响应（转向盘转角阶跃输入）实验中测得的转向反应时间来测评汽车的转向操控性能。转向瞬态响应指测试车辆直线高速行驶时，急打方向盘到一定角度，使稳态侧向加速度达到 2 m/s^2，测得车辆横摆角速度响应时间。在车辆日常的驾驶中，使用频率最高的三大整车性能为加速性能、制动性能、转向操控性能。可以看到车辆的转向操控是驾驶性能的评价中不可缺少的重要环节。不仅如此，转向操控还在多个方面影响着用户的使用感受，甚至生命安全。

追尾

rear-end

追尾即追尾事故，是指同车道行驶的车辆同向行驶时，后车与前车相撞的交通事故，严重时可造成车毁人亡。在车流量密度大的道路上，追尾还会导致堵车，严重影响人们出行。追尾多由驾驶员错误驾驶行为造成，常见的有：车距过近、下坡违规操作导致制动失败、超速、超载、违规超车、驾驶注意力分散、违规停车、违规倒车等。谨慎规范驾驶是避免追尾的必要条件。

自动引导车

Automated Guided Vehicle，AGV

自动引导车又称为“轮式移动机器人”“自动导向搬运车”“自动引导搬运车”，缩写为 AGV。自动导引车为自动导引的无人驾驶自动化车辆，即在计算机的监控下，按照路径规划和作业要求，精确行走并停靠到指定地点，完成取货、送货、充电等一系列作业任务。它集成了视觉和触觉技术、实时控制和决策技术、人工神经网络技术等多项技术，具有高度自规划、自组织、自适应能力。通常多台 AGV 与控制计算机，导航设备，充电设备以及周边附属设备共同组成 AGV 系统。在控制计算机的监控及任务调度下，AGV 可以按照规定的路径准确行走，到达指定位置，完成一系列的作业任务。根据 AGV 的电量，控制计算机可决定它是否需要到充电区自动充电。自动引导车可以应用于智能交通系统，能减少交通事故的发生。此外，自动引导车还广泛应用于野外探险、消防、救灾现场、军事、外部空间探测、有毒或放射性环境下的车辆工程等领域。随着电子商务的蓬勃发展以及人力成本的不断上升，物流仓储中心开始在运输分拣等环节使用自动导引车来取代人力，以降低成本，提高工作效率。

自适应交通系统

Sydney Coordinated Adaptive Traffic System，SCATS

自适应交通系统又称为悉尼交通自适应协调系统，是一种采用计算机等技术进行交通管理、组织、调配的城市交通控制系统。SCATS 由澳大利亚亚瑟 · 西姆斯（Arthur Sims）等人研究开发，1980 年在悉尼市首先投入使用。SCATS 是一种很先进的系统，包括分层式三级交通信号控制系统，由中央交通监控中心、地区交通控制中心、路口交通信号机组成。该系统基本上实现了对复杂交通的控制，在现代交通管理中发挥了重要作用。该系统因为投入成本低，受到全世界各国的欢迎，特别是发展中国家的欢迎。我国 1986 年引进了这套系统，最早在上海投入使用，随后天津、沈阳、广州、杭州、宜昌、苏州等多个城市先后使用该系统进行控制。以上海为例，SCATS 系统的应用数量在 20 年来有了巨大的变化，早期仅应用于 20 多个路口，目前已在 3 000 多个路口投入使用，且实现了 SCATS 在浦西内环以内的全覆盖。

自适应巡航控制系统

adaptive cruise control

自适应巡航控制系统指在按设定车速进行巡航控制的系统上，增加了与前方车辆保持合理车距控制功能的新系统。装有自适应巡航控制系统的智能汽车，可以通过雷达和计算机来鉴别靠近车辆的到底是自行车、汽车还是行人，同时可以根据道路情况控制车辆的行驶状态，完全或部分地取代驾驶员的操作。

自适应巡航系统主要由自适应巡航控制系统传感器、自适应巡航控制系统控制器、发动机管理控制器、电子节气门执行器、制动执行器（如 ABS/ESP 等）组成（见图 25）。它根据车间距传感器检测的信息，以及本车的车速传感器和横摆角速度传感器检测确定的本车行驶路线信息，来判断在本车的同一条车道上前方有无车辆行驶。车间距离传感器采用了微波雷达或距离雷达。

当同一条车道前方没有其他车辆时，汽车像通常的巡航控制一样按照设定的车速行驶；当前方出现车辆时，汽车以低于设定车速行驶，并控制本车与前方车辆的合理间距。

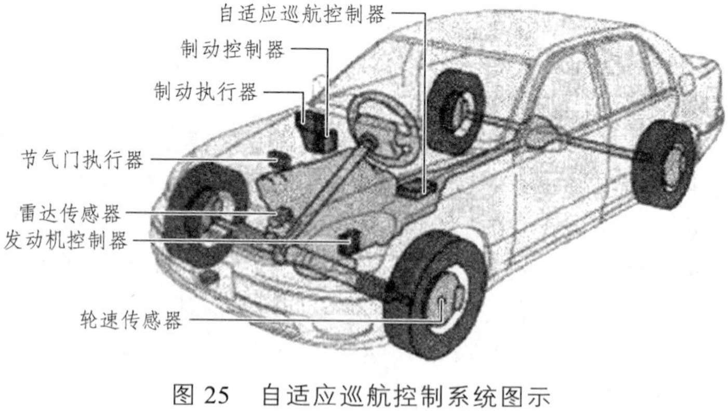

图 25　自适应巡航控制系统图示

自我解释式道路

self-explaining road

自我解释式道路是指通过自身的视觉特征，诱导用路者做出安全交通行为的道路系统。自我解释性道路设计是一种基于能够促使道路使用者正确预测，从而做出正确驾驶行为的方法。从认知心理学的角度来看，自我解释性道路设计可通过两个方面来改善道路安全。

（1）定义和设计适合正确驾驶行为的道路。如道路标线、车道宽度、路侧构造物等感知特性能够像内在的说明书直接或间接的引导驾驶行为。这些内容或多或少都是感知措施和驾驶环境知觉引导研究发展。

（2）通过培养人们对道路类型、功能、设计布局以及交通特性的记忆帮助他们方便、准确地进行分类，快速做出正确的驾驶行为。

最大安全车速

maximum safe speed

最大安全速度是指某类型车辆在特定路段内，在交通和气候良好的情况下，既充分发挥性能，又适应路线设计条件所能行驶的最大速度，是考察汽车性能、分析交通事故的重要依据。

最大安全车速

maximum safe speed

指在一定的道路与交通条件下，指定路段内某类型汽车既能发挥车辆性能，又适应路线几何条件，能安全行驶的最大车速。据统计，夜间高速公路事故占到高速公路事故总数的近70%。因此，有必要对山区高速公路夜间限速进行研究。国内外在夜间驾驶员特性和夜间限速方面做了许多研究。驾驶员特性方面，研究了光照强度、驾驶员性别等对驾驶员视认能力的影响；建立了夜间视认距离与车速和光照的关系模型；研究了白天和夜间以及驾驶员疲劳状况对驾驶员反应时间的影响；建立了驾驶员反应时间模型。

最佳车流量

optimum flow

最佳车流量是指某道路或路段趋近实用通行能力的车流量，即在安全、通畅条件下，满足某一服务水平的车速，使道路或路段以及车流分布接近充分利用与合理。我国自 20 世纪 80 年代初开始兴建高速公路，其建设和使用极大地促进了我国经济的发展。2018 年末，我国高速公路总长达 14.26 万千米，里程规模居世界第一。我国现有的高速公路大都实行“以路养路”的方式，即对进入高速公路的车辆收费，以保证道路投资的返还和维护资金的筹措。这样，高速公路的经营情况就与公路的使用率有直接关系。

醉酒鉴定

drinking testing

醉酒鉴定指为区别酒醉程度而进行的心理、生理观察与实验。分以下方面：

（1）观察状态，血液中的酒精达到一定浓度，醉酒者会有异常表现，如呼吸变化，面红，表现滑稽，眼充血、流泪，装腔作势，兴奋、无礼，吐、打，发脾气等。

（2）间接检查酒精含量，喝酒者呼出的空气中所含的酒精量与血液中的酒精浓度成正比，1 mL 血液中所含的酒精量与呼气 2000 ~ 2100 mL 中的相等，根据该原理，可以制成呼气式酒精检测装置，间接检验血液中的酒精含量。

（3）检查瞳孔，以光线照射眼睛，瞳孔即行收缩，属正常，瞳孔反射迟缓为酒醉。

（4）平衡试验，两臂伸直，一只脚站立，然后以同样姿势把重心移到另一脚，接着把脚放下，提起脚跟直立，闭上眼睛，头向后仰，不能保持平衡者为酒醉。

（5）步行及回转试验，按直线行走 6 m，再回头走回原地，若行走偏斜，则有酒醉可能。

（6）指鼻试验，双眼闭，臂伸直，双手交替指自己的鼻尖，指不准者为酒醉。

（7）拾硬币试验，要求迅速准确地从地上拾起硬币，不能拾起或动作不准确者，均有酒醉嫌疑。

（8）书写及说话实验，写字歪斜，与平时笔迹有较大差异，或说话口吃、支吾、混乱可能已酒醉。

参考文献

[1] [英]R. J. 索尔特著. 张佐周，赵骅，杨佩昆译. 道路交通分析与设计[M]. 北京：中国建筑工业出版社，1982

[2] 汽车百科全书编纂委员会. 汽车百科全书. [M]. 北京：中国大百科全书出版社，2010.

[3] 中国公路学报编辑部. 中国交通工程学术研究综述·2016[J]. 中国公路学报，2016，29（06）：1-161.

[4] ARNETT J J, OFFER D, FINE M A. Reckless driving in adolescence: 'State' and 'trait' factors[J]. Accid Anal Prev, 1997, 29(1): 57-63.

[5] ATIYEH VAEZIPOUR, ANDRY RAKOTONIRAINY, NARELLE HAWORTH, PATRICIA DELHOMME. A simulator evaluation of in-vehicle human machine interfaces for eco-safe driving[J]. Transportation Research Part A: Policy and Practice 2018, 696-713.

[6] BAXTER J S, MANSTEAD A S, STRADLING S G, et al. Social Facilitation and Driver Behaviour[J]. British Journal of Psychology, 1990, 81(3): 351-360.

[7] BINA M, GRAZIANO F, BONINO S. Risky driving and lifestyles in adolescence[J]. Accident Analysis & Prevention, 2006, 38(3): 472-481.

[8] BRACKSTONE M, MCDONALD M. Car-following: a historical review[J]. Transportation Research. Part F: Traffic Psychology and Behaviour, 1999, 2(4): 0-196.

[9] CHEN L K, ULSOY A G. Identification of a Driver Steering Model and Model Uncertainty from Driving Simulator Data[J]. Journal of Dynamic Systems, Measurement and Control, 2001, 123(4): 623-629.

[10] CONSTANT INESCU Z, MARINOIU C, VLADOIU M. Driving Style Analysis Using Data Mining Techniques[J]. International Journal Of Computers Communications and Control, 2010, 5(5): 654-663.

[11] DAHLEN E R, WHITE R P. The Big Five factors, sensation seeking and driving anger in the prediction of unsafe driving[J]. Personality and Individual Differences, 2006, 41(5): 903-915.

[12] DAVID, SHINAR. Aggressive driving: the contribution of the drivers and the situation[J]. Transportation Research Part F: Traffic Psychology and Behaviour, 1998.

[13] DEERY H A. Hazard and Risk Perception among Young Novice Drivers[J]. Journal of Safety Research, 1999, 30(4): 225-236.

[14] DENG PAN, YINGPING ZHENG. Optimal control and discrete time-delay model of car following[P]. Intelligent Control and Automation, WCICA, 2008.

[15] DILLON T FITCH, MIJKE RHEMTULLA, SUSAN L HANDY. The relation of the road environment and bicycling attitudes to usual travel mode to school in teenagers[J]. Transportation Research Part A, 2019, 123.

[16] DONOVAN D M, UMLAUF R L, SALZBERG P M. Derivation of Personality Subtypes Among High-Risk Drivers[J]. Alcohol, drugs, and driving: abstracts and reviews, 1970, 4(3): 233-244.

[17] E GULIAN, G MATTHEWS, A I GLENDON. Dimensions of driver stress[J]. Ergonomics, 1989, 32(6): 585-602.

[18] ELANDER J, WEST R, FRENCH D. Behavioral Correlates of Individual Differences in Road Traffic Crash Risk: An Examination of Methods and Findings[J]. Psycho logical Bulletin, 1993, 113(2): 279.

[19] ENGWICHT D. Mental Speed Bumps: The Smarter Way to Tame Traffic[J]. Pedestrians, 2005.

[20] ERIKO MATSUMOTO. Bias in attending to emotional facial expressions: Anxiety and visual search efficiency[J]. Applied Cognitive Psychology, 24(3): 414-424.

[21] FARAH H, BEKHOR S, POLUS A, et al. A Passing Gap Acceptance Model for Two – lane R ural Highways[J]. Transport metrical, 2009, 5(3): 159-172.

[22] FRENCH D J, WEST R J, ELANDER J, et al. Decision-making style, driving style, and self-reported involvement in

road traffic accidents[J]. Ergonomics, 1993, 36(6): 627-644.

[23] FULLER R. A conceptualization of driving behavior as threat avoidance [J]. Ergonomics, 1984, 27(11): 1139-1155.

[24] FULLER R. Towards a general theory of driver behaviour[J]. Accident Analysis and Prevention, 2005, 37(3): 461-472.

[25] 中华人民共和国住户和城乡建设部. 城市道路交叉口规划规范(GB 50647—2011)[S]. 北京：中国计划出版社，2011.

[26] GIBSON J J. The ecological approach to visual perception[M]. London: Psychology Press, 1986.

[27] GIL-MARTÍN, L M, PE?A-GARCÍA, A JIMÉNEZ A. Study of light-pipes for the use of sunlight in road tunnels: From a scale model to real tunnels[J]. Tunnelling & Underground Space Technology Incorporating Trenchless Technology Research, 41: 82-87.

[28] HANNE, BEATE, SUNDFOR, et al. Inattention and distraction in fatal road crashes - Results from in-depth crash investigations in Norway[J].

[29] Hierarchy of Needs[M]. 2012.

[30] HOSKING S G, LIU C C, BAYLY M. The visual search patterns and hazard responses of experienced and inexperienced motorcycle riders[J]. Accid Anal Prev, 2010, 42(1): 196-202.

[31] JENSEN A R, ROHWER W D. The stroop color-word test: A review[J]. Acta Psychol, 1966, 25(none): 36-93.

[32] 中交第一公路勘察设计研究院有限公司，公路工程技术标

准(JTG B 01—2004)[S]. 北京：人民交通出版社，2014.

[33] 中交第一公路勘察设计研究院有限公司, 公路路线设计规范(JTG D20-2017)[S]. 北京: 人民交通出版社, 2017.

[34] KENNEDY J V, GORELL R, CRINSON L, et al. PSYCHOLOGICAL TRAFFIC CALMING[D]. TRL, 2005.

[35] KHODAYARI A, GHAFFARI A, KAZEMI R, et al. Modeling and intelligent control design of car following behavior in real traffic flow[C]// Cybernetics and Intelligent Systems (CIS), IEEE, 2010.

[36] L G WILLUMSEN. Modelling Transport. New York: John Wiley & Sons, 1990.

[37] LEE C, ABDEL M. Presence of Passengers: Does it Increase or Reduce Driver's Crash Potential [J]. Accident Analysis & Prevention, 2008, 40(5): 1703-1712.

[38] LEE D N. A theory of visual control of braking based on information about time-to- collision [J]. Perception, 1976, 5 (4): 437 -459.

[39] LIU C C, HOSKING S G, LENNÉ M G. Predicting driver drowsiness using vehicle measures: Recent insights and future challenges[J]. 40(4): 239-245.

[40] MACK A, ROCK I. Inattentional blindness: MIT press Cambridge[M]. 1998.

[41] MC CULLOUGH, MICHAEL E, RACHAL K CHRIS, SANDAGE, STEVEN J. Interpersonal forgiving in close

relationships: II. Theoretical elaboration and measurement[J]. Journal of Personality & Social Psychology, 75(6): 1586-1603.

[42] MELANIE J WHITE, LAUREN C CUNNINGHAM, KIRSTEEN TITCHENER. Young drivers' optimism bias for accident risk and driving skill: Accountability and insight experience manipulations[J]. Accident Analysis & Prevention, 2011(4): 1309-1315.

[43] NEWBY, ETHAN A, ROCK, IRVIN. Inattentional blindness as a function of proximity to the focus of attention[J]. Perception, 27(9): 1025-1040.

[44] NIKI HARRÉ. Risk Evaluation, Driving, and Adolescents: A Typology[J]. Developmental Review, 2000, 20(2): 206-226.

[45] NILSSON R. safe margin in the driver [D]. Uppsala: Uppsala University, 2001.

[46] NOORDZIJ, P C. The SWOV Institute for Road Safety Research, The Netherlands[J]. 1991, 19.

[47] ODENHEIMER G L, BEAUDET M, JETTE A M, et al. Performance-based driving evaluation of the elderly driver: safety, reliability, and validity. [J]. J Gerontol, 1994, 49(4): M153.

[48] ONAYGIL S, ÖNDER GÜLER, ERKIN E. Determination of the effects of structural properties on tunnel lighting with examples from Turkey[J]. 2003, 18(1): 85-91.

[49] OU Y K, LIU Y C, SHIH F Y. Risk prediction model for

drivers' in-vehicle activities application of task analysis and back propagation neural network [J]. Transportation Research Part F: Traffic Psychology and Behavior, 2013, 18 (2): 83-93.

[50] ÖZKAN T, LAJUNEN T. A new addition to DBQ: positive driver behaviours scale. Transp. Res. Part F Traffic Psychol. Behav. 8(4–5), 355–368.

[51] PIERLUIGI CORDELLIERI, STEFANO SDOIA, FABIO FERLAZZO, et al. Driving attitudes, behaviours, risk perception and risk concern among young student car-drivers, motorcyclists and pedestrians in various EU countries[J]. Transportatio.

[52] PUNZO, VINCENZO, MONTANINO, et al. Global sensitivity analysis techniques to simplify the calibration of traffic simulation models. Methodology and application to the IDM car-following model[J]. Iet Intelligent Transport Systems, 8(5): 4.

[53] RANNEY T A. Psychological factors that influence car-following and car-following model development[J]. Transportation Research. Part F: Traffic Psychology and Behaviour, 1999, 2(4): 0-219.

[54] REASON J, MANSTEAD A, STRADLING S, et al. Errors and violations on the roads: a real distinction?[J]. Ergonomics, 1990, 33(10-11): 1315-1332.

[55] RICHTER B. Driving Simulator Studies: The Influence of

Vehicle Parameters on Safety in Critical Situations[J]. SAE Technical Paper, Number 741105, 1974.

[56] SAIPRASERT C, PATTARA-ATIKOM W. Smartphone Enabled Dangerous Driving Report System: System Sciences (HICSS), 2013 46th Hawaii International Conference on[C], 2013.

[57] SALVUCCI D D. Predicting the effects of in-car interface use on driver performance: An integrated model approach[J]. International Journal of Human-Computer Studies, 2001, 55(1): 85-107.

[58] SHINAR D, COMPTON R. Aggressive Driving: An Observational Study of Driver, Vehicle, and Situational Variables [J]. Accident Analysis & Prevention, 2004, 36(3): 429-437.

[59] Slob J J. State- of-the-Art Driving Simulators, a Literature Survey[R]. Eindhoven: DCT Report, 2008, 107: 6-7.

[60] SUMALA H. Risk control is not risk adjustment: the zero risk theory of driver behavior and its implication[J]: Ergonomics, 1988, 31(4): 491 -506.

[61] TAUBMAN-BEN-ARI O, MIKULINCER M, GILLATH O. The Multidimensional Driving Style Inventory Scale Construct and Validation[J]. Accident Analysis & Prevention, 2004, 36(3): 323-332.

[62] TAUBMAN-BEN-ARI O. Couple Similarity for Driving style[J]. Transportation Research Part F: Traffic Psychology

and Behaviour, 2006, 9(3): 185-193.

[63] PAUL B HARRIS, JOHN M HOUSTON, JOSE A VAZQUEZ, et al. The Prosocial and Aggressive Driving Inventory (PADI): A self-report measure of safe and unsafe driving behaviors. Rollins College, Unite.

[64] VAN W W, DE W D, BROOKHUIS K A. Lane change manoeuvre and safety margins[J]. Transportation Research Part F: Traffic Psychology and Behavior, 1999, 2(3): 139-149.

[65] WELK A K, CREAGER J H GILLAN, D J. I Was Blind but Now I See: A Manipulation of Task Relevance on Inattentional Blindness[J]. Proceedings of the Human Factors & Ergonomics Society Annual Meeting, 58(1): 1934-1938.

[66] WENHUI CHU, CHAOZHONG WU, CHARLES ATOMBO, et al. Traffic climate, driver behaviour, and accidents involvement in China, Accident Analysis & Prevention Volume 122, January 2019, Pages 119-126.

[67] WILDE G J S. A theory of risk homeostasis: implications for safety and health[J]. Risk Analysis, 2006, 2(4): 209-225.

[68] YANLI M, BAOYU H, CHING-YAO C, et al. Distractions intervention strategies for in-vehicle secondary tasks: An on-road test assessment of driving task demand based on real-time traffic environment[J]. Transportation Research Part D: Transport and Enviro

[69] 白海峰. 人格与风险态度对风险驾驶行为的预测力研究[M]. 2006.

[70] 包叙定. “十三五”城轨交通发展形势补充报告[J]. 城市轨道交通，2017（1）：15-23.

[71] 鲍培明. 距离寻优中 Dijkstra 算法的优化[J]. 计算机研究与发展，2001，38（3）：307-311.

[72] 贝钰莹，夏道华，唐阳山，黄贤丞，李栋梁. 考虑制动反应时间的汽车安全距离研究[J]. 河北农机，2016（02）：39+41.

[73] 交通运输编辑部. 道路交通安全违法行为记分分值[J]. 交通与运输，2013，29（01）：47-48.

[74] 卜凡亮. 驾驶人个性心理特征与交通安全[J]. 山东农机化，2006（6）：24-24.

[75] 卜伶俐. 城市道路灯光照明对行车安全的影响[D]. 西南交通大学，2013.

[76] 蔡果. 道路交通安全意识新理念[J]. 人类工效学，2002，8（2）：50-52.

[77] 蔡秋塘，黄星. 浅谈标识行业术语（一）[J]. 广告大观（标识版）（2）：42-45.

[78] 蔡奕元. 浅谈道路设计中的美学理念[J]. 建材与装饰（中旬刊），2007（08）：63-64.

[79] 曹凌峰，潘东来. 城市交通工程设计中应体现的人文关怀[J]. 城市道桥与防洪，2011（05）：15-17+237.

[80] 曹伟国，秦立斌，刘西刚. 疲劳驾驶与交通事故[J]. 北京

汽车，2006（4）：48-49.

[81] 曹晓航. GPS 车载导航系统技术趋势浅析[J]. 现代测绘，2006，29（1）：14-17.

[82] 曹新涛，泮俊，胡江碧. 基于驾驶工作负荷的心生理指标研究[J]. 公路交通科技（应用技术版），2011，7（06）：264-267.

[83] 曹兴举. 汽车在高速公路上爆胎原因及防治措施[J]. 交通科技与经济，2008（02）：56-57.

[84] 曹贞海. 稳定的情绪与安全驾驶[J]. 交通世界，1998（2）：27-27.

[85] 曾丽燕，张晶，赵天天，罗来平. 基于实时路况数据的潮汐交通路段提取[J]. 地理空间信息，2017，15（03）：87-89+92+12.

[86] 曾松，杨晓光. 驾驶员信息系统运行初期的信息提供策略[J]. 城市轨道交通研究，2000（02）：33-37.

[87] 柴梦娜，刘元盛，任丽军. 无人驾驶车辆路径跟踪控制方法的研究与发展[C]// 中国计算机用户协会网络应用分会2018 年第二十二届网络新技术与应用年会. 0.

[88] 苌疆. 色觉与色盲[M]. 北京：人民卫生出版社，1989.

[89] 晁灿，方守恩，王俊骅. 眩光对交通标志视认性影响研究[J]. 上海公路，2010（01）：53-56.

[90] 陈艾荣，盛勇. 桥梁结构艺术：认识、创造与评价[C]// 全国桥梁学术会议. 2004.

[91] 陈程. 基于驾驶仿真的高速催眠研究[D]. 东南大学，2016.

[92] 陈福阵. 解读《中华人民共和国道路交通安全法》[J]. 发展研究. 2005（10）

[93] 陈河明，李硕，高岩，李渭饶. 信号交叉口期望交通延误模型及计算方法研究[J]. 交通运输系统工程与信息，2013，13（03）：170-177.

[94] 陈贺. 中国交通事故死亡状况及酒驾处罚对交通事故死亡率的影响[D]. 中国疾病预防控制中心，2017.

[95] 陈慧，徐建波. 智能汽车技术发展趋势[J]. 中国集成电路，2014，23（11）：64-70.

[96] 陈建明，曹永刚. 汽车电子安全技术的现状及其发展策略[J]. 价值工程，2013（01）：42-43.

[97] 陈健，高绍鑫，石满，张雪红. 机载多光谱数据的亮度梯度效应[J]. 遥感信息，2018，33（03）：1-6.

[98] 陈魁. 公路交通公害与控制对策初探[J]. 内蒙古科技与经济，2006（4）：70-72.

[99] 陈磊. 快速公交（BRT）在我国大城市的应用研究[D]. 西安建筑科技大学，2006.

[100] 陈林. 智能手机使用行为对驾驶可靠性的影响研究[D]. 重庆交通大学，2018.

[101] 陈柳晓，刘唐志，段萌萌. 基于视错觉的隧道入口减速景观设计[J]. 重庆交通大学学报（自然科学版），2018，37（01）：99-103.

[102] 陈美如，裴玉龙. 基于 CREAM 扩展法的信号交叉口驾驶差错概率预测[J]. 武汉理工大学学报（交通科学与工程

版），2017，41（03）：375-378+384.

[103] 陈明昊. 环境压力“脱钩”理论研究及其在北京交通运输业中的应用[J]. 环境与发展，2017（07）：242

[104] 陈涛，陈燕芹，邓刚，魏朗. 驾驶人行为模型的研究综述[J]. 长安大学学报（自然科学版），2016，36（02）：80-90+119.

[105] 陈兴帅. 城市汽车尾气排放污染及其防治对策[J]. 时代汽车，2018（10）：30-31.

[106] 陈雪梅，高利，魏中华，等. 驾驶员因素与交通事故率的关联性[J]. 北京工业大学学报，2007，33（7）：697-701.

[107] 姜华平. 减少交通事故人员伤亡损失的对策探讨[J]. 人类工效学，2004，10（2）：50-52.

[108] 陈燕申，张水凌. 美国城市轨道交通事故调查标准及启示[J]. 中国公共安全（学术版），2019（01）：1-6.

[109] 陈颖，刘浩学. 女性驾驶员应激反应能力研究[J]. 交通运输系统工程与信息，2012，12（03）：170-173.

[110] 陈跃峰. 绿色出行，从我做起——交通运输部派发《汽车节能驾驶手册》倡导“绿色驾驶”[J]. 公路交通科技（应用技术版），2010，6（06）：218.

[111] 陈志杰. 完善交通秩序，推进静态交通管理[J]. 才智，2019（04）：240.

[112] 程永陆. 内燃动车（组）的发展概况及在我国的开发和应用前景[J]. 铁道机车与动车，1996（4）：3-14.

[113] 崔琦. 西安市东三环道路绿化景观改造研究[D]. 西安建

筑科技大学，2016.
[114] 代天，李军. 路径识别和路径跟踪技术研究综述[J]. 装备机械，2018，166（04）：5-8+24.
[115] 戴翔宇. 音乐情感对驾驶员情绪的影响[D]. 浙江工业大学，2014.
[116] 戴旭东，曹海燕. 汽车设计中的人机工程学[J]. 汽车与驾驶维修：维修版，2017（4）：118-118.
[117] 党珊. 基于手机打车软件使用的驾驶分心行为研究[D]. 西南交通大学，2017.
[118] 王武宏等. 道路交通系统中驾驶行为理论与方法[M]. 北京：科学出版社，2001
[119] 邓军，保金华，陈浩等. 近视性离焦对静态视力和动态视力的影响[J]. 中华实验眼科杂志，2011，29（1）：78-81. DOI：10. 3760/cma. j. issn. 2095-0160. 2011. 01. 021.
[120] 邓龙军. 汽车电子制动力分配系统的仿真研究[D]. 长安大学，2011.
[121] 邓敏. 昭通市城市公交优先发展对策研究[J]. 山东农业工程学院学报，2018，35（10）：72-73.
[122] 邓明明，孙林岩，孙林辉，等. 煤矿工人异常心理、工作倦怠与事故倾性研究[J]. 人类工效学，2014，20（01）：26-30.
[123] 丁捷，杨殿阁，颜波，等. 汽车导航用电子地图的高效路网模型[J]. 汽车工程，2003（3）.
[124] 丁正林，高岩，陈涛，张爱红. 交通事故中汽车轮胎爆胎

分析[J]. 交通标准化，2009（23）：155-160.

[125] 丁芝华. 论校车交通安全的立法干预[J]. 重庆交通大学学报（社会科学版），2009，9（6）：18-21.

[126] 董皓，黄启翔，任迎钱. 基于出行诱导流程链的多级有轨电车出行诱导 APP 系统研究. 中国智能交通协会. 第十二届中国智能交通年会大会论文集[C]. 中国智能交通协会：中国智能交通协会，2017：7.

[127] 窦广波，宋熙，常若松. 人格对驾驶员危险知觉技能的影响[J]. 辽宁师范大学学报（社会科学版），2016，39（04）：46-50.

[128] 窦立勇，裴保纯. 驾驶安全一点通[M]. 化学工业出版社，2014：185.

[129] 杜心全. 公路街道化问题研究[J]. 交通企业管理，2009，24（01）：11-12.

[130] 段冀阳，李志忠. 风险驾驶行为影响因素的研究综述[J]. 人类工效学，2013，19（02）：86-91.

[131] 对社会性交通环境的观察与判断[J]. 湖南农机，2002（2）：10-10.

[132] 樊变兰，范改萍，李青，等. 音乐减压疗法减轻临床护士工作压力效果分析[J]. 护理研究，2008，22（33）：3087-3088.

[133] 范腾飞. 面向色觉异常人群的交通信号识别解决方案研究[D]. 西南交通大学，2014.

[134] 方步云，张满华. 道路生态护坡技术探讨[J]. 山西建筑，

2009，35（23）：282-284.
[135] 方芳. 论当代中国城市道路通行权[D]. 吉林大学，2017.
[136] 方卫宁，俞武强，郭北苑. 夜间机车驾驶环境中 LCD 眩光的分析与评价[J]. 北方交通大学学报，2003（04）：65-68.
[137] 方禹，徐琳，孙梅梅. 驾驶心智游移的实车研究[J]. 黑龙江科技信息，2017（11）：142.
[138] 冯雅. 基于流动景观的高速公路视觉感官体验与生态记忆美学[J]. 绿色科技，2018（01）：155-156+159.
[139] 付坤. 基于驾驶员与道路环境因素的驾驶行为差错数学分析[D]. 吉林大学，2013.
[140] 付梦印，李杰，邓志红，等. 一种适于车辆导航系统的快速地图匹配算法[J]. 北京理工大学学报，2005（3）.
[141] 付梦印，李杰，邓志红. 限制搜索区域的距离最短路径规划算法[J]. 北京理工大学学报，2004（10）.
[142] 付饶. “驾驶适宜性”不妨纳入驾培考核[N]. 中国交通报，2015-06-11（008）.
[143] 付锐，张雅丽，袁伟. 生态驾驶研究现状及展望[J]. 中国公路学报，2019，32（03）：1-12.
[144] 傅佳伟，石立臣，吕宝粮. 基于 EEG 的警觉度分析与估计研究综述[J]. 中国生物医学工程学报，2009，28（04）：589-596.
[145] 高柏，李国武，甄志宏. 中国高铁创新体系研究[M]. 2016.
[146] 高惠民. 汽车自适应巡行系统解析[J]. 汽车维护与修理，

2013（09）：68-71.

[147] 高明霞，贺国光. 考虑交叉口特性的疏散交通路线研究[J]. 土木工程学报，2007，40（6）：80-83.

[148] 高伟江. 基于视频技术的交通标线视觉评价方法的研究[D]. 长安大学，2008.

[149] 高玉冰. 关注驾驶人群视力保护刻不容缓——厦门诗龙光学举办“驾驶人群视力保护”讲座[J]. 中国眼镜科技杂志，2018（07）：43.

[150] 葛安林，任金东，黄金陵，等. 汽车视野设计原理和方法研究[J]. 机械工程学报，2002（04）：148-151.

[151] 葛敬芳，戚春华，朱守林，杨锋，张贵满. 草原公路线形诱导标志对驾驶员视觉特性影响的实验研究[J]. 交通信息与安全，2016，34（05）：46-52.

[152] 葛睿，董昱，吕跃春. 欧洲“11. 4”大停电事故分析及对我国电网运行工作的启示[J]. 电网技术，2007（03）：1-6.

[153] 耿志民，季令. 城市交通拥挤问题探讨[J]. 铁道运输与经济，2006（2）.

[154] 龚标，赵斌. 我国道路交通安全规划基本框架研究[J]. 中国安全科学学报，2006，16（4）：19.

[155] 龚昌旦.《道路交通安全法》立法后评估制度初探[D]. 山东大学，2009.

[156] 龚思远. 车路协同跟车辅助下的驾驶员跟驰行为研究[D]. 吉林大学，2013.

[157] 巩利平. 道路交通事故中人的因素分析[J]. 吕梁教育学

院学报，2006（2）：11-13.

[158] 谷江. 减小驾驶员视线死角的技术方案“TBZM”. 军民两用技术与产品，2007（5）：10-10.

[159] 谷燕如，黄忠朝. 车道检测与偏离预警系统研究综述[J]. 时代农机，2018，45（03）：24-27.

[160] 顾恺颉. 交通事故的心理诱因——个性和情绪[J]. 家庭医学：新健康，2010（1）：46-46.

[161] 顾力刚，韩福荣. 不同类型显示器及其表示方式对视觉疲劳的影响[J]. 北京工业大学学报，2000，26（2）：64-67.

[162] 顾杨. 浅谈中心城区静态交通规划思路——以徐汇区为例[J]. 交通与港航，2018，5（03）：78-82.

[163] 官阳. 安全视距应该成为道路安全管理的基础共识[J]. 汽车与安全，2017（9）：82-87.

[164] 官阳. 所罗门曲线对车速控制的启示——重温人类研究车速与事故量化关系的起点[J]. 汽车与安全，2017（5）：70-72.

[165] 管满泉，龚巧娜. 基于灰色聚类法的工程车驾驶员肇事倾向性分析[J]. 公路，2017（11）：182-187.

[166] 郭帆. 园林景观流动空间研究[D]. 中国林业科学研究院，2015.

[167] 郭广照. 机动车尾气污染分析与防治策略[J]. 能源与环保，2018，40（11）：79-81.

[168] 郭晗. 北斗应用成效显著，国际合作稳步推进——《北斗卫星导航系统发展报告（3. 0 版）》发布[J]. 卫星应用，

2019（01）：24-27.

[169] 郭健忠，龚长超，李鲜卓，等. 基于夜间会车防眩目系统的控制方法研究[J]. 汽车工程学报，2016，6（1）：56-60.

[170] 郭力玮，郭彬杰，郑海兵. 车辆跟驰行为研究综述[J]. 山西建筑，2018，v. 44（21）：36-38.

[171] 郭瑞华，孙翰林，胡玢，黄燕娣，宋媛媛. 汽车内饰材料与车内空气污染[J]. 汽车零部件，2018（11）：94-99.

[172] 郭双，孙龙，常若松. 驾驶员情绪状态量表的编制[J]. 中国健康心理学杂志，2014（6）：893-894.

[173] 郭伟力，何存道，葛旭海，等. 卡车驾驶员的深度知觉研究[J]. 人类工效学，1999（3）：10-13.

[174] 郭毅. 市场营销学原理[M]. 北京：电子工业出版社，2008.

[175] 郭应时，马勇，付锐，孟妮，袁伟. 汽车驾驶人驾驶经验对注视行为特性的影响[J]. 交通运输工程学报，2012，12（05）：91-99.

[176] 郭应时，王畅，付锐，袁伟，于鹏程. 城市道路环境中驾驶人应激响应时间特性[J]. 中国公路学报，2013，26（06）：135-142.

[177] 郭应时. 交通环境及驾驶经验对驾驶员眼动和工作负荷影响的研究[D]. 长安大学，2009.

[178] 郭志立. 心理学视域下幽闭恐惧症的防御策略和治疗方法[J]. 河南机电高等专科学校学报，2014，22（03）：63-65.

[179] 郭孜政. 驾驶行为险态辨识理论与方法[D]. 西南交通大学，2009.

[180] 过年生. 视觉影响与道路安全设计[J]. 中外公路，2009，29（05）：283-286.

[181] 过廷献，侯志远. 浅谈公路隧道的照明问题[J]. 河南交通科技，1996（5）：40-44.

[182] 韩宝明，金天凤，方恒堃，等. 中国城市轨道交通系统多制式发展综述[J]. 都市快轨交通，2018（1）：45-50.

[183] 韩松，刘晓平，赵云龙，等. 全方位自动导引车的导航与控制系统研究[J]. 电子机械工程，2018，34（06）：64-68.

[184] 韩玉昌. 汽车驾驶员的反应时间检测及其数学处理方法[J]. 心理科学，1997，20.

[185] 撖芃芃. 一种动态视力检测装置[J]. 长春工业大学学报，2015，36（05）：503-507.

[186] 郝静涛，陈先桥，初秀民. 低能见度驾驶员视觉主动增强系统设计[J]. 交通信息与安全，2006（5）.

[187] 何桂发. 浅谈汽车驾驶盲区与行车安全[J]. 科技信息，2011（24）：157.

[188] 何健安. 城市道路交通分析与交通工程设计技术研究[J]. 中国高新技术企业，2017（10）：133-134.

[189] 何威，马晓光，等. 儿童安全座椅：让交通事故中的儿童更安全[J]. 中华急诊医学杂志，2009（6）.

[190] 贺平. 汽车防眩目技术研究[D]. 湖南：湖南大学，2005.

[191] 洪毓锋，李军求，孙超. 新能源汽车的智能化发展与趋势[J]. 汽车文摘，2019（08）：14-21.

[192] 洪长林，王亚俊. 何谓驾驶员信息系统[J]. 汽车运用，

2000（12）：22.

[193] 洪震. LED显示屏主要参数与人眼视觉特性的关系[J]. 现代显示，2004（2）：48-49.

[194] 侯汉平. 驾驶员个体可靠性数学模型分析[J]. 陕西工学院学报，1995（01）：67-71.

[195] 侯健，张淑东，张文才. 浅析城市道路行人交通安全意识问题[J]. 现代交际，2013（12）：13.

[196] 侯杉杉. 化工园区整体风险研究及事故后果预测[D]. 兰州理工大学，2014.

[197] 胡爱军，王朝晖. 汽车主动安全技术[J]. 机械设计与制造，2010（7）：97-99.

[198] 胡峰，黄伟. 基于“出行即服务”理念的城市公共交通系统变革[J]. 规划师，2018，34（11）：101-107.

[199] 胡红，刘小明，杨孝宽. 基于最小安全间距的应急交通疏散车辆跟驰模型[J]. 北京工业大学学报，2007（10）：68-72.

[200] 胡家兴，陈燕，张立东，等. 信号灯作用下的车辆跟驰行为研究[J]. 计算机与数字工程，2008（12）：68-71.

[201] 胡江碧，李安，王维利. 不同天气状况下驾驶员驾驶工作负荷分析[J]. 北京工业大学学报，2011，37（04）：529-532+540.

[202] 胡立伟，孙亚南，祁首铭，等. 公路行车驾驶失误率计算方法及其简化研究[J]. 中国公路学报，2014，27（11）：101-112.

[203] 胡敏. 基于视觉的驾驶员注意力检测与判别研究[D]. 湖南大学，2018.

[204] 胡人太. 了解人体生物节律确保常年安全行车[J]. 农业开发与装备，1996（1）：8.

[205] 胡文胜. 汽车安全气囊发展综述[J]. 上海汽车，1994（1）：16-19.

[206] 胡馨月. 公路隧道照明对驾驶员动态视觉影响研究[D]. 长安大学，2018.

[207] 胡瑜. 汽车防碰撞系统的应用与研究[J]. 机械工程与自动化，2010（4）：214-216.

[208] 胡云峰，曲婷，刘俊，等. 智能汽车人机协同控制的研究现状与展望[J]. 自动化学报，2019，45（07）：1261-1280.

[209] 花伟，梅吉祥. 动车组运用的研究进展及现状[J]. 中国铁路，2017（2）.

[210] 化雪荟，冯欣悦，陈文凤. 基于 Linux 操作系统的智能交通实时信息发布系统设计[J]. 机电工程技术，2018，47（07）：53-54.

[211] 黄斐，邹忠义，谢光旺. 基于 AHP 和因子分析法的驾驶倾向性评价体系研究[J]. 中国市场，2018（21）：67-69+75.

[212] 黄果. 基于地域文化特色的城市道路景观研究[D]. 中南林业科技大学，2013.

[213] 黄合来，许鹏鹏，马明，等. 道路交通安全规划理论研究前沿[J]. 中国公路学报，2014，27（9）.

[214] 黄丽宇. 基于泊位短时预测的停车换乘路径优选研究[D].

西南交通大学，2018.
[215] 黄妙华，朱祝英. 汽车车速自动控制系统[J]. 汽车电器，1997（04）：5-6.
[216] 黄宁军，张明君. 汽车安全带，安全气囊的新发展[J]. 汽车科技，2001（03）：17-19.
[217] 黄宁军. 发展中的汽车主动安全技术[J]. 汽车工业研究，2000（5）.
[218] 黄宁军. 质变中的汽车主动安全技术[J]. 上海汽车，2001（3）：6-9.
[219] 黄荣贵，赵炳强，李剑. 我国驾驶适应性检测的现状与发展对策分析[J]. 交通标准化，2004（12）：75-78.
[220] 黄伟梧，苏鹏山. 驾驶习惯与驾驶安全[J]. 现代职业安全，2008（12）：102-104.
[221] 黄文杰. LED 光源色貌及不适眩光研究[D]. 浙江大学，2017.
[222] 黄希庭，郑勇. 心理学导论[M]. 北京：人民教育出版社，2015.
[223] 黄徐姝，罗跃嘉. 情绪调节方法的分类和效果[J]. 中国临床心理学杂志，2010，18（4）：526-529.
[224] 黄旭成. 道路养护作业区交通延误分析[J]. 西部交通科技，2018（09）：162-165.
[225] 黄远为. 公路街道化问题之思考[J]. 湖南交通科技，2007（03）：60-62.
[226] 黄占鳌，史晋芳. 多特征融合的驾驶员疲劳检测研究[J].

机械科学与技术，2018，37（11）：1750-1754.

[227] 机动车驾驶证申领和使用规定[J]. 司法业务文选，（36）：4-30.

[228] 姬瓅瓅. 绷紧安全驾驶这根生命之弦[J]. 交通世界（运输.车辆），2011（07）：50-55.

[229] 季永青. 实现“无人驾驶台”的可行性分析[J]. 浙江交通职业技术学院学报，2002，3（4）：31-33.

[230] 冀秉魁. 基于驾驶员视觉特性的驾驶行为预测方法研究[D]. 吉林大学 2014

[231] 贾洪飞，司银霞，唐明. 基于认知心理学的驾驶员信息加工模式研究[J]. 中国安全科学学报，2006（01）：22-25+145.

[232] 贾金龙. 交通工程设计原理在初步设计评审中的运用分析[J]. 山西建筑，2016，42（02）：135-136.

[233] 贾小团. 基于视觉参照系重构的高速公路长隧道照明设置[J]. 中国设备工程，2019（08）：156-157.

[234] 贾雄文，章国鹏，夏亮. 道路环境对双责事故受伤严重程度影响分析[J]. 交通运输工程与信息学报，2018，16（01）：100-105.

[235] 姜桂艳，闫赫，李琦，等. 基于悉尼协调自适应交通控制系统线圈数据的交通事件自动检测算法[J]. 吉林大学学报（工学版），2012，42（03）：575-580.

[236] 姜华平. 道路交通事故预测模型的构建与应用[J]. 山东交通学院学报，2003，11（1）：35-38.

[237] 姜军. 驾驶经验和气质类型对驾驶行为的影响分析[J]. 交通信息与安全，2015.

[238] 姜卫国. 风景园林绿化设计中景观序列与景观节点的构建[J]. 城市建设理论研究，2018（26）：184.

[239] 姜文龙. 城市交通秩序管理策略与方法研究[J]. 中国人民公安大学学报（自然科学版），2017，23（01）：67-70.

[240] 姜毅，王路，尹锦明. 中等城市公共交通优先发展的策略研究——以泰州市为例[J]. 交通运输工程与信息学报，2019，17（01）：117-121+146.

[241] 蒋丽，李永娟，马峻峰. 不安全驾驶行为及其影响因素[J]. 人类工效学，2011，17（02）：85-88.

[242] 交通运输部办公厅发布《道路运输突发事件应急预案》[J]. 中国应急管理，2018（04）：29-33.

[243] 解业达. 影响驾驶员心理预期的道路设计突出要素研究[D]. 陕西师范大学，2008.

[244] 金会庆，陈山荣. 驾驶员个性与事故倾向研究概况[J]. 应用心理学，1994（01）：47-50.

[245] 金会庆，余皖生，张树林，等. 机动车驾驶员身体素质条件及测评指标的研究[J]. 人类工效学，2001，7（3）：1-7+69.

[246] 金键. 驾驶员夜间视力与行车安全研究[J]. 西南交通大学学报，2000（02）：201-203.

[247] 金立生，李科勇，咸化彩，高琳琳. 次任务驾驶对行车安全性影响研究综述[J]. 交通信息与安全，2014，32（05）：

7-12+19.

[248] 金艳秋. 基于模拟实验的驾驶员期望车速模型研究[D]. 昆明理工大学，2009.

[249] 金勇，刘岩. 环形交叉口入口道车辆跟驰行为研究[J]. 大连交通大学学报，2012（01）：11-14.

[250] 金治富. 交通心理学[M]. 中国人民公安大学出版社，2003.

[251] 靳冰凌，张震，张子耀. 基于视觉的驾驶员疲劳特征提取方法[J]. 计算机技术与发展，2018，28（11）：193-197.

[252] 景有荣，李捷，等. 道路交通安全评价综述[J]. 科技传播，2013（22）.

[253] 坎特威茨，罗迪格，埃尔姆斯. 实验心理学[M]. 9 版. 华东师范大学出版社，2010.

[254] 孔宪章，刘雪芬，陈晓. 行走的心理误区[J]. 安全与健康，2003（12）：52-52.

[255] 寇学智. 汽车驾驶员心理训练研究[J]. 公路交通科技，1998（02）：63-66.

[256] 拉佩兹，DANIEL. 科学技术百科全书（第二十六卷）机械工程学[M]. 科学出版社，1994.

[257] 赖冠华. 格栅阵列防眩光技术与应用[D]. 深圳大学，2016.

[258] 兰立鑫，干宏程. 停车换乘的出行行为选择分析——以上海市早高峰出行为例[J]. 物流科技，2018，41（07）：79-82+96.

[259] 雷莲桂. 公交专用道对道路交通的影响[D]. 北京交通大学，2008.

[260] 雷宇. 驾驶员教育存在的问题和改革之路[J]. 中国新技术新产品，2010（21）：229.

[261] 雷正保，钟志华. 汽车被动安全性研究中的几个问题及对策[J]. 湖南大学学报：自然科学版，1999，26（1）.

[262] 李聪. 地图匹配算法设计与实现[D]. 北京交通大学，2011.

[263] 李德海. 安全带系统的现状及其发展趋势[J]. 汽车维修与保养，2000（2）：51-53.

[264] 李番. 基于视频技术的车辆违章记录仪[D]. 华中科技大学，2004.

[265] 李芾，安琪，等. 国内外高速动车组的发展[J]. 电力机车与城轨车辆，2007，30（5）：1-5.

[266] 李凤芝，李昌吉，龙云芳，等. 汽车驾驶员攻击性驾驶行为的心理因素分析[J]. 四川大学学报（医学版），2004，35（4）：568-570.

[267] 李钢. 有效预防城市公交驾驶员急性疲劳驾驶[J]. 科技展望，2017（8）.

[268] 李桂园. 机车驾驶员心理负荷模拟实验研究[D]. 北京:北京交通大学，2006.

[269] 李涵. 组团城市出行分布模型优化研究[D]. 重庆交通大学，2012.

[270] 李惠彬. 汽车设计中的人机工程学[M]. 北京：机械工业

出版社，2014.

[271] 李建国. 驾驶员动态视野与行车安全可靠度[J]. 汽车与驾驶维修（维修版），2018（05）：107.

[272] 李捷，张冠鸣，何永明. 行人交通安全警示系统研究[J]. 交通科技，2018，No. 289（04）：145-148.

[273] 李娟，邵春福. 基于 BP 神经网络的交通事故预测模型[J]. 交通信息与安全，2006（2）.

[274] 李坤，李华文. 基于地磁检测的无线车辆信息采集系统的设计[J]. 电子世界，2014（11）：24.

[275] 李黎辉. 城市公共交通可持续发展问题研究[D]. 长安大学，2005.

[276] 李良，何江华，张恬，姜斌. 高速公路景观对驾驶人操作表现和心理健康的影响[J]. 南方建筑，2018（03）：30-33.

[277] 李冕，李惠东. 文化印迹理念在高速公路人文景观规划中的应用与价值[J]. 美术大观，2019（04）：142-143.

[278] 李鹏飞，赵长石，曹更永. 基于交通心理学的交通安全策略[J]. 现代交通技术，2008（05）：69-72.

[279] 李强，付青姐，李明春，逄苗苗，谭潇. 国内外药物对驾驶的影响研究进展[J]. 中国药学杂志，2013，48（10）：759-762.

[280] 李树栋. 道路交通事故鉴定案例分析：四川省第十二届汽车学术年会[C]. 成都，2015.

[281] 李思琪，伦艺宁，刘一凡，等. 基于事故树分析法的营运客车翻车事故分析[J]. 价值工程，2019（09）：63-65.

[282] 李涛，王立晓，左志. 基于极限学习机的交通事故严重程度预测[J]. 交通科技与经济，2018，20（05）：6-11.

[283] 李腾龙. 车联网环境下跟驰行为建模及交通流稳定性分析[D]. 长安大学，2017.

[284] 李为为，唐祯敏. 地铁运营事故分析及其对策研究[J]. 中国安全科学学报，2004（06）：108-111.

[285] 李伟东. 石化企业环境风险评价与安全评价的相关性研究[D]. 中国石油大学，2007.

[286] 李文彬，霍光青. 人机系统中的颜色编码[J]. 北京林业大学学报，1994（02）：64-68.

[287] 李文娜. 主动防撞预警系统概述[J]. 时代汽车，2018，No.296（05）：31-32.

[288] 李显生，付坤. 驾驶员生理状态对驾驶行为差错的影响[J]. 吉林大学学报（工学），2012，42（S1）：161-165.

[289] 李小社. 汽车驾驶员视野拓展系统的设计与实现[J]. 数码设计，2018，（4）：187-188.

[290] 李晓梦. 基于驾驶模拟实验的典型不利因素对驾驶行为表现的影响研究[D]. 北京交通大学，2016.

[291] 李新建. 从交通期望线论我国历史城市保护中的新区发展空间结构问题[J]. 城市规划学刊，2013（04）：49-53.

[292] 李鑫磊. 基于车辆行驶仿真的道路线形安全评价研究[D]. 山东建筑大学，2016.

[293] 李秀丽，焦海贤，黄婷，刘伟. 基于驾驶适应性和人因工程的事故预防对策[J]. 重庆交通大学学报（自然科学版），

2008（04）：622-625.

[294] 李岩辉. 城市轨道交通发展与城市人口变迁特征相关性研究[J]. 铁道标准设计：1-7.

[295] 李艳春，于海辰. 大货车驾驶员交通心理与交通安全的研究[J]. 中国安全科学学报，2006（10）.

[296] 李阳，郑华兵，史册，冯煜. 安全驾驶中驾驶员视线方向的检测研究[J]. 计算机测量与控制，2010，18（04）：766-769.

[297] 李毅. 论驾驶员驾驶中的感觉意识[J]. 哈尔滨学院学报（教育），2001（05）：139-140.

[298] 李永芳. 浅谈驾驶人视觉特性与道路交通安全[J]. 中小企业管理与科技（上旬刊），2010（3）：256-256.

[299] 李玉琴，邵祖峰. 基于职业生命周期的驾驶员多维安全教育策略探讨[J]. 上海公安高等专科学校学报，2013，23（01）：52-57.

[300] 李元臣，刘维群. 基于 Dijkstra 算法的网络最短路径分析[J]. 微计算机应用，2004，25（3）：295-298.

[301] 李媛媛，周伟，王元庆. 城市公共交通发展模式的确定方法[J]. 交通运输系统工程与信息，2005，5（3）：41-45.

[302] 李云. 护理干预对幽闭恐惧症来访者在磁共振检查中的影响[J]. 中国社区医师 （医学专业），2011，（17）.

[303] 李照，舒志兵. 基于 DSP 的驾驶员疲劳实时预警系统设计[J]. 控制工程，2019，26（01）：92-98.

[304] 李正阳. 中间视觉下驾驶员视觉疲劳的道路照明色度学

研究[D]. 深圳大学，2017.

[305] 李政. 道路交通安全评价研究[D]. 长安大学，2001.

[306] 李智安. 车辆防追尾碰撞安全系统[J]. 汽车工程师（11）: 35-38.

[307] 李忠东. 波特兰——对自行车最友好城市[J]. 世界文化，2017（3）.

[308] 栗红强. 城市交通控制信号配时参数优化方法研究[D]. 吉林大学，2004.

[309] 栗继祖，王茜. 色彩认知与安全生产[J]. 现代职业安全，2017（7）: 99-101.

[310] 连永光，陈风月，李曾. 关于车门开启瞬间防撞预警系统的研究[J]. 农家参谋，2018（17）: 229.

[311] 梁超，陈晓晨，常若松. 驾驶决策的研究现状与展望[J]. 心理科学，2014，37（04）: 862-866.

[312] 梁超，陈晓晨. 驾驶员情绪状态对驾驶决策的 Logistic 回归分析[J]. 中国健康心理学杂志，2014，22（08）: 1216-1218.

[313] 梁敏. 交通事故重症患者出院后心理变化调查分析[J]. 现代诊断与治疗，2014，25（08）: 1833-1834.

[314] 梁晔，高楠. 静态交通大数据系统下智慧停车平台创新与应用探究[J]. 黑龙江科学，2019，10（06）: 110-111.

[315] 梁云. 公路路线方案合理性研究[J]. 黑龙江交通科技，2015，38（02）: 41+43.

[316] 廖传锦，秦小虎，黄席樾. 以人为中心的汽车主动安全技

术综述[J]. 计算机仿真，2004（9）.

[317] 廖明军，王凯英. 高速公路：中国质检出版社，2013. 10.

[318] 林崇德. 心理学大辞典[M]. 上海教育出版社，2003.

[319] 林启万，冯桑，黄超. “攻击性驾驶行为”的成因和预防[J]. 北京汽车，2012（06）：43-44+48.

[320] 林树坚. 道路照明失能眩光的评价及测试方法[J]. 中国照明电器，2017（05）：42-44.

[321] 林松. 驾驶员与乘客心理学[M]. 中国物资出版社，2011.

[322] 林维奇，陈启杰. 关于新能源汽车的文献综述[J]. 特区经济，2012（11）：287-290.

[323] 林逸，郭九大. 汽车被动安全性研究综述[J]. 汽车工程，1998（1）.

[324] 林瑛. 高速公路环境设计中景观与生态、文化的整合研究初探[J]. 江南大学学报（人文社会科学版），2006，5（1）：124-128.

[325] 林泽婷，雷珲倩，李丽萍. 短期教育干预与实践干预对提升儿童安全座椅认知水平的研究[J]. 伤害医学（电子版），2019，8（01）：29-35.

[326] 刘滨谊，王敏. 城市道路景观规划设计的系统整合[J]. 新建筑，2005（02）：6-9.

[327] 刘灿，杨继昌. 大型双层城市客车的驾驶员后视野校核[J]. 安徽科技，2018（09）：51-52.

[328] 刘栋栋，刘金亮，张远青. 基于从众心理影响的交通枢纽人员疏散[J]. 消防科学与技术，2011，30（10）：889-893.

[329] 刘海峰，许澍翔，李维宁，等. 部队人员立体视觉的调查与分析[J]. 解放军医学杂志，2001（06）：456-457.
[330] 刘浩学，刘嘉，赵炜华，等. 公路视错觉减速标线参数优化[J]. 长安大学学报（自然科学版），2011，31（06）：77-81.
[331] 刘虹，郭静秋. 色觉研究的进展[J]. 中国斜视与小儿眼科杂志，2002，10（2）：89-92.
[332] 刘惠艳. GPS车载导航系统研究[D]. 中国石油大学，2007.
[333] 刘惠勇. 羽毛球锻炼对反应时及 stroop 效应的影响研究[D].
[334] 刘家玮. 道路交通环境对交通安全的影响及解决对策分析[J]. 中国管理信息化，2017，20（18）：207-208.
[335] 刘金凤. 我国刑法紧急避险的限度条件再探讨——以命换命的行为性质[J]. 法制博览，2016（03）：14-16.
[336] 刘晶，孙龙. 驾驶员决策风格对驾驶风格的影响[J]. 人类工效学，2015，21（04）：18-21.
[337] 刘静. 交通美学：杭州城市建设新理念[J]. 观察与思考，2009（05）：46-47.
[338] 刘军民，李倩. 影响交通安全的行车视距分析[J]. 交通与运输，1999（5）：36-36.
[339] 刘锴，贾洁，刘超，等. 车路协同环境下道路无信号交叉口防碰撞系统警示效果[J]. 中国公路学报，2018，176（04）：226-234.
[340] 刘蕾. 我国驾驶适宜性检测的应用现状及发展建议[J]. 天津职业院校联合学报，2017，19（02）：95-98+103.

[341] 刘萌. 驾驶员心理素质培养与道路交通安全分析[J]. 智能城市，2017，3（04）：129.

[342] 刘硕，刘文超. 单眼视力障碍者机动车驾驶安全性与可行性研究[J]. 汽车与安全，2015（11）：84-87.

[343] 刘天祥，张志刚. 汽车驾驶模拟训练问题研究[J]. 军事交通学院学报，2012，14（7）：26-29+34.

[344] 刘翔翔，李丽萍. 儿童安全座椅研究进展[J]. 伤害医学（电子版），2014，3（3）：35-42.

[345] 刘向阳，周淼，郭腾峰. 公路行车视距分析与验证[J]. 中国公路学报，2010，23（S2）：36-41.

[346] 刘肖咏. 浅谈驾驶员的心理因素与安全行车[J]. 铁道警官高等专科学校学报，2003（01）：102-104.

[347] 刘小明，何忠贺. 城市智能交通系统技术发展现状及趋势[J]. 自动化博览，2015（01）：58-60.

[348] 刘小明，石建军，陈艳艳. 交通行为学[M]. 科学出版社. 2017

[349] 刘小明，胡红. 应急交通疏散研究现状与展望[J]. 交通运输工程学报，2008（3）.

[350] 刘新建. 自走式智能护栏在“潮汐”交通中的应用[J]. 工程建设与设计，2016（07）：121-123.

[351] 刘鑫民. 车内污染物的分析评价及净化研究[D]. 哈尔滨工业大学，2015.

[352] 刘叙富，李景文.“公路美学”在养护工作中的应用[J]. 公路，1988（1）：29-32.

[353] 刘雁飞，吴朝晖. 驾驶 ACT-R 认知行为建模[J]. 浙江大学学报（工学版），2006（10）：1657-1662.

[354] 刘英杰，赵又群，陈雪梅. 汽车紧急避让情况下驾驶员心理负荷的研究[J]. 汽车工程，2015，37（09）：1089-1094.

[355] 刘勇，吴金凯. 交通违章行为影响因素分析[J]. 中国集体经济，2018（03）：70-71.

[356] 王汉奇. 交通违章综合管理平台[D]. 天津大学，2012.

[357] 刘玉宇. 浅析汽车驾驶员行车安全影响内在因素[J]. 建材与装饰，2016（23）：162-163.

[358] 刘增彩，刘力荣，张军. 车内环境污染的检测与防治研究[J]. 低碳世界，2018（09）：10-11.

[359] 刘志强，吴雪刚，倪捷，张腾. 基于 HMM 和 SVM 级联算法的驾驶意图识别[J]. 汽车工程，2018，40（07）：858-864.

[360] 刘志强，张春雷，倪婕，朱伟达. 一种基于驾驶员制动行为的车辆主动避撞模型研究[J]. 重庆理工大学学报（自然科学），2018，

[361] 刘智勇，梁渭清. 城市交通信号控制的进展[J]. 公路交通科技，2003（06）：121-125.

[362] 龙家才. 道路设计中行车视距的应用[J]. 四川建材，2017（5）.

[363] 龙小强，苏跃江，崔昂，李晓玉. 公交优先尴尬下城市公共交通评价指标体系[J]. 交通与运输（学术版），2018（02）：103-106.

[364] 卢宁，廖成功，黄建国，等. 多维疲劳量表在高原汽车军人慢性疲劳综合征中的应用[J]. 临床军医杂志，2015，43（01）：47-52+103.

[365] 鲁森. 人性化背景下的城市道路交通设计[J]. 建筑技术开发，2018，45（20）：3-4.

[366] 陆锋，卢冬梅，崔伟宏. 交通网络限制搜索区域时间最短路径算法[J]. 中国图象图形学报，2018，4（10）：849-853.

[367] 陆芸，马钧. 我国汽车共享发展趋势探讨[J]. 汽车实用技术，2016（02）：165-167.

[368] 罗兰贝格管理咨询公司. 中国汽车共享市场增长率将达80%[N]. 机电商报，2014-06-30.

[369] 罗霞，杜进有，等. 车头间距分布规律的研究[J]. 西南交通大学学报，2001（2）.

[370] 罗援，李晓. 中国道路交通事故中人的因素影响分析[J]. 公路与汽运，2001（3）：19-20.

[371] 罗长亮. 基于不同设备的驾驶员前方视野测量方法分析[J]. 电子世界，2014（18）：343-344.

[372] 罗召美. 海南沿海城市道路绿化的景观美学效果研究[D]. 海南大学，2012.

[373] 骆勇. 道路交通中攻击性驾驶行为分析与研究[D]. 西南交通大学，2009.

[374] 吕爱红，张雅丽，吴付威，冀永强. 驾驶人应激反应能力评估方法[J]. 交通信息与安全，2018，36（04）：15-21.

[375] 吕宣伟，张志刚，谷欣. 夜视力与驾驶适应性[J]. 人类工

效学，2000（03）：60-63.

[376] 马聪，张生瑞，王晋. 基于 V/C 比的公路养护施工区交通延误研究[J]. 公路交通科技，2013，30（07）：133-139.

[377] 马广文，王西秩，等. 交通大辞典[M]. 上海交通大学出版社，2005.

[378] 马广文. 交通大辞典[M]. 上海交通大学出版社，2005.

[379] 马佳，范智声，阮莹，李培松，李飞飞，苏强. 舒适驾驶姿势试验及模糊评价[J]. 工业工程与管理，2008（04）：121-125.

[380] 马钧，曹静. 基于中国市场特定需求的汽车先进驾驶辅助系统发展趋势研究[J]. 农业装备与车辆工程，2012，50（03）：5-10+45.

[381] 马骏. 城市道路网模型研究[D]. 河海大学，2006.

[382] 马伶，董悦，孙龙. 驾驶员情境意识理论模型及测量方法[J]. 人类工效学，2014，20（5）：86-89.

[383] 马琪，王赫鑫，詹一兰，贾蔡镓. 驾驶绩效与视觉听觉干扰[J]. 人类工效学，2014，20（02）：72-76.

[384] 马荣国. 城市公共交通系统发展问题研究[D]. 长安大学，2003.

[385] 马文瑶，孙龙，常若松. 驾驶员危险知觉训练研究述评[J]. 人类工效学，2015，21（04）：74-76.

[386] 马文瑶. 驾驶员驾驶安全态度对驾驶行为的影响[J]. 社会心理科学，2016（Z1）：85-89.

[387] 马艳丽，曹阳，史惠敏. 考虑驾驶任务需求的车内次任务

分神干预策略[J]. 哈尔滨工业大学学报，2016，48（09）：20-23+29.

[388] 马焱. 开车还需防“药驾”[J]. 安全与健康，2015（10）：49.

[389] 马羊. 驾驶员动态视觉数据化仿真算法研究[D]. 东南大学，2017.

[390] 马勇，付锐. 驾驶人视觉特性与行车安全研究进展[J]. 中国公路学报，2015，28（06）：82-94.

[391] 毛川珺. 人性化理念运用于城市道路设计[J]. 城市道桥与防洪，2008（09）：21-24.

[392] 毛光峰. 汽车车内污染及净化研究[J]. 淮北职业技术学院学报，2018，17（06）：115-116

[393] 毛凌野. 北斗应用迈向“标配化”发展新阶段——《2019中国卫星导航与位置服务产业发展白皮书》发布[J]. 卫星应用，2019（06）：55-60.

[394] 毛敏. 机动车驾驶员行为模式及危险状态研究[D]. 成都：西南交通大学，2001.

[395] 毛晓梅. 少儿意外伤害—交通事故为首[J]. 安全与健康，2003（21）：21.

[396] 毛喆，初秀民，严新平，吴超仲. 汽车驾驶员驾驶疲劳监测技术研究进展[J]. 中国安全科学学报，2005（03）：108-112+2.

[397] 梅岭. 城市道路交通设计要点及影响[J]. 低碳世界，2017（10）：223-224.

[398] 孟凡山. 浅析驾驶员心理因素与安全行车的关系[J]. 科技资讯，2017，15（16）：250-251.

[399] 孟凡兴，张良，张伟. 驾驶员车头时距研究[J]. 工业工程与管理，2013（2）：131-135.

[400] 孟欣慧. 中小城市道路绿化存在的问题及发展对策[J]. 安徽农业科学，2007（15）：4499-4500.

[401] 能驾. 安全行车的保护神——柔光牌汽车防眩屏[J]. 汽车与安全，2004（01）：68-69.

[402] 宁津生，姚宜斌，张小红. 全球导航卫星系统发展综述[J]. 导航定位学报，2013，1（01）：3-8.

[403] 欧秀英. 城市交通工程管理现状及发展趋势研究[J]. 居业，2016（06）：158-159.

[404] 潘汉中，陈鹏，马静洁. 信号交叉口行人违章过街从众心理研究[J]. 交通标准化，2010（23）：150-156.

[405] 潘雨帆. 驾驶员简单反应时间预测方法研究[D].

[406] 裴汉杰. 动视力、能见度、车速与安全[J]. 现代交通管理，1994（1）：33-35.

[407] 裴玉龙，伊新苗. 城市单向交通组织方案规划及其评价研究[J]. 东北公路，2003（3）：118-120.

[408] 裴玉龙. 城市公交专用道设置与规划问题的探讨[J]. 东北公路，2002（4）：91-94.

[409] 彭金栓. 基于视觉特性与车辆相对运动的驾驶人换道意图识别方法[D]. 长安大学，2012.

[410] 彭武雄. 驾驶员视线诱导设施设置合理间距研究[D]. 武

汉理工大学，2007.
[411] 彭信林，王宁鸣，周剑峰，等. SCATS 数据采集系统的设计与实现[J]. 计算机工程，2008，34（24）：256-257.
[412] 齐庆杰，吴宪，温秀红. 道路交通安全评价方法[J]. 辽宁工程技术大学学报，2005（3）.
[413] 汽车百科全书编纂委员会. 汽车百科全书. 北京：中国大百科全书出版社，2010.
[414] 钱立新. 世界高速列车技术的最新进展[J]. 中国铁道科学，2003（4）.
[415] 钱立新. 速度 350 km/h 等级世界高速列车技术发展综述[J]. 中国铁道科学，2007，28（4）：66-72.
[416] 钱政华，丁建明. 城市交通宁静化措施与影响分析[J]. 华东公路，2009（3）：86-90.
[417] 乔维高. 汽车被动安全研究现状与发展[J]. 汽车科技，2008（4）：1-4.
[418] 乔英忍. 国外内燃动车（组）发展现状[J]. 国外内燃机车，2003（1）：25-32.
[419] 乔治，徐翔宇，俞嘉地，等. 基于智能终端的疏忽驾驶检测系统[J]. 计算机工程，2017，43（06）：264-269.
[420] 秦才福. 高速公路多雾不良气候路段安全性设计探析[J]. 山西建筑，2018，44（12）：144-145.
[421] 秦海生，金建都，陆会茹. 农机安全心理学讲座第五讲 驾驶员的暂时损伤[J]. 中国农机监理，2008（06）：45-46.
[422] 任福艺. 北京市城市道路无障碍公共交通设施调查与规

划对策研究[D]. 北京建筑工程学院，2012.

[423] 任金东，范子杰，黄金陵. 基于知识的汽车后视野分析系统[J]. 汽车工程，2006（02）：42+59-62.

[424] 任林茂. 人体生物节律在道路交通安全中的应用[J]. 大众科技，2014，16（06）：297-299.

[425] 芮峰. 道路交通事故预防中驾驶人心理分析与对策[J]. 道路交通与安全，2006（05）：28-32.

[426] 桑永福. 浅析影响汽车轮胎爆胎的因素[J]. 江苏交通，2002（04）：36-37.

[427] 沙强，孙婷婷. 次任务驾驶中智能语音交互行为体验[J]. 设计，2016（11）：22-23.

[428] 商强，谭德荣，高松，等. 基于驾驶倾向性辨识的避撞——报警算法[J]. 科学技术与工程，2014，14（13）：282-285+305.

[429] 尚波. 9250 名机动车驾驶员色觉检查与分析[J]. 中华眼外伤职业眼病杂志，1993（s1）：368-368.

[430] 沈碧莹，瞿炜娜，孙向红，等. 中国驾驶员亲社会驾驶行为与人格的关系研究[C]// 第二十届全国心理学学术会议——心理学与国民心理健康. 0.

[431] 施晓蒙. 行人交通流复杂运动特性与交互行为实验研究[D]. 东南大学，2018.

[432] 石臣鹏. 我国驾驶技能评价存在的问题及对策[J]. 重庆交通大学学报（社会科学版），2018，18（04）：33-37.

[433] 石飞，李迎春. 公平与可达视角下的公交优先理念拓展研

究[J]. 江苏城市规划，2018（08）：32-36+41.

[434] 石海兵. 双向乘坐集成式儿童安全座椅结构与安全性研究[D]. 湖南大学，2018.

[435] 石建军，史盛庆. 驾驶行为的执行过程探讨[J]. 交通标准化，2014，42（05）：20-23+27.

[436] 石京，肖遥. 驾驶心理对交通安全的影响[J]. 交通信息与安全，2014，32（05）：65-70.

[437] 石俊杰，王兵勇，翟忠民. 实用交通心理学[M]. 北京：中国物资出版社，1989.

[438] 石茂清. 道路交通安全设施设计研究[D]. 西南交通大学，2005.

[439] 史桂芳，袁浩，曹玮. 步行交通安全问题的成因分析及对策研究[C]// 转型与重构——2011 中国城市规划年会论文集. 2011.

[440] 史新宏，蔡伯根，穆建成. 智能交通系统的发展[J]. 北京交通大学学报，2002，26（1）：29-34.

[441] 舒晓兵. 城市交通中失范行为的原因探析[J]. 城市规划，2000（03）：21-25.

[442] 宋洪飞. 道路交通眩目规律及其控制技术的研究[D]. 西南交通大学，2010.

[443] 贺平. 汽车防眩目技术研究[D]. 湖南大学，2005.

[444] 宋佳音，郭鹏飞，王立雄. 半定向立交桥道路高杆照明失能眩光评价指标限值研究[J]. 照明工程学报，2016，27（02）：92-95+106.

[445] 宋景芬. 立体视觉与行车安全的关系[J]. 中南汽车运输，1999（01）：29-30.

[446] 宋守信. 事故倾向与人因管理[J]. 中国电力企业管理，2003（12）：33-34.

[447] 宋向东. 夜间驾驶机动车常见的安全隐患及防范措施[J]. 决策探索，2018（10）：79.

[448] 宋以庆，王晓原，刘金. 基于决策树模型的汽车驾驶倾向性判定方法[J]. 山东理工大学学报（自然科学版），2012，26（03）：1-5.

[449] 宋运林. 城市交通控制信号配时技术研究[D]. 五邑大学，2008

[450] 苏海滨，张继涛，等. 限制搜索区域的分层路径规划新算法[J]. 河南大学学报（自然版），2008，38（1）：81-84.

[451] 苏华斌，王晓敏，黄开勇，等. 驾驶员个性特征及心理症状与交通事故倾向性关系[J]. 中国公共卫生，2014，30（12）：1500-1503.

[452] 苏洁，周东方，岳春生. GPS 车辆导航中的实时地图匹配算法[J]. 测绘学报，2001（3）.

[453] 孙超，王波，张云龙，徐建闽. 基于通用设计思考的深圳市无障碍交通体系规划探索[J]. 城市规划学刊，2012（03）：63-69.

[454] 孙迟. 试析无障碍公共交通设施建设的可行性. 沈阳市委、沈阳市人民政府. 第八届沈阳科学学术年会论文集[C]. 沈阳市委、沈阳市人民政府：沈阳市科学技术协

会，2011：4.

[455] 孙从喜. 510 名驾驶员立体视觉情况分析[J]. 江苏预防医学，2002（01）：52-53.

[456] 孙德鑫. 车道偏离预警系统的研究[J]. 时代汽车，2018（10）：44-45.

[457] 孙卉. 对于情绪定义的再探讨[J]. 社会心理科学，2010，25（Z1）：39-42.

[458] 孙金明. 道路交通电子警察系统[J]. 安徽工业大学学报，2001（01）：73-75+86.

[459] 孙娟，周飞，张贤亮. 儿童安全座椅的现状及设计研究[J]. 轻型汽车技术，2015（Z4）：38-41.

[460] 孙丽君，胡祥培，王征. 车辆路径规划问题及其求解方法研究进展[J]. 系统工程，2006（11）.

[461] 孙龙，常若松，董悦，毕岩. 驾驶经验对驾驶员驾驶风格和交通违规的影响[J]. 中国健康心理学，2014，22（02）：222-224.

[462] 孙龙，常若松. 驾驶员危险知觉理论：任务难度稳态模型[J]. 人类工效学，2016，22（03）：80-82.

[463] 孙龙，常若松. 影响驾驶安全的驾驶员危险知觉研究述评[J]. 心理科学，2014，37（06）：1354-1358.

[464] 孙龙，杨程程，常若松. 多维度驾驶风格量表的修订及初步应用[J]. 人类工效学，2014，20（02）：6-9.

[465] 孙龙. 驾驶员危险知觉加工过程：驾驶经验和危险类型的作用[D]. 辽宁师范大学，2017.

[466] 孙龙林. 先进驾驶辅助系统的发展现状和趋势[J]. 汽车电器，2009（07）：4-7.

[467] 孙芹. 司机性格影响驾驶安全[J]. 安全与健康，2007（6）：54-54.

[468] 孙婷. 高速铁路对城市发展的影响[J]. 现代城市研究，2008（7）：82-87.

[469] 孙伟，张为公，张小瑞，等. 疲劳驾驶预警系统的研究进展[J]. 汽车电器，2009（1）.

[470] 孙文. 道路几何设计中的几点思考[J]. 工程与建设，2009，23（05）：670-671.

[471] 孙向红，杨帆. 车辆驾驶心理负荷测量工具的测评与发展：一个现场研究的尝试[J]. 人类工效学，2008（03）：27-31.

[472] 孙一帆. 考虑驾驶员倾向性的酒驾辨识方法[D]. 山东理工大学，2018.

[473] 孙运峰. 海军飞行员动静态视敏度关系研究[J]. 临床军医杂志，2005（03）：307.

[474] 孙振东，张生瑞，李运，等. 停车换乘与路票交易组合措施下居民出行特性建模分析[J]. 长安大学学报（自然科学版），2018，38（03）：88-96+106.

[475] 索亮，黄岑，谢羽佳，等. 事故树分析法在农村道路交通事故分析中的应用[J]. 科学咨询（科技·管理），2019（02）：38-39.

[476] 谈晓洁，周晶，盛昭瀚. 城市交通拥挤特征及疏导决策分

析[J]. 管理工程学报，2003，17（1）：56-60.

[477] 谭西顺. 汽车驾驶员如何做好眼保健[J]. 劳动保护，2005（09）：100.

[478] 汤姆·范德比尔特，徐英. 开车经济学：我们为什么这样开车?[M]. 中信出版社，2009.

[479] 汤震. 可变交通信息标志（VMS）技术的现状与进展[J]. 中国市政工程，2015（03）：13-15+18+110.

[480] 唐葆君，刘江鹏. 中国新能源汽车产业发展展望[J]. 北京理工大学学报（社会科学版），2015，17（02）：1-6.

[481] 唐海蓉，金伟其. 能见距离测试条件及其对测试结果的影响[J]. 光学技术，1999（1）：80-81.

[482] 唐菁. 道路边坡生态恢复及景观营造技术研究[D]. 新疆农业大学，2017.

[483] 田宝仓. 追尾事故成因浅析[J]. 现代交通管理，1994（04）：20.

[484] 田士华. 驾驶员动态视野与行车安全可靠度[J]. 赤子，2015（01）：155.

[485] 田顺，谷亚蒙，魏朗，等. 驾驶模拟器的发展历程及最新应用实例[J]. 汽车技术，2018（04）：35-42.

[486] 田伟利，宁碧波，刘勇. 城市轨道交通无障碍设施工程设计标准和服务需求指标的调查研究[J]. 城市轨道交通研究，2014，17（01）：13-17.

[487] 田向东. 高速公路重点路段卡口建设交通视频监控系统[J]. 电子世界，2018（11）：113-115.

[488] 宛小昂，韩世辉. 变化盲视的最新研究进展[J]. 应用心理学，2003（02）：56-59.
[489] 汪成应. 汽车后视野的计算机确定及校核[J]. 汽车研究与开发，1996（04）：23-25.
[490] 汪峰. 城市道路交通系统的应急交通组织研究[D]. 华中科技大学，2006.
[491] 汪金宝. 货流分布的竞争机会模型[J]. 西南交通大学学报，1994（02）：189-192.
[492] 汪茂盛. 机动车驾驶光污染及视力防护[J]. 中国眼镜科技，2012（9）：132-134.
[493] 汪明磊. 智能车辆自主导航中避障路径规划与跟踪控制研究[D]. 合肥工业大学，2013.
[494] 汪忝垚，党晗，蔡瑞. 大数据智慧城市静态交通管理[J]. 科学咨询（科技·管理），2018（12）：54.
[495] 王安琦. 汽车驾驶员心理素质与安全行车的关系分析[J]. 黑龙江科技信息，2008（23）：291.
[496] 王波. 一种汽车外后视镜视野校核方法[J]. 汽车实用技术，2018（17）：85-88.
[497] 王波，惠宏伟，等. 基于期望安全车距的车辆跟驰行为分析与仿真[J]. 中国安全科学学报，2015，25（9）：91-95.
[498] 王垂雨. 浅谈“绿色驾驶”[J]. 科技信息（科学教研），2007（33）：311.
[499] 王春娥，吴其胜，焦宝祥，钟栋青. 交通管理与控制课程设计中交通延误综合分析[J]. 实验室研究与探索，2017，

36（05）：224-227.

[500] 王聪，段汉明．中小型园林空间景观序列对美感的营造——以河南省许昌园设计为例[J]．城市管理与科技，2017，19（02）：37-40.

[501] 王大安．国内驾驶员疲劳驾驶检测方法现状探究[J]．智库时代，2018（41）：118-119.

[502] 王殿海，金盛．车辆跟驰行为建模的回顾与展望[J]．中国公路学报，2012（01）：119-131.

[503] 王殿海，曲昭伟．对交通流理论的再认识[J]．交通运输工程学报，2001（04）：55-59.

[504] 王福田．隧道出口与服务区最小净距研究[J]．交通世界（建养机械），2014（6）.

[505] 王国锋，田国富．基于国家标准的某乘用车视野理论分析[J]．机械，2018，45（04）：56-59+80.

[506] 王海梅，周献中．一种限制搜索区域的最短路径改进算法[J]．南京理工大学学报（自然科学版），2009，33（5）：638-642.

[507] 王华容，施利承，缪绿青，等．小学生在交通情境中的视觉搜索：发展的观点[J]．心理科学，2018，41（03）：601-607.

[508] 王焕博，常若松，马锦飞．不同音乐条件下驾驶员注意广度对危险知觉的影响[J]．中国安全科学学报，2016，26（03）：21-26.

[509] 王辉明．高速公路驾驶中人因失误问题的探讨[J]．科技

创新与应用，2014（08）：242.

[510] 王建军. 城市道路交通美学分析[J]. 交通标准化，2005（10）：14-19.

[511] 王健. 人体生物节律与汽车交通事故关系初探[J]. 重庆交通学院学报，1983，2（2）：77-85.

[512] 王江华. 公交优先策略对城市交通拥堵的治理方法[J]. 建材与装饰，2017（52）：265-266.

[513] 王金松. 汽车前方视野测量与评价研究[J]. 南方农机，2015，46（9）：51-51.

[514] 王克刚，王健，王晓原，等. 多车道复杂环境下驾驶倾向性状态辨识[J]. 交通信息与安全，2014，32（05）：130-137.

[515] 王丽，杜振财，荣建. 城市快速路期望车头间距模型的建立[J]. 北京工业大学学报，2005（6）：598-603.

[516] 王丽. 基于神经网络的研究生心理健康状况预测分析[D]. 西安科技大学，2016.

[517] 王林. 共享出行从野蛮生长到规范发展[J]. 上海信息化，2019（04）：21-23.

[518] 王龙. 基于虚拟驾驶环境的驾驶员反应时间采集和测算研究[J]. 交通标准化，2012（15）：117-119.

[519] 王明. 基于系统特性的混合动力客车制动协调控制策略研究[D]. 吉林大学，2012.

[520] 王鹏展，陈大华. 眩光控制分析及其在道路照明中的运用[J]. 灯与照明（3）：5-8.

[521] 王萍，谭榕源，李馨蕊，等. 基于 Wi-Fi 探测数据包的交

通延误检测研究[J]. 中国科技信息，2018（23）：75-77.

[522] 王麒麟. 如何防范行车中的视线盲区[J]. 人民公交，2011，（5）：63.

[523] 王书贤. 汽车安全技术的现状及发展趋势[J]. 装备制造技术，2017（09）：263-265.

[524] 王同国. XDS-1型运动视力综合测试仪对驾驶员动态视力的测试与分析[J]. 试验技术与试验机，2001（Z1）：24-26.

[525] 王玮. 基于驾驶员动态视觉的视距分析[D]. 昆明理工大学，2010.

[526] 王武宏. 道路交通系统中驾驶行为理论与方法[M]. 科学出版社，2001.

[527] 王武宏，曹琦. 汽车人机系统中驾驶员可靠性评价的新模型[J]. 中国公路学报，1994（S1）：134-141.

[528] 王武宏. 车辆人机交互安全于辅助驾驶[M]. 人民交通出版社. 2012

[529] 王武宏. 人机系统中人行为形成主因子的定量化辨识方法[J]. 系统工程理论与实践，1997（05）：2-7+42.

[530] 王先彭，魏玲，郝牧宇，何世涛. 智能交通管理系统[J]. 纳税，2018（16）：118-119.

[531] 王小红. 基于出行特征的交通工程设计研究[D]. 华南理工大学，2014.

[532] 王晓光，肖峻. 汽车驾驶盲区障碍预警装置的研制[J]. 武汉汽车工业大学学报，1999（05）：13-16.

[533] 王晓辉，康波，周剑锋，等. 交通心理学在交通管理中的

应用[J]. 公路与汽运，2011（4）：79-82.
[534] 王晓原，张敬磊，张元元. 汽车驾驶倾向性研究进展[J]. 山东理工大学学报（自然科学版），2011，25（06）：1-5.
[535] 王雪松，朱美新，邢祎伦. 基于自然驾驶数据的避撞预警对跟车行为影响[J]. 同济大学学报（自然科学版），2015，44（7）.
[536] 王亚文，汪西莉，曹菡，等. 一种动态限制搜索区域的最短路径规划算法[J]. 计算机应用研究，2007，24（7）：89-91.
[537] 王岩，杨晓光，等. 主动道路交通安全规划体系[J]. 系统工程，2006（1）.
[538] 王一甲，王余锐，金立生. 基于人机工程的驾驶室舒适性设计与仿真研究[J]. 农机化研究，2016，38（12）：247-253.
[539] 王一心. “色盲”和“色弱”到底是怎么回事[J]. 新农村，2017（10）：41.
[540] 王义兵. 城市道路交通分析与交通工程设计技术研究[D]. 南京林业大学，2007.
[541] 王颖. 基于人机交互仿真的驾驶次任务研究[D]. 清华大学，2009.
[542] 王玉平，王德泉. 弱交变磁场缓解脑生理性疲劳[J]. 中国组织工程研究，2002，6（13）：1922-1923.
[543] 王云，崔鹏，江玉林，陈学平. 道路景观美学研究初探[J]. 水土保持研究，2006（02）：206-208+234.
[544] 王招贤，聂磊，肖贵平，等. 青年骑行者心理行为与交通

安全[J]. 华北科技学院学报（2）：66-69.

[545] 王罂. 基于联合仿真的车道偏离预警及车道保持系统研究[D]. 长安大学，2018.

[546] 王振平. 色盲色弱可治好[J]. 家庭医药. 就医选药，2003（11）：46-47.

[547] 王震坡. 汽车分时租赁——共享经济与交通出行解决方案[M]. 机械工业出版社，2018.

[548] 王志合，朱振勇. 攻击性驾驶行为影响因素及对策[J]. 汽车运用，2011（6）：28-28.

[549] 王志祥，杨暖，李要果. 基于交通心理的行人过街行为研究[J]. 汽车实用技术，2017（15）.

[550] 王祝根，李晓蕾，张青萍，李晓策. 海绵城市建设背景下的道路绿地设计策略[J]. 规划师，2016，32（08）：51-56.

[551] 韦华，张伟. 中美两国汽车驾驶安全影响因素研究[J]. 中国安全科学学报，2004（09）：28-32+4.

[552] 魏朗，田顺，CHRIS SCHWARZ，刘晶郁. 驾驶模拟技术在汽车智能技术研发中的应用综述[J]. 公路交通科技，2017，34（12）：140-150+158.

[553] 魏明，杨方廷，曹正清. 交通仿真的发展及研究现状[J]. 系统仿真学报，2003（8）.

[554] 魏中华，王珊. 公路景观的色彩效应[J]. 北京工业大学学报，2004（03）：329-332.

[555] 温志刚. 论电子警察在我国交通管理中的应用[J]. 交通标准化，2010（13）：49-53.

[556] 文湘平，谢栋栋. 汽车驾驶员模拟训练初探[J]. 中国集体经济，2010（33）：160.

[557] 吴安东，李守帅，陈玉玲. PLC 技术在城市轨道交通中的应用[J]. 计算机产品与流通，2019（03）：136.

[558] 吴初娜，曾诚. 营运驾驶人应激反应能力研究[J]. 交通信息与安全，2014，32（05）：71-76.

[559] 吴德丰. 浅议汽车安全行驶速度的应用[J]. 汽车与驾驶维修（维修版），2018，471（08）：90-92.

[560] 吴栋栋，邵毅，景谦平. 交通延误带来的生态环境价值损失评估[J]. 中国资产评估，2013（04）：34-37.

[561] 吴凡. 疲劳驾驶的心理分析及预防[J]. 交通与运输，2012，28（1）：71-73.

[562] 吴世迪，鲍思宇，张晴. 城市轨道交通与城市道路交通延误分析[J]. 科技风，2017（16）：295-296.

[563] 吴淑霞. 儿童乘员乘车安全分析[J]. 汽车工程师，2018（12）：11-13+54.

[564] 吴信才，白玉琪. 地理信息系统（GIS）发展现状及展望[J]. 计算机工程与应用，2000，36（4）：8-9.

[565] 吴旭红. “毒驾”入刑问题研究[D]. 南昌大学，2018.

[566] 吴燕，李会文，周诗举，张艳萍. 某部队 1851 名汽车驾驶员职业立体视觉调查[J]. 眼外伤职业眼病杂志. 附眼科手术，2001（02）：205.

[567] 武波涛，丁勇，潘之杰，等. 一种红绿色盲驾驶员交通信号灯辅助识别系统：CN.

[568] 武启平，金亚萍，任平，等. 自动导引车（AGV）关键技术现状及其发展趋势[J]. 制造业自动化，2013（10）：106-109.

[569] 武淑平，宋守信. 高速公路驾驶中人因失误问题分析[J]. 交通与运输（学术版），2008（01）：130-133.

[570] 咸化彩，金立生，李科勇，高琳琳. 基于网络分析法的次任务驾驶安全评价模型[J]. 长安大学学报(自然科学版)，2015，35（S1）：124-128.

[571] 咸化彩. 次任务驾驶安全性评价指标及评价模型研究[D]. 吉林大学，2014.

[572] 项震. 照明眩光及眩光后视觉恢复特性[J]. 照明工程学报，2002（02）：1-4.

[573] 肖贵平，朱晓宁. 交通安全工程[M]. 北京：中国铁道出版社，2004.

[574] 肖可，刘旭霞，黄春英，等. 罗湖区非职业驾驶员气质类型与交通安全相关性调查[J]. 公共卫生与预防医学，2011，22（5）：128-129.

[575] 肖葵香. 行车视距在道路设计中的应用[J]. 铁道建筑（12）：73-75.

[576] 肖献强，王其东，赵永. 基于信息融合的驾驶行为识别技术的研究[J]. 汽车工程，2012，34（03）：222-226.

[577] 肖尧，杜志刚，陶鹏鹏，王明年. 公路隧道出口“白洞”效应改善方法研究[J]. 武汉理工大学学报：交通科学与工程版，2015（39）：576.

[578] 肖远金. 警惕行车中的错觉[J]. 农业装备技术，2005，31（2）：39-39.

[579] 晓蒙."智能交通"缓解交通阻塞[J]. 安全与健康，2005（08）：26.

[580] 晓天，何晓林. 什么时候开车最危险[J]. 应用写作，2013（6）：38-38.

[581] 谢纪祥. 基于公交优先的城市道路分类初探[J]. 建材与装饰，2018（40）：270-271.

[582] 谢留宏，路峰，张俊辉，付松. 北京实行错峰上下班解决交通拥堵问题的分析探讨[J]. 交通标准化，2011（Z1）：53-57.

[583] 谢培. 高速公路长隧道入口区段照明优化研究[D]. 长安大学，2013.

[584] 谢庆晖. 城市道路与用地关系探讨[J]. 现代城市研究，2003（S2）：21-23.

[585] 谢珠兰，余世尧. 化解学生的妒忌心理[J]. 教书育人，2006（34）：51-52.

[586] 辛煜. 无人驾驶车辆运动障碍物检测、预测和避撞方法研究[D]. 中国科学技术大学，2014.

[587] 熊烈强，李杰. 交通流理论与服务水平[J]. 同济大学学报（自然科学版），2005，33（8）：1065-1068.

[588] 熊淑英. 浅谈汽车被动安全系统及发展趋势[J]. 中国科技信息，2008（11）：293-294.

[589] 徐洪亮，张太雄，唐伯明，等. 基于颜色视觉的道路交通

安全色彩体系设计[J]. 重庆交通大学学报(自然科学版), 2009（01）: 109-111+119.

[590] 徐为标. 基于驾驶姿势预测模型的人机工程原型系统[J]. 时代农机，2017，44（03）: 93+95.

[591] 许金美. 变减力情绪为增力情绪[J]. 中国金融，1992（01）: 57.

[592] 许薇，徐菁菁，保金华，吕帆. 动态视力评估软件 DVA-Ⅰ的推介和初步临床应用[J]. 眼视光学杂志，2009，11（02）: 134-137.

[593] 许张红. 自动引导车视觉导航与跟踪控制研究[D]. 合肥工业大学，2004.

[594] 薛杉. 北方地区高等级公路中央分隔带防眩设施的几种典型应用方式的比较[J]. 北方交通，2012（05）: 140-144.

[595] 薛艺兵. 流动的声音景观——音乐地理学方法新探[J]. 中央音乐学院学报，2008（01）: 83-88.

[596] 薛玉斌，王祥，石晶. 汽车安全驾驶辅助系统的研究综述[J]. 黑龙江交通科技，2016，39（02）: 124-126.

[597] 闫华. 道路交通事故与驾驶员群体心理品质关联模型构建[J]. 中国安全科学学报，2016，26（02）: 13-17.

[598] 闫学东，李晓梦. 基于驾驶模拟实验的层级式驾驶行为安全模型研究综述[J]. 交通信息与安全，2014，32（05）: 1-6.

[599] 严聚仁. 交通事故心理分析[J]. 农机化研究，2003（02）: 258-259.

[600] 严守靖，刘敬辉，杨泽众，等. 城市道路交通事故率探析[J]. 交通与运输，2017（A01）：215-218.
[601] 严新平，张晖，吴超仲，毛喆，雷虎. 道路交通驾驶行为研究进展及其展望[J]. 交通信息与安全，2013，31（01）：45-51.
[602] 严怡瑾，赵晶心. 关于道路用地集约化规划设计的探讨[J]. 上海城市规划，2015（03）：94-98.
[603] 颜先华. 公路视错觉减速标线设计研究[D]. 长安大学，2011.
[604] 颜欣. 山水之城，工业之都[D]. 中南林业科技大学，2014.
[605] 晏朝. 疲劳对驾驶适宜性的影响及识别方法研究[D]. 长安大学，2017.
[606] 晏晨，YANCHEN. 关于我国红绿色盲者驾驶权的思考[J]. 北京警察学院学报，2013（3）：48-51.
[607] 杨灿，王彦平，周喜格. 基于 NX 的汽车前方视野可视性评价系统研究[J]. 企业科技与发展，2017（5）：50-53.
[608] 杨翠萍，官慧峰. 高速公路汽车防撞系统的安全行车距离研究[J]. 自动化仪表，2008（09）：19-21.
[609] 杨达，陈玉婷，文成. 高速公路施工区交通延误模型研究综述[J]. 交通运输工程与信息学报，2018，16（03）：28-37.
[610] 杨广文. 交通大辞典[M]. 上海交通大学出版社，2005.
[611] 杨慧芳. 中小学生交通安全意识的培养试探[D].
[612] 杨京帅. 预防道路交通事故的驾驶行为干预技术分析[J]. 人类工效学，2005（03）：38-40.

[613] 杨晶，周红媚，刘锴，等. 突发事件应急交通疏散研究综述[J]. 北方交通，2011（11）：73-76.

[614] 杨菊贤，卓杨. 慢性疲劳与过劳死[J]. 中国全科医学，2006（09）：737-739.

[615] 杨俊华. 汽车后视野测量装置的优化设计[J]. 汽车实用技术，2016（11）：72-74.

[616] 杨立忠. 行车莫存侥幸心理——驾驶人心理与道路交通事故预防[J]. 科技视界，2014（02）：350.

[617] 马静. 创建和谐社会打造平安交通——浅谈交通肇事中的侥幸心理[J]. 法制博览（中旬刊），2013（04）：282-283.

[618] 杨鹏飞，付锐，于鹏程. 虚拟城市道路场景中的驾驶人应激感知反应时间特性[J]. 长安大学学报（自然科学版），2013，33（02）：73-78.

[619] 杨勤之，郭军. 谈林区公路路容的美化[J]. 林业科技情报，1995（01）：3-4.

[620] 杨韬. 车内及室内环境中材料污染物的散发传质特性研究[D]. 北京理工大学，2015.

[621] 杨晓光，潘海啸，沈爱红，等. 特别论坛（4）：交通+设计[J]. 城市交通，2017，15（04）：123-124.

[622] 杨秀芳，张新，常桂秀，等. 汽车主动安全技术的发展现状及趋势[J]. 重庆理工大学学报（自然科学），2008，22（4）：15-17.

[623] 杨旭刚，曾俊伟. 关于道路优先通行权的研究[J]. 中国公共安全（学术版），2015（03）：85-87.

[624] 杨玉栋，王同义. 行车中 8 种错觉需警惕[J]. 河北农机，2010（01）：35.

[625] 杨元喜. 北斗卫星导航系统的进展、贡献与挑战[J]. 测绘学报，2010，39（01）：1-6.

[626] 杨泽垠，常若松，孙龙. 交通安全文化量表的修订及其信效度检验[J]. 人类工效学，2018，24（05）：20-24.

[627] 杨兆升. 智能运输系统概论[M]. 2 版. 人民交通出版社，2009.

[628] 姚恩建，邹萌，杨扬，潘龙. 基于出行行为分析的停车换乘设施定价优化[J]. 系统工程理论与实践，2018，38（05）：1277-1283.

[629] 姚江. 基于绿色施工的城市道路交通工程设计分析[J]. 城市建设理论研究（电子版），2018（31）：170.

[630] 姚瑾. 攻击性驾驶行为影响因素心理学分析[J]. 教育现代化，2018，v. 5（28）：265-266.

[631] 叶飞. 行车视距在道路设计中的应用探讨[J]. 四川水泥，2018（2）：60-60.

[632] 叶西. 浅析道路线形对驾驶员的心理影响[J]. 江西建材，2014（01）：175+177.

[633] 伊兰. 老年驾驶员驾驶能力评价研究进展[J]. 中国老年学杂志，2013，33（06）：1477-1479.

[634] 易明. 色盲是怎么回事?[J]. 职业教育研究，1996（8）：43-43.

[635] 于书元. 论我国内燃动车（组）的技术选择[J]. 铁道机车

与动车，2001（5）：12-15.

[636] 于向慧，刘乔，史冬梅. 高速公路交通事故的分析及预防[J]. 黑龙江科技信息，2016（31）：220-220.

[637] 于影霞，曾致桓，龙丹. 基于事故树分析的货运驾驶员失误研究[J]. 华东交通大学学报，2018，35（01）：55-62.

[638] 余青青. 城际铁路沿线隔音屏障景观优化设计研究[D]. 湖北美术学院，2018.

[639] 俞维勤，佘胜全，丁照灵. 汽车驾驶员心理训练的初步研究[J]. 应用心理学，1990（03）：37-43.

[640] 宇仁德，汪洋，闫建华. 基于灰色关联的驾驶员驾驶失误分析[J]. 数学的实践与认识，2008（22）：95-100.

[641] 袁黎，袁荷伟，王文卿. 驾驶员年龄对交通风险认知能力的影响分析[J]. 社会心理科学，2013，28（06）：91-94.

[642] 袁师召，李军. 无人驾驶汽车路径规划研究综述[J]. 汽车工程师，2019（05）：11-13+25.

[643] 袁伟，付锐，马勇，等. 车速与标志文字高度对驾驶人视觉搜索模式的影响[J]. 交通运输工程学报，2011，11（01）：119-126.

[644] 袁现祝，罗潇. 浅谈城市道路交通监控系统的构成[J]. 山东工业技术，2019（13）：153-154+166.

[645] 袁筱. 视觉导向系统在环境设计中的应用[D]. 景德镇陶瓷学院，2013.

[646] 袁修荣. 城市道路交通标志设计与设置研究[D]. 长安大学，2005.

[647] 苑红伟，肖贵平．基于交通心理的行人不安全行为研究[J]．中国安全科学学报，2008（01）：20-26+179.
[648] 翟良山．城市道路用地的预测和控制[J]．城市规划，1991（04）：26-28+64-25.
[649] 詹明媚，王敏．城市桥梁防眩屏设计[J]．照明工程学报，2012（05）：122-125.
[650] 詹世友．角色意识与角色伦理[J]．南昌大学学报（社会科学版），1997（03）：29-34.
[651] 张春雨，郭克友，蔡蕾，王琪．驾驶员视线估计方法综述[J]．公路交通科技，2009，26（03）：139-143.
[652] 张殿业，戴明森，金键．汽车驾驶员暗适应能力与夜间安全行车分析[J]．中国公路学报，1999（4）．
[653] 张锋池，陈国民．漫话驾驶员职业适宜性测验[J]．汽车运用，2003（09）：27-28.
[654] 张福浩，刘纪平，李青元．基于 Dijkstra 算法的一种最短路径优化算法[J]．遥感信息，2004（2）：38-41.
[655] 张功．民用无人机驾驶员心理选拔与评估的思考[J]．中国民航飞行学院学报，2017，28（06）：74-76+80.
[656] 张广林，胡小梅，柴剑飞，等．路径规划算法及其应用综述[J]．现代机械，2011（5）：85-90.
[657] 张航．高危路段公路线形安全设计理论与方法研究[D]．武汉理工大学，2013.
[658] 张浩玲，陈华宜，何伦发，等．中山市汽车内空气污染与驾驶人认知行为调查[J]．职业与健康，2017，33（19）：

2703-2705+2709.
[659] 张宏，王力，李蔚. 机动车驾驶员身体素质对交通事故的影响[J]. 职业与健康，2001（08）：9-11.
[660] 张惠燕. 标志设计认知心理过程研究[D]. 东北师范大学，2007.
[661] 张慧，施建农. 无意视盲的认知神经机制[J]. 心理科学进展，2014，22（12）：1867-1874.
[662] 张加申. 浅论道路交通事故中的损害赔偿[J]. 法制博览，2018（18）：228.
[663] 张建峰. 汽车驾驶员动态视觉对感知—决策—校正模式的影响研究[D]. 长安大学，2004.
[664] 张敬磊，王晓原，王云云，尹超. 驾驶任务缓急与汽车驾驶倾向性的相关性[J]. 深圳大学学报（理工版），2017，34（02）：195-203.
[665] 张靖，刘维平，王锋. 基于耗散结构理论的驾驶中人因失误分析研究[J]. 安全，2011，32（3）：13-16.
[666] 张俊. 中国经济增长与交通事故长期关系研究及其政策优化[D]. 华中科技大学，2011.
[667] 张岚. 城市交通标志设计中的色彩运用[J]. 综合运输，2013（1）：76-80.
[668] 张磊，王建强，杨馥瑞，李克强. 驾驶员行为模式的因子分析和模糊聚类[J]. 交通运输工程学报，2009，9（05）：121-126.
[669] 张立涛. 现代景观设计中隐喻象征手法应用研究[D]. 天

津大学，2014.

[670] 张林洪，吴华金. 公路美学研究概论[J]. 公路，2016（9）：193-200.

[671] 张明先. 机动车驾驶员色觉检查与处理[J]. 职业卫生与病伤，2006，21（1）：32-33.

[672] 张楠楠，徐逸伦. 高速铁路对沿线区域发展的影响研究[J]. 地域研究与开发，2005，24（3）：32-36.

[673] 张平.《中华人民共和国道路交通安全法实施条例》学习辅导[J]. 公安交通科技窗，2004（3）：4-10.

[674] 张千，张侃，孙向红，等. 跟车任务中愤怒情绪对驾驶反应能力的影响[C]// 第二十届全国心理学学术会议——心理学与国民心理健康.

[675] 张廷军. 驾驶人员风险驾驶行为分析及相关因素研究[J]. 黑龙江科学，2018，9（10）：120-121.

[676] 张卫华，王伯铭. 中国高速列车的创新发展[J]. 机车电传动，2010，2010（1）：8-12.

[677] 张秀芬，韩炜，高世宏，等. 机动车驾驶员动态视力调查[J]. 实用眼科杂志，1992（12）：747-749.

[678] 张旭东. 公路路线设计中注意问题研究[J]. 黑龙江交通科技，2018，41（09）：19-20.

[679] 张岩. 面向混合动力汽车能量管理策略的汽车运行工况多尺度预测方法[D]. 吉林大学，2013.

[680] 张艺竞，常若松，孙龙. 驾驶安全态度量表的修订及信效度检验[J]. 人类工效学，2017，23（05）：25-28.

[681] 张译文. 关于 ETC 推广受阻的因素探究[J]. 湖北农机化，2018（09）：11-12.

[682] 张莹. 增强汽车驾驶员视野的方法及视野发展趋势[J]. 汽车实用技术，2015（01）：146-150.

[683] 张宇飞，王伟. 上海市“智慧交通安全管理系统”构建内容[J]. 交通与运输，2018，34（06）：59-60.

[684] 张玉轻. 北京城市道路横断面设计若干问题研究[D]. 北京工业大学，2006.

[685] 张元元. 基于动态人车环境协同推演的汽车驾驶倾向性辨识模型及计算方法研究[D]. 山东理工大学，2011.

[686] 张云莉. 浅谈汽车 GPS 导航系统及发展前景[J]. 科技资讯，2011（36）：209-210.

[687] 张振辉. 车辆导航中地图匹配算法与应用研究[D]. 解放军信息工程大学，2006.

[688] 张震，刘世达. 智能交通系统下的汽车防撞系统设计[J]. 汽车实用技术，2017（19）：49-52.

[689] 张志刚. 道路因素、交通环境与交通事故分析[J]. 公路交通科技，2000，17（6）：56-59.

[690] 张智勇，黄铁，任福田. 加/减速跟车状态车头间距研究[J]. 北京工业大学学报，2009（6）.

[691] 张智勇，黄铁，任福田. 稳定跟车状态车头间距分析方法[J]. 北京工业大学学报，2010（2）：219-222.

[692] 张智勇，荣建，任福田. 跟车模型研究综述[J]. 公路交通科技，2004（08）：108-113.

[693] 赵辰."立面"的误会：建筑.理论.历史[M].北京：生活·读书·新知三联书店，2007.

[694] 赵晨鹰，黄希庭.汽车驾驶员攻击性驾驶行为的研究[J].应用心理学，2003（3）：52-55.

[695] 赵杰，叶敏，赵一新，等.国外快速公交系统发展概况[J].国际城市规划，2006，21（3）：32-37.

[696] 赵军锋，李上，高晓军，等.轨道交通视频监控子系统的研究与实现[J].科技视界，2016（19）：5-7.

[697] 赵娜，袁家斌，徐晗.智能交通系统综述[J].计算机科学，2014，41（11）：7-11.

[698] 赵鹏，张迦南，等.铁路动车组的运用问题研究[J].北京交通大学学报，2009，33（3）：6-10.

[699] 赵树萍，满国红，吕双坤.汽车公害及其综合防治办法[J].环境保护科学，1997（01）：8-10.

[700] 赵炜华，刘浩学.我国高速公路隧道照明问题研究[J].公路，2013（4）：217-220.

[701] 赵文龙.济南城市交通安全文化建设研究[D].大连海事大学，2016.

[702] 赵映友.GPS 测绘在隧道施工中的应用新探[J].智能城市，2019，5（11）：68-69.

[703] 郑安文，苑红伟.道路交通安全概论[M].北京：机械工业出版社，2010.

[704] 郑海兵.行人交通流研究综述[J].山东交通科技，2018（4）：27-29，40.

[705] 郑欢欢，张雅琼，白鱼秀. 车道偏离预警系统关键技术设计[J]. 传感器与微系统，2019，38（11）：111-113.

[706] 郑惠生. 生态时代的城市交通美学问题[J]. 鄱阳湖学刊，2011（04）：47-55.

[707] 郑柳玉. 驾驶员安全态度和驾驶风格之间关系的研究[D]. 辽宁师范大学，2016.

[708] 郑清扬，翁旭委，杨晓冬. 机动车尾气检测技术及污染防治对策[J]. 资源节约与环保，2018（10）：33+36.

[709] 郑新夷，杨艳群. 交通主观安全感和客观安全感的博弈[J]. 中国安全科学学报，2010，20（10）：13-19.

[710] 郑璇，徐建红，龚孝淑. 音乐疗法的进展和应用现状[J]. 解放军护理杂志，2003（07）：42-43.

[711] 中国大百科全书总委员会《环境科学》委员会. 中国大百科全书，环境科学[M]. 中国大百科全书出版社，2002.

[712] 中华人民共和国道路交通安全法[N]. 人民日报，2011-08-06.

[713] 中华人民共和国交通运输部. 安全驾驶从这里开始[M]. 人民交通出版社，2013.

[714] 周川. 现代城市交通工程应用技术综述[J]. 城市建设理论研究（电子版），2012,（15）.

[715] 周建，刘清霞，柴华，李冰. 环境单调地区公路驾驶疲劳外部致因与安全对策[J]. 公路，2014，59（07）：270-273.

[716] 周进林. 汽车车内空气污染来源与影响因素[J]. 技术与市场，2015，22（10）：94.

[717] 周松波. 安全气囊在轿车中的应用[J]. 时代农机，2018，45（11）：212.

[718] 周涛，翟长旭，高志刚. 基于贝叶斯网络的高速公路预警系统研究[J]. 公路工程，2007（04）：167-170.

[719] 周通，黄思嘉. 高速公路生态景观设计探讨[J]. 公路交通科技（应用技术版），2014，10（07）：349-351.

[720] 周相钰，祝陶美. 5G 通信在城市轨道交通的应用[J]. 电子世界，2019，560（02）：191-192.

[721] 周晓倩，徐琳. 驾驶心智游移调查与分析[J]. 黑龙江科技信息，2017（01）：145-147.

[722] 周兆军，马良，李晓东. 基于城市道路发展的城市用地分析——以乌鲁木齐市为例[J]. 科技信息（科学教研），2008（15）：480-481+492.

[723] 朱灿阳. 城市交通拥堵问题研究[D]. 长安大学，2009.

[724] 朱国锋，何存道. 驾驶员情绪状态量表信度与效度的初步研究[J]. 心理科学，2002（03）：296-299+382.

[725] 朱国锋，何存道. 驾驶员情绪状态研究[J]. 心理科学，2003（03）：438-440.

[726] 朱庆，李渊. 道路网络模型研究综述[J]. 武汉大学学报·信息科学版，2007，32（6）：471-476.

[727] 朱人可. 夜间环境下城市道路驾驶人视觉搜索模式研究[D]. 合肥工业大学，2015.

[728] 朱桃丽. 城市道路单向交通方案设计研究[D]. 湖南大学，2007.

[729] 朱小光. 城市交通工程管理措施[J]. 今古传奇：文化评论，2018（5）：0189-0189.

[730] 朱小瑶. 城市轨道交通运营心理学[M]. 中国铁道出版社，2013.

[731] 朱晓宁. 旅客运输心理学[M]. 中国铁道出版社，2001.

[732] 朱云芳，王贻术，杜歆. 静态环境中基于光流的障碍物检测[J]. 浙江大学学报（工学版），2008（06）：923-926.

[733] 朱哲莹. 桥梁建筑艺术的表现性与象征性——城市桥梁建筑艺术研究[D]. 2015.

[734] 祝站东，荣建，方靖. 双车道公路路侧净空与街道化对运行速度的影响[J]. 中国公路学报，2010，23（S1）：79-82.

[735] 祝站东，荣建，周伟. 路侧干扰对运行速度的影响[J]. 北京工业大学学报，2010，36（11）：1524-1530.

[736] 庄明科，白海峰，谢晓非. 驾驶人员风险驾驶行为分析及相关因素研究[J]. 北京大学学报（自然科学版），2008，03：475-482.

[737] 子墨. 地理信息系统（GIS）[J]. 中国减灾，2007（7）：29-29.

[738] 邹友家. 关于实现驾驶台遥控的设想[J]. 世界海运，1996（2）：12-13.

[739] 邹智军，杨东援. 道路交通仿真研究综述[J]. 交通运输工程学报，2001，1（2）：88-91.

[740] 邹智军. 新一代交通仿真技术综述[J]. 系统仿真学报，2010（9）.

[741] 最高人民法院关于审理道路交通事故损害赔偿案件适用法律若干问题的解释[J]. 司法业务文选，2013（07）：40-45.

[742] 左桂玲，朱强. 音乐在护理工作中的应用[J]. 护理研究，2005（07）：624-625.